128

Joseph ROUZEL

Le travail d'éducateur spécialisé

Éthique et pratique

W0295240

2e édition

DUNOD

Du même auteur

Le Bond d'être, poèmes, Éditions Cosmose, 1975.

28 Haïku corps à corps, poèmes, Éditions Cosmose, 1978.

À deux mains, nouvelles. (En collaboration avec Jean-Pierre Campagne), Éditions Cosmose, 1978.

« Les obstacles de l'écriture » in Jean-Luc Martinet et coll., *Les Éducateurs aujourd'hui,* Privat, 1993.

Parole d'éduc. Éducateur spécialisé au quotidien, Érès, 1995.

Ethnologie du feu. Guérisons populaires et mythologie chrétienne, L'Harmattan, 1996.

« Sortir du trou bleu », in Charles Gardou et coll., *Les Professionnels auprès des personnes handicapées,* Érès, 1997.

Le Quotidien dans les pratiques sociales, Théétète, 1998.

L'Acte éducatif. Clinique de l'éducation spécialisée, Érès, 1998.

La Pratique des écrits professionnels en éducation spécialisée, Dunod, 2000.

Du travail social à la psychanalyse, Éditions du champ social, 2000.

Ce pictogramme mérite une explication. Son objet est d'alerter le lecteur sur la menace que représente pour l'avenir de l'écrit, particulièrement dans le domaine de l'édition technique et universitaire, le développement massif du **photocopillage**.

Le Code de la propriété intellectuelle du 1er juillet 1992 interdit en effet expressément la photocopie à usage collectif sans autorisation des ayants droit. Or, cette pratique s'est généralisée dans les établissements d'enseignement supérieur, provoquant une baisse brutale des achats de livres et de revues, au point que la possibilité même pour les auteurs de créer des œuvres nouvelles et de les faire éditer correctement est aujourd'hui menacée.

Nous rappelons donc que toute reproduction, partielle ou totale, de la présente publication est interdite sans autorisation du Centre français d'exploitation du droit de copie (**CFC**, 20 rue des Grands-Augustins, 75006 Paris).

DANGER

LE PHOTOCOPILLAGE TUE LE LIVRE

© Dunod, Paris, 2000

ISBN 2 10 005191 1

Toute représentation ou reproduction intégrale ou partielle faite sans le consentement de l'auteur ou de ses ayants droit ou ayants cause est illicite selon le Code de la propriété intellectuelle (Art-L-122-4) et constitue une contrefaçon réprimée par le Code pénal. Seules sont autorisées (Art-L-122-5) les copies ou reproductions strictement réservées à l'usage privé du copiste et non destinées à une utilisation collective, ainsi que les analyses et courtes citations justifiées par le caractère critique, pédagogique ou d'information de l'œuvre à laquelle elles sont incorporées, sous réserve, toutefois, du respect des dispositions des articles L-122-10 à L-122-12 du même Code, relatives à la reproduction par reprographie.

« *Caminante, no hay camino…*
Se hace camino al andar. »
Antonio Machado

(Cheminant, il n'y a pas de chemin…
C'est en marchant que se fait le chemin.)

REMERCIEMENTS

À mes amis Jacques Loubet et Alain Chaplain, éducateurs, avec qui j'ai si souvent échangé des avis sur les questions qui traversent ce livre. Sans eux, sans leur présence chaleureuse, sans leur force pour soutenir une parole sur l'acte éducatif, cet ouvrage n'aurait sans doute pas vu le jour.

À mes élèves, éducateurs, aides-médico-psychologiques, éducateurs techniques, moniteurs d'atelier, en formation, qui par la qualité de leur écoute et le tranchant de leur questionnement m'ont poussé à aller plus loin dans mes exposés et à faire plus simple. Mais le simple demande beaucoup de travail... pour ne pas basculer dans le simpliste.

Aux psychanalystes, surtout mes amies Martine Fourré, Jeanne Granon-Lafont et Hélène Seguin, qui par la qualité de leur engagement, et leur souci de faire jouer les concepts de la psychanalyse dans le champ social, m'ont soutenu dans la construction d'une éthique de la pratique sociale. Le travail de cartel que nous avons fait ensemble pendant deux années à Paris, sur « l'argent et la dette dans les pratiques sociales », m'a servi d'appui pour avancer certains points qui suivent.

À mes collègues travailleurs sociaux du groupe Pean à Toulouse, avec qui j'ai fait un bout de chemin dans ces mêmes questions.

À mes collègues formateurs, de l'École d'éducateurs des CEMEA de Toulouse, de l'Irts de Montpellier, à ceux qui se sont montrés sensibles aux questions cliniques, mais aussi à ceux qui ont résisté dans une certaine surdité.

À mes collègues psychanalystes de l'Association de la Cause Freudienne.

À tous pour que la transmission de ce métier d'éduquer se poursuive... Il y va d'un enjeu vital quant au malaise de la civilisation dans lequel nous vivons.

JOSEPH ROUZEL

Voie Domitienne, Montpellier, le jour de la Saint Nicolas,
patron (à mon avis) des éducateurs, qui sut, comme le veut
la légende, redonner vie à des enfants en miettes...

Table des matières

© Dunod – La photocopie non autorisée est un délit.

© Dunod – La photocopie non autorisée est un délit.

Avant-propos à la seconde édition

Cet ouvrage entame une nouvelle vie avec cette seconde édition revue et largement augmentée. Non seulement il a rencontré un vif succès, mais surtout il a rencontré ses lecteurs. Le concept de *clinique éducative*, que je soulevais il y a quatre ans, a provoqué le mépris de quelques-uns, notamment dans le champ des pseudo néo-métiers du social, nourris au petit lait d'une sociologie de bazar, endormis par les sirènes du management social. Mais à part cette minorité de critiques plus épidermiques que constructives, force est de constater que le concept a frayé sa voie. Si j'avais quelques doutes à l'époque sur la pertinence de lire la pratique éducative à la lumière de la psychanalyse, je n'en ai plus aucun. J'en voudrai pour preuve le courrier abondant et les nombreuses invitations à intervenir dans des colloques ou en formation que j'ai reçus. Un certain nombre d'éducateurs et de formateurs m'ont apporté leur témoignage d'avoir trouvé dans cet ouvrage une source d'espoir, malgré (ou à cause ?) de la critique acerbe, qui l'a nourri, sur la société actuelle. D'autres m'ont remercié d'avoir enfin pu trouver des mots pour s'autoriser à dire ce qu'ils vivent au quotidien.

Les choses ont changé à ce point qu'on a pu voir récemment des sociologues, que j'avais tort finalement de vouloir contenir tous dans le même panier, embrayer sur cette notion de *clinique sociale*. Parmi eux, Michel Chauvière, Michel Autès et Vincent de Gaulejac en tête. Si les

© Dunod – La photocopie non autorisée est un délit.

psychanalystes sont depuis toujours acquis à la dimension clinique dans le travail social, on ne peut pas dire que cette idée pèse bien lourd dans le discours de la sociologie. Aujourd'hui, je peux dire que j'avais tort de sous-estimer l'élaboration de ce côté. Bien sûr je ne suis pas naïf au point de penser que cet ouvrage aurait suffi à opérer cette percée. Cela signifie simplement que les idées sont dans l'air du temps et qu'elles embrasent les différents champs où s'exerce la réflexion. Cette reprise en compte de la subjectivité, que j'ai nommée dans la foulée de Jacques Lacan, *clinique du sujet*, je n'en suis pas l'inventeur, mais juste un des passeurs. Il faut croire, pour que cette idée ait diffusé un peu partout, qu'il y a un sursaut dans notre culture contre le management industriel de la pensée.

Que chacun sache qu'à sa façon, comme j'ai tenté de le faire dans cet ouvrage atypique, il apporte sa contribution à cette entreprise jamais achevée et toujours menacée : l'éducation des humains et leur inscription dans la communauté.

On trouvera ici de nouveaux prolongements à cette question de la clinique comme cœur de la pratique éducative. Ils sont issus de ces confrontations avec des auteurs, des auditeurs et des lecteurs, avec qui le dialogue a été fructueux. J'ai tenu à étoffer le chapitre des médiations en ouvrant sur la question du quotidien. Ce point a fait l'objet de plusieurs de mes interventions récentes. Une mise au point sur la fonction de l'écoute a également été ajoutée.

D'autre part, j'ai essayé de tirer les conséquences pour le lien social du déclin du père et d'envisager à partir de la pratique éducative, des remédiations possibles.

L'éducateur reste et restera un des artisans de l'humanisation. C'est pourquoi sa position clinique ne peut s'ancrer que dans des valeurs éthiques et un combat politique sans cesse affirmés.

Introduction à la seconde édition

Dans son introduction à l'œuvre de Marcel Mauss, Claude Lévi-Strauss insiste sur « la nécessité d'appréhender l'objet dans sa totalité... c'est-à-dire du dehors comme une chose, mais comme une chose dont fait cependant partie intégrante l'appréhension subjective (consciente et inconsciente) ». Quant à Freud il précise que son histoire n'a d'intérêt qu'en lien avec la psychanalyse. C'est un peu la voie que je suivrai ici : si j'y parle de moi c'est pour poser les jalons, dans les événements et dans la pensée, qui m'ont permis de construire une position d'éducateur. C'est dans l'aller-retour entre la vie quotidienne et l'espace de la réflexion que se forge une telle position.

Je fais partie de cette génération dite de 68, très travaillée par la question du changement social. Nous visions ce que Deleuze et Guattari ont nommé « *la révolution moléculaire* ». Les changements nous les voulions tout de suite. Nous n'entendions pas attendre le grand soir de la révolution des opprimés promis par les différentes idéologies, où le dernier des capitalistes serait pendu avec les tripes du dernier curé, pour que ça change. C'est dans ce mouvement que s'est opérée ce qu'on peut appeler dans l'après coup : « la révolution du quotidien ». Certains d'entre nous avaient eu pour professeur Henri Lefebvre, un des initiateurs de *La critique de la vie quotidienne*. L'être humain estimions-nous vivait comme un porc. Le slogan qui résumait notre posi-

© Dunod – La photocopie non autorisée est un délit.

tion critique, vous le connaissez : métro-boulot-dodo. Frayant tout jeune avec l'Internationale Situationniste, j'ai assez vite compris que notre monde moderne, celui qui s'est édifié sur les ruines encore fumantes d'Auschwitz et d'Hiroshima, était tout entier dévolu à la marchandise et au spectacle. Les situationnistes menèrent une critique féroce de la modernité quotidienne en soutenant qu'il s'agissait de résister à cette marche en avant du capitalisme triomphant d'après-guerre, où l'homme était exploité par l'homme, comme depuis toujours, mais sous deux aspects très modernes. Tout être humain était « réifié » comme disait Marx et réduit à l'état d'objet du commerce. Il suffisait juste d'entretenir par un salaire minimum la machine pour qu'elle ne claque pas trop tôt. Il n'y avait pas encore de chômage à l'époque. Aujourd'hui cette logique a porté ses fruits, avec la mise en stock des surnuméraires, les exclus de l'appareil de production. D'autre part l'être humain était une machine de spectacle. Les médias réduisent l'homme à une mise en spectacle, une « *mise en scène de la vie quotidienne* », pour reprendre un titre d'Erving Goffman. Les thèses situationnistes furent illustrées par des penseurs comme Raoul Vaneighem et Guy Debord qui vient de mourir. La Société du spectacle se porte bien. D'ailleurs on vient de rééditer les ouvrages des situationnistes, signe que la machine capitaliste absorbe tout, y compris ceux qui luttent contre elle.

C'est ce genre d'idée qui nous a poussé quelques-uns à mettre en marche une micro-révolution dont le quotidien était le théâtre des opérations. C'est ainsi que nous nous sommes réunis à quelques-uns en Bretagne pour vivre en communauté à la campagne. Ce que nous voulions, c'était avoir une prise sur notre vie quotidienne en maîtrisant nos moyens de production, notre survie et nos modes de vivre ensemble. Bref, le combat était politique, d'une politique de base. L'un a appris l'apiculture, un autre la menuiserie, d'autres encore, comme moi, l'élevage des moutons… Nous nous sommes retrouvés à une dizaine à la campagne. Nous avons mis en œuvre nos conditions de vie : maraîchage, élevage, fromage, confection d'outils ; mais aussi art et artisanat ; et encore le combat politique : installés un peu plus tard en Espagne, en terre catalane, nous avons participé activement aux dernières luttes contre le Franquisme. C'est d'ailleurs à cette époque que j'ai dû quitter la communauté avant qu'elle se dissolve : la guardia civil nous avait menacés de mort. La communauté était tout à la fois un laboratoire d'idées et de pratiques du quotidien. C'est d'ailleurs dans ce cadre que nous nous sommes posés des questions d'éducation. Je venais d'avoir un fils ; j'avais 24 ans. C'était le premier enfant dans la communauté, et nous avons eu des échanges épiques sur les questions d'éducation. Un jour un psy de la banlieue parisienne nous a écrit – nous n'avions évidemment pas le téléphone, ni d'ailleurs l'eau courante ni l'électricité. Il avait eu nos coordonnées par une de ces nombreuses publications de la contre-culture qui circulaient alors par centaines dans les divers pays d'Europe. Dans ce courrier il nous demandait si nous pouvions accueillir deux enfants de 13 et 15 ans, dont la famille était en taule, et qui ne savaient pas où aller en vacances. Nous avons donc accueilli pendant deux mois ces deux jeunes. Ça a été une rude épreuve : les montagnes catalanes à 800 mètres d'altitude, c'est pas La Courneuve. Ils nous ont foutu le feu à la grange, ont coursé les chèvres et rendu maboul notre brave mulet Sambano.

À ce propos, il faut que je fasse un petit aparté, pour expliquer l'origine du nom de notre mulet. C'est l'histoire d'une révolution dans un pays d'Amérique Latine. Le peuple a renversé le tyran. Tout le monde fait la fête dans les rues. On danse et on boit, on fait pétarader des feux d'artifice jour et nuit. C'est un grand moment de liesse populaire. Et ça n'en finit pas. Au bout d'une semaine de fiesta déchaînée, le meneur de la révolution, le Che du moment, monté à une tribune improvisée, se saisit d'un porte-voix et déclare « camarades nous avons gagné, nous avons fêté l'événement dans la joie et l'allégresse, mais on ne peut pas continuer comme ça, il faut se remettre au boulot. Alors je vous le dis – il s'exprime en castillan – trabajo, si ; samba, no » (Le travail, d'accord ; mais la samba c'est fini). Et la foule reprend : « trabajo, si ; samba, no ». C'est un slogan mais qui assez rapidement dégénère. Tout le monde se met à le reprendre en chœur, et l'on danse sur les paroles de ce qui devient l'hymne populaire d'une nouvelle samba. Voilà une petite anecdote qui nous permettra le moment venu de cerner le quotidien éducatif ; pas de trabajo, sans samba.

Le quotidien, s'il est réduit à une répétition industrielle de la production, est invivable et au lieu d'une source d'enrichissement, il devient le lieu même de l'écrasement. Autrement dit nous étions marxistes jusqu'au bout des ongles. Pas marxistes à la mode PC, ou soviétique, plutôt marxistes tendance Groucho. Et finalement en accord avec les thèses du jeune Marx réfléchissant sur la nature du travail, comme source de joie et d'expression, comme mode de création et de médiation pour être ensemble. Dans *Les cahiers des extraits de 1844*, des écrits de jeunesse, on trouve des phrases comme celle-ci « *J'aurais*

© Dunod – La photocopie non autorisée est un délit.

la joie, d'avoir été pour toi le médiateur entre toi et l'espèce humaine, donc d'être ressenti et reconnu par toi-même comme un complément de ta propre nature et comme une partie de ton être, donc de me savoir affirmé dans ta pensée comme dans ton amour. Enfin j'aurais la joie d'avoir produit dans la manifestation individuelle de ma vie la manifestation directe de ta vie, donc d'avoir affirmé et réalisé, dans mon activité individuelle, ma vraie nature, ma nature humaine, mon être social. »

C'est comme ça que j'en suis venu à m'intéresser de plus près à l'éducation. En 1970, en revenant des Indes où j'avais passé un an à chercher mon chemin dans la vie, j'avais fait un petit détour comme pion à l'Éducation Nationale. J'ai vite compris que l'École, lieu de la reproduction de l'aliénation, comme dit Bourdieu, est inadaptée à un certain nombre de mômes. Comme par hasard, ce sont ces mêmes mômes que l'on retrouve dans l'éducation spéciale. De fil en aiguille, après l'expérience communautaire, j'ai créé avec ma femme dans le Gers, un lieu d'accueil. Nous avions alors deux enfants. C'était en 1975. Je ne savais pas que ça existait ailleurs ce genre d'expérience. J'avais une petite ferme avec 1 hectare de Madiran, un élevage d'oies, de poules, de dindons et de pintades. Des chiens et des chats. J'avais aussi monté une petite maison d'édition et une imprimerie. Dans ce cadre très spécial, où nous nous sentions bien vivre, nous nous sommes mis à accueillir des enfants, des jeunes et même des adultes en souffrance. Dans un tel lieu l'objectif était bien, comme il doit l'être je pense pour toute forme d'éducation, de permettre à chacun de trouver sa place dans l'espace social, mais surtout de découvrir sa raison de vivre. L'outil de travail, le moyen, la médiation pour y parvenir, était le partage du quotidien. Je n'ai jamais pensé qu'il fallait faire des choses spéciales pour accompagner ces jeunes qui allaient si mal. Nous les invitions à partager notre quotidien : la ferme, les travaux de la vigne l'élevage des oies, l'atelier d'imprimerie… mais aussi faire les courses, la popote, nettoyer, balayer, briquer… mais aussi la télé, les balades, les fêtes chez les copains… et ce putain de toit qui fuit la nuit, pour lequel il faut monter au risque de se casser le cou, et les pintades qui ne sont pas rentrées et qui se font courser par les chasseurs, et Yannick qui est parti avec sa mob pourrie chercher du pain et qui traîne à rentrer, et Violette, une jeune schizophrène qui se tape la tête contre le mur de la grange… Bref c'est bien dans notre quotidien que nous les recevions. Et ce quotidien s'en trouvait transformé, pour eux et pour nous. C'est dans ce partage, cette greffe de quotidien, chez des êtres « déquotidiennisés », si l'on peut dire, que quelque chose opérait. C'est en travaillant à l'imprimerie qu'Antoine, illettré, s'est pris de passion pour la lecture. Il a voulu savoir ce qu'il y avait de si intéressant dans les livres pour qu'on passe autant de temps à les écrire, les imprimer et les lire. Je lui ai appris la lecture dans le recueil de poèmes de Boris Vian *Je voudrais pas crever*. Quant à Cyrille, un jeune bourgeois de la haute ; drogué depuis l'âge de 12 ans, il a découvert la menuiserie, le jour où, accueillant une personne de plus, il a fallu aménager une chambre dans le grenier et construire un escalier pour y accéder. Juliette qui n'arrêtait pas de fuguer depuis l'âge de 7 ans, s'est initiée aux joies du maternage avec la naissance de notre troisième enfant. C'est sur cette expérience qu'elle s'est appuyée pour devenir une jeune mère en sortant de chez nous.

Voilà comment je me suis formé à l'éducation spéciale. Après cinq ans d'accueil, je me suis pris de passion pour ce métier : j'ai fait des études d'ES à Toulouse. Pour moi les trois ans d'étude ont été l'occasion de mettre en mots, de théoriser comme on dit, une expérience qui bouillonnait. J'ai alors bossé dans différents établissements, auprès de psychotiques, puis de délinquants et de toxicomanes. Assez rapidement j'ai eu le souci de partager et de transmettre cette expérience : je suis devenu formateur, par petites touches au début, puis à plein temps plus tard. Tout ce temps là j'ai aussi poursuivi un travail sur moi-même à travers l'expérience de la cure analytique, et depuis deux ans je suis installé comme psychanalyste. Cette démarche qui m'amène aujourd'hui à occuper cette place est l'aboutissement de plusieurs années de travail, où la psychanalyse a été comme mon bâton de marche. Deux mots d'emblée sur la psychanalyse, puisque ce sera le décor à partir duquel je vais mettre en scène ce qui suit. La psychanalyse est avant tout une pratique. Si Freud se pose toute une série de questions, s'il fait des hypothèses sur le fonctionnement de l'appareil psychique, c'est parce qu'il rencontre dans sa pratique auprès des patients des questions qui n'ont jusque là jamais été abordées. Freud part d'une évidence : ces petits riens de la vie quotidienne, qui nous font douter de notre maîtrise sur le monde et sur nous-mêmes. L'oubli d'un nom ou d'une chose à faire, le lapsus qui nous fait prononcer un mot à la place d'un autre, les bafouillages, les actes manqués, les jeux de mots, les rêves, mais aussi les symptômes, autant de manifestations qui mettent Freud sur la piste qu'il y a bien, au sein de la réalité quotidienne quelque chose qui nous échappe, tout en étant présent. Ce quelque chose qui nous échappe, et qui gouverne des pans entiers de notre vie, Freud décide de le nommer

© Dunod – La photocopie non autorisée est un délit.

l'inconscient. L'idée n'est pas que ce qui est inconscient puisse un jour devenir conscient, donc qu'on puisse un jour en avoir la maîtrise, mais de l'apprivoiser, d'apprendre à faire avec, pour vivre un peu moins mal. L'invention de la cure permet de suspendre la vie quotidienne. Elle propose au patient de rencontrer dans une parole adressée à un autre qui la supporte, ce qui lui échappe. Si Freud conçoit l'inconscient comme ce qui met des grains de sable dans la mécanique du quotidien, ce dont il rendra compte dans son ouvrage *Psychopathologie de la vie quotidienne*, c'est dans la suspension de cette mécanique, qu'il invente le dispositif analytique.

La réflexion que poursuit cet ouvrage est entièrement étayée par cette découverte fondamentale : ça parle dans l'homme.

Introduction à la première édition

La profession d'éducateur est mal connue. Elle est bien souvent confondue avec les professions de l'enseignement, ou alors, on la restreint à un seul type de population : les éducateurs s'occupent des enfants. Dans la crise sociale grave qui atteint les sociétés occidentales, la profession éducative tend à être noyée dans l'ensemble flou des « travailleurs sociaux ». Certes, ce terme recouvre des professions voisines et complémentaires sur le terrain, puisqu'elles prennent toutes en charge des personnes en difficulté, mais distinctes de par leurs modes de formation, leurs références théoriques, leurs objectifs, leurs missions et leurs types d'intervention.

Les éducateurs travaillent auprès d'handicapés, malades mentaux, délinquants, asociaux, toxicomanes... Ils interviennent dans des foyers, des institutions, des quartiers, des lieux d'accueil, dans les familles, en milieu ouvert ou en internat... L'éducation spéciale, c'est presque 50 000 professionnels en France prenant en charge des personnes de tous âges : enfants, adolescents, adultes, vieillards, en grande souffrance, avec pour but commun de les accompagner, les aider, les soutenir au mieux dans l'appropriation de leur espace physique, psychique et social. À ces professionnels, il faut ajouter les moniteurs-éducateurs, surtout employés en internat et un certain nombre d'éducateurs qui travaillent dans des secteurs plus spécifiques : éducateurs de la Protection Judi-

© Dunod – La photocopie non autorisée est un délit.

ciaire de la Jeunesse, éducateurs de justice, éducateurs de jeunes enfants, éducateurs techniques spécialisés...

L'environnement de cette profession est relativement bien connu dans ses aspects sociologiques, comme en témoignent certains ouvrages parus récemment dans la foulée des recherches de Bourdieu et Passeron sur les conditions sociales de transmission de l'éducation, que ce soit en milieu familial ou scolaire (par exemple, Jacques Ion, *Le Travail social à l'épreuve du territoire* [1990]). Mais ce qui constitue le cœur du travail éducatif, la rencontre singulière, un par un, de sujets en souffrance, reste encore à explorer. Les éducateurs s'investissent dans cette relation à travers les petites choses du quotidien ou des activités qui constituent autant de médiations, pour permettre à d'autres de construire au jour le jour leur propre vie en assumant et en dépassant, quand c'est possible, leurs difficultés premières quelles qu'elles soient : handicap physique, moteur ou sensoriel, psychique ou mental, social ou relationnel.

Bien souvent, le travail éducatif ne se voit pas. Pourtant, les éducateurs ne ménagent ni leur peine ni leur réflexion. Il leur manque parfois « les mots pour le dire » ou on leur impose, pour s'exprimer, des moules qui ne sont pas les leurs. Si, comme le dit un poète chinois, « l'expérience est une lanterne que l'on porte dans le dos », lorsqu'elle est forgée au feu du langage et communiquée, elle éclaire aussi devant soi une pratique quotidienne qui sans cela resterait dans l'ombre. D'où l'objectif de transmission de cet ouvrage, rédigé par un professionnel de l'éducation spécialisée, également formateur. Formaliser la pratique pour qu'elle se transforme, telle en est la ligne d'horizon.

Ce parti pris et le degré d'implication qu'il exige, expliquent que dans certaines parties, je sois amené à m'exprimer à la première personne, pratique généralement bannie dans ce type d'ouvrage, où l'auteur s'installe le plus souvent à l'abri d'une extériorité sécurisante. Ce que j'avance ici représente la forme qu'ont pris pour moi des années d'action et de réflexion dans le champ de l'éducation spécialisée. Je l'assume, sans prétendre en faire un discours généraliste.

Si j'ai la prétention de partager ma réflexion, je ne vise certes pas la rédaction du « manuel du parfait éducateur ». Une telle visée serait un leurre grave, puisqu'elle imposerait un modèle unique dans le travail éducatif, alors que je montrerai ici que tout nous ramène à considérer que ce travail est à réinventer sans cesse. Ce qui ne veut pas dire que l'on ne puisse rien en dire, bien au contraire. Un certain nombre de mots commencent à émerger et à baliser le champ de la fonction éducative : la relation, les médiations, le projet, pour ne prendre que ceux-là, sont autant de références dans lesquelles se retrouvent les éducateurs en exercice. Il restait à ouvrir ces mots pour les conceptualiser, pour les faire jouer entre eux, à la lumière d'un autre champ de discours, la psychanalyse. L'entreprise est partielle, voire partiale et critiquable, j'en ai bien conscience. Mais il me paraît impossible, dans ce mouvement de formalisation, de ne pas faire de choix. C'est là que la dimension éthique prend tout son sens. Écrire la pratique éducative, c'est avant tout dire où l'on se situe, à partir de quel choix de position l'on parle.

On a parfois décrit les éducateurs comme étant des « techniciens de la relation ». Mais on a pu constater aussi, à partir de cette affirmation facile, un certain nombre de dérives. Du coté technique, on a vu fleurir des formations de toutes sortes promettant chacune de donner la clé de la relation éducative. En fait, cette dérive a une racine profonde que nous rencontrerons tout au long de cet ouvrage : les éducateurs, à force de « se coltiner » la misère du monde, la déchéance et la folie, sont profondément et personnellement bouleversés. La relation éducative ne laisse pas tranquille. D'où cette vague de formations qui avaient (et ont encore) pour but non avoué de maîtriser la peur et l'inconfort de toute façon incontournables. Il faut apprendre, lorsque l'on est éducateur, à faire avec ce « dérangement » permanent.

Nous avons assisté à un deuxième courant face à cette vague technicienne : celle du spontanéisme naïf. Dans la relation éducative, les choses iraient d'elles-mêmes. Il ne faudrait pas se casser la tête, « être cool », laisser faire, laisser dire. Il s'agit plus là d'une démission, sans doute pour les mêmes raisons, parce que la relation éducative bouscule les points de repères habituels des éducateurs et pousse à l'invention permanente. Comme on le voit entre le Charybde de la technique et le Scylla du spontanéisme, il faut envisager une voie moyenne, si l'on veut que la relation éducative soit un véritable outil pour les professionnels et un facteur de structuration pour les personnes en difficulté qui leur sont confiées.

Depuis quelques années, des éducateurs sur le terrain et des formateurs dans les centres de formation, se sont mis au travail pour construire les coordonnées de l'acte éducatif qui se fonde essentiellement sur une pratique de la relation humaine. Les éducateurs disposent d'outils spécifiques que l'on commence à repérer et qui sont transmissibles en situation d'apprentissage. Ce qui définit l'existence même

© Dunod – La photocopie non autorisée est un délit.

d'une profession est que l'on puisse en formaliser les actes et transmettre cette formalisation.

Si la relation engagée par un éducateur avec une personne en souffrance obéit aux aléas de toute relation humaine, cette rencontre singulière prend, en revanche, une toute autre dimension qu'une relation d'amitié ou de camaraderie. D'une part, elle prend en compte la demande singulière des personnes. D'autre part, elle s'inscrit dans un projet, obéit à une mission, est garantie et contrôlée par une institution, étant elle-même sous la tutelle d'un organisme d'État ou d'une collectivité locale, lesquels développent les choix d'une politique sociale à l'échelon de la nation ou du département. Du coup, la relation éducative est au service de ces différents niveaux d'objectifs, avec évidemment les contradictions que ne manquent pas de produire l'imbrication des différents projets. La relation éducative est le moyen d'agir dans le sens d'un changement des personnes en vue d'une meilleure insertion pour elles dans la communauté des citoyens. Le projet est donc politique : l'aide apportée aux personnes en difficulté est un choix de société. Les éducateurs participent à la mise en œuvre de cette grande option sociale posée dès la Déclaration des droits de l'homme et du citoyen de 1789.

La fonction des éducateurs exige d'eux qu'ils produisent des diagnostics cohérents à partir d'observations cliniques très fines, recueillies justement « dans le vif » de la relation et médiatisées par des activités culturelles, physiques, sportives, voire tout simplement de la vie quotidienne. Ces observations sont confrontées, dans les réunions dites « de synthèse », aux points de vue des autres techniciens de l'institution (médecins, psychiatres, psychologues, assistantes sociales, instituteurs spécialisés, rééducateurs...) et parfois des familles. Ce n'est qu'à partir de cette confrontation que les éducateurs peuvent dégager des hypothèses d'action fiables et engager des projets articulés aux projets des autres techniciens, mais aussi personnalisés et adaptés au plus près aux désirs et à l'évolution des personnes prises en charge. Bien entendu, ces projets de prise en charge ne sauraient être figés : ils sont reformulés en permanence avec les personnes et les autres techniciens. La refonte récente des Annexes XXIV[1] insiste à juste titre sur ce point.

1. Annexes à un décret réglementant les conditions d'autorisation des établissements privés qui reçoivent des enfants et adolescents dont la prise en charge est financée par la Sécurité sociale. Parues en mars 1956, ces annexes n'avaient été jusqu'alors que peu modifiées. Les décrets du 22 avril 1988 et du 27 octobre 1989 les ont réactualisées.

Mais l'on oublie trop souvent que dans la mise en place de ces projets, dont la relation éducative est le creuset, l'éducateur doit prendre position, dans ses options de travail, dans ses modes de lecture des réalités rencontrées, dans les présupposés théoriques qui président à ses hypothèses. C'est la raison pour laquelle on ne pourra pas, sauf à gommer la spécificité de la fonction éducative, produire un manuel de la profession. Ce manuel, chacun est tenu de le réécrire sans cesse au fil de sa pratique et de son questionnement.

Tout au long de cet ouvrage, nous cernerons la réalité de la relation éducative à partir de ces prémisses. Dans la relation, l'éducateur n'est pas neutre. Il met en jeu sa personne, sa personnalité, ses sentiments, ses goûts, ses opinions, ses passions, ses représentations de lui-même, des autres, du monde, mais il le fait au service d'une cause qui lui est extérieure et il professionnalise ses actes. Voilà pourquoi nous aborderons successivement les questions suivantes : qu'est-ce qu'une relation éducative ? Comment s'engage-t-elle ? Pour faire quoi ? À partir de quelle visée, quel cadre, quelle mission, quels repères ? Sur quel type de médiations repose cette relation ? À quel projet peut-elle aboutir ? Quels en sont les limites et les obstacles ? Comment rendre compte de ce qui s'y joue ? Comment juger ce qui s'y passe ? À quels principes se référer dans l'action et la réflexion ?

Autant de points de questionnement qui nous permettront de dégager des repères utiles aux professionnels du terrain et aux futurs professionnels que sont les élèves en formation. Si l'on ne peut, comme on a souvent eu tendance à le faire, enfermer la pratique éducative dans un discours de type scientiste et technicien, cela ne signifie pas que les éducateurs fassent n'importe quoi. Même si les professionnels de l'éducation spéciale sont trop souvent muets, les gestes et les actes qu'ils soutiennent obéissent à un sens et une logique qui doivent devenir parlants pour tous. Cet ouvrage n'est donc pas à prendre comme un recueil de recettes, ce serait une catastrophe et enlèverait toute liberté à la relation éducative. D'ailleurs, il n'en a pas la forme. J'ai surtout mis l'accent sur les principes qui gouvernent l'acte éducatif en situation. Des principes énoncés à l'acte lui-même, à chaque lecteur de faire son chemin. Il s'agit d'une tentative de rendre compte d'un domaine, celui de la relation engagée dans un cadre professionnel, où ce qui se passe entre deux personnes est subtil, éphémère, fragile et somme toute, très difficile à saisir.

© Dunod – La photocopie non autorisée est un délit.

1

La relation éducative

« Le transfert, c'est de l'amour qui s'adresse au savoir. »

Jacques Lacan

L'EXPÉRIENCE EST UNE LANTERNE QUE L'ON PORTE DANS LE DOS

« On pense contre le signifiant », disait Jacques Lacan. Pas de pensée sans cette dimension d'inscription langagière. Pas de pensée sans parole et sans écriture. Si l'homme pense, c'est parce que la pensée l'a fait homme. Lacan emploie le néologisme de « l'appensée » (comme on dit l'appentis, pour la construction qui se tient contre – tout contre ! – une maison). Toute pensée s'inscrit dans le champ de savoirs constitués. Ainsi, on peut inscrire une pensée sur la pluie (c'est le cas aujourd'hui !) dans le champ de la poésie : « il pleure sur mon cœur, comme il pleut sur la ville », écrit Verlaine. On peut aussi lui donner forme dans le langage de la météorologie : dépression à 1 000 millibars, vent de force 6. Il est là question de codes et de discours.

© Dunod – La photocopie non autorisée est un délit.

Questions d'épistémologie : l'épistémê

Les discours et les codes, les champs de savoir, se déploient eux-mêmes sur une vaste toile de fond culturelle liée à un moment particulier de l'histoire de l'humanité dans chaque civilisation. Cette toile de fond, source des formes possibles de la pensée, les anciens Grecs l'appelèrent l'« épistémê » : champ de savoir constitué. On ne pense pas aujourd'hui comme au Moyen-Âge. De la Renaissance à nos jours, on a connu deux grands champs épistémiques. L'un classique et l'autre, depuis la guerre de 1914, moderne. Guy Le Gaufey, dans son essai *L'Éviction de l'origine* [1994], fait l'hypothèse que c'est le statut de la cause qui diffère. L'épistémê classique est caractérisée par un univers centré, où l'homme est au cœur de phénomènes orchestrés par une cause unique (Dieu, le Lord de Newton).

L'épistémê moderne est caractérisée par un éclatement de la notion de cause, un morcellement, qui fait que les phénomènes peuvent être décrits de points de vue différents et divergents, non exclusifs. Toutes les formes de la pensée, que ce soit dans l'art, la science, les techniques ou le langage courant, sont modelées par ce fond partagé, qui est une certaine façon, commune à une socioculture, de vivre le monde. L'épistémê tire sa cohérence du fait que l'homme est assujetti et appareillé au langage. C'est cet assujettissement singulier (et l'on retrouve ici la racine du concept de sujet, de *sub-jectus* en latin : jeté dessous, sous-mis) que Claude Lévi-Strauss et à sa suite Jacques Lacan, ont nommé le « symbolique », puisqu'il est lié à la capacité de symbolisation de l'homme.

Épistémologie et langage

Chaque champ épistémique est balisé par un ensemble de signifiants particuliers que l'on peut appeler des concepts et qui permettent à chacun d'appréhender le monde d'un point de vue singulier, donc de construire une réalité, en s'inscrivant dans l'épistémê de l'époque. La praxis est la mise en œuvre des concepts sur un morceau choisi du réel. Les concepts décrivent la réalité subjective de chaque sujet, tout en la construisant au fur et à mesure à partir des matériaux sémantiques disponibles dans la culture. Il n'y a donc pas La Réalité, terme qui revient bien souvent comme référentiel dans le discours éducatif, mais des réalités subjectives en mouvement, vivantes, découpées pour chacun à la fois à partir de la transmission intrafamiliale et à la fois à partir du champ de savoir dont il emprunte le chemin pour se faire une place dans le monde.

Bien entendu, cette idée met aussi en cause la hiérarchisation des savoirs. De l'inconscient à la culture, il y a un passage où le sujet, d'abord sujet du langage, prend naissance de façon permanente. Il y a autant de pertinence chez un jeune décrivant sa vie quotidienne, que chez un philosophe contemporain. Ils s'inscrivent tous deux dans le cadre de la même épistémê, mais la fenêtre par laquelle ils regardent et découvrent le monde est différente. De plus, la valorisation des discours, comme marchandises chargées d'un capital culturel, les distingue selon un ordre de valeurs.

Langage et symbolique

Les grands champs conceptuels qui croisent le travail éducatif tiennent à la façon de vivre ensemble des humains, singulière pour chacun et collective pour tous. Ces grands champs dont la philosophie classique débat sous les concepts d'individu et de société, se déroulent dans deux champs épistémiques distincts :

– le social, balisé par l'ethnologie, la sociologie, le droit, l'économie ;

– le sujet, couvert par la psychologie clinique et la psychanalyse.

Ces deux champs de savoir permettent de construire deux types de réalités bien différentes : la réalité sociale et la réalité psychique. C'est à l'articulation de ces deux champs que travaillent les éducateurs. Il reste à repérer comment sont constitués ces champs de savoir et champs de discours, à quelles conditions l'on peut s'en servir, à quelles lois logiques obéit leur organisation, à partir de quels principes un éducateur peut s'appuyer sur eux pour penser son acte. Notons cependant que pour les éducateurs, ce ne sont pas les seuls champs de référence. Par exemple, on peut se demander ce qu'une science aussi moderne que la topologie pourrait amener dans la formulation des situations éducatives. Ou bien la poésie, le cinéma...

Dans cet essai, je m'attacherai essentiellement à explorer les pistes ouvertes par l'invention freudienne pour décrire le territoire du travail éducatif. Cela nous permettra de déboucher sur une question cruciale et plutôt galvaudée dans le contexte social actuel : l'éthique. Lacan a pro-

© Dunod – La photocopie non autorisée est un délit.

posé d'inscrire l'éthique à l'enseigne du « bien dire », non pas de dire le bien, ou pour faire bien, mais de dire au plus juste, au plus vrai, ce que l'on pense, ce que l'on fait, en inscrivant son dire ou son écrit dans les exigences des champs de savoir parcourus.

On pourrait bien entendu envisager un ouvrage similaire du point de vue de la sociologie et de la psychosociologie, visant à prendre en compte, dans le travail éducatif, les phénomènes de groupe, la dynamique des collectifs et les questions posées par l'insertion des sujets dans le tissu de la communauté. Un tel ouvrage n'existe que de façon fragmentaire. Il appartiendra à d'autres chercheurs d'en faire la construction. Le choix que je soutiens ici est de formaliser l'acte éducatif dans la rencontre intersubjective de l'éducateur et des personnes que la société lui a confié la mission d'éduquer.

Penser l'acte éducatif

« L'expérience est une lanterne que l'on porte dans le dos. » Autrement dit, l'expérience n'éclaire en rien la route des professionnels. L'expérience, on l'a dans le dos. L'expérience ne suffit pas. Il ne sert à rien d'avoir de la bouteille, comme on dit, si l'on s'avère incapable de l'ouvrir pour en partager le contenu.

« L'expérience est une lanterne que l'on porte dans le dos. » C'est un poète chinois qui a écrit cela, il y a bien 2 500 ans. Est-ce ce bon Chouang-Tseu, qui ne savait plus, après avoir rêvé qu'il se transformait en papillon, s'il était un papillon qui se rêvait homme ou un homme qui se réveillait papillon ? Ou ce fonceur de Li Po qui aimait tellement la lune, qu'une certaine nuit très arrosée, il voulut l'embrasser en se mirant dans le canal et mourut noyé ? Ou bien Li-Tseu qui fit l'apologie du vide ?

J'ai découvert récemment que cette phrase est de Confucius. C'est une chinoiserie. Plus on a d'expérience, dit-on, plus on accumule de savoir et de savoir-faire. C'est un vieux mythe, peut-être valable pour le vin, qui se bonifie en vieillissant. Pour les humains, en revanche, c'est totalement faux.

L'expérience que l'on viendrait cueillir, tel un fruit mûr, à l'issue d'une vie bien remplie et surtout bien longue, n'existe pas. L'expérience est un champ en friche qui ne se met à produire qu'à la condition qu'on le soumette au dur labour du soc du langage. Autrement dit, l'expérience de chacun, professionnelle et personnelle, les événements heureux ou malheureux, n'adviennent au monde pour constituer un savoir, que forgés et trempés au feu de la parole et du langage. C'est ce que Lacan, sur l'enseignement duquel nous appuierons ici notre démonstration, n'a cessé d'indiquer comme étant la dimension symbolique, qui nous fait, nous humains, fils et filles du langage.

À priori, il n'existe pas d'expérience qui produirait spontanément un savoir. Pour passer de l'expérience au savoir, la première condition, le B.A.BA, c'est d'en passer par l'exigence du symbolique. Nous débouchons ainsi sur ce que dans la lignée de Marx, dans *L'Idéologie allemande*, on peut appeler une « praxis », au sens où cet acte de construction de la pratique modifie la pratique elle-même. « Qu'est-ce qu'une praxis ? » questionne Jacques Lacan, en 1964, dès le début de son séminaire consacré aux Quatre concepts fondamentaux de la psychanalyse. « C'est le terme le plus large pour désigner une action concertée par l'homme, quelle qu'elle soit, qui le met en mesure de traiter le réel par le symbolique. » Le réel étant ce qui échappe au langage.

Expérience et langage

Donc pas d'expérience qui n'en passe par des mots. Mais quels mots ? Les concepts ne sont pas des mots ordinaires, mais des mots assemblés entre eux selon ce que l'on appelle un « corpus théorique ». Les concepts font corps sous forme de discours. Et donc, le maniement des concepts obéit à certaines règles. De plus, les champs de savoir qui croisent l'acte d'un éducateur sont multiples. Dans cette forêt foisonnante de concepts, comment se frayer un chemin ? Si nous nous penchons sur les savoirs qui constellent la formation des éducateurs et leur pratique sur le terrain, nous constatons un émiettement des discours. On soumet les élèves (on parle aussi selon les endroits d'étudiants, ou plus justement de personnes en formation) à une véritable douche de savoirs en spray : quelques gouttes de sociologie, une pincée de psychologie, un zeste de droit, une cuillerée d'administration du secteur, une bonne louche de techniques éducatives, un soupçon de philosophie, une larme d'éthique, un filet de psychopédagogie...

À partir de ce constat plutôt amer, nous débouchons sur deux questions.

1. Comment, à partir de ces savoirs en miettes, construire ses propres repères sur l'acte éducatif ?

© Dunod – La photocopie non autorisée est un délit.

2. Et, question subsidiaire, comment faire reconnaître le travail éducatif et en assurer la transmission, si l'on ne le met pas en forme ? On peut entendre, par cette expression de « mettre en forme », l'acte éducatif dans toutes ses équivoques. C'est sans doute la dimension exacte de la formation : permettre aux éducateurs de donner une forme à leur travail.

L'acte éducatif et le discours

C'est fort de ces questions que je me suis engagé il y a quelques années, après une formation initiale de trois ans, dans la profession d'éducateur, et un peu plus tard, dans celle de formateur. Mais j'avais exercé auparavant pendant plusieurs années, si j'ose dire, en franc-tireur, notamment dans la création et l'animation, avec mon épouse, à la campagne, d'un lieu d'accueil pour des jeunes en grande difficulté. Dans la construction et la transmission d'un savoir sur l'acte éducatif, j'ai buté sur deux impasses : soit l'on raconte des anecdotes, des histoires ; soit l'on se bâtit une tour d'ivoire en béton sur la montagne de la théorie. En fait, au lieu de ces deux voies extrêmes et sans issue, je préfère passer par la voie du milieu : la praxis. Comment, à partir de l'acte éducatif, créer un discours qui obéit aux règles épistémologiques, qui soit transmissible et qui puisse dialoguer sur un pied d'égalité avec les autres discours, la médecine, la psychologie, la rééducation... ? Voilà la question qui a guidé, tout au long de ces années, mes pas tâtonnants.

Ce travail d'élaboration, je l'ai mené sur le terrain, mais surtout en marge du terrain, dans deux groupes de réflexion : Pean, Psychanalyse et éducation, que j'ai créé à Toulouse avec une quinzaine de collègues travailleurs sociaux et l'Efeps (Éthique freudienne et pratiques sociales) qui se réunit à Paris et réfléchit depuis deux ans à la question de l'argent et de la dette dans les pratiques sociales. Dans cette orientation, j'ai fait des choix et ma démarche est inscrite dans l'éthique de la psychanalyse.

Pourquoi la psychanalyse ? D'abord pour des raisons personnelles que je ne puis évoquer ici. La transmission de la psychanalyse offre la particularité de ne s'enseigner ni dans les livres ni à l'université, mais dans la confrontation assez longue et assez pénible à son propre inconscient. Alors, au-delà des contingences personnelles, pourquoi prendre appui sur le discours analytique ?

Pour éclaircir ma démarche, je dirai que dans la somme hétéroclite des savoirs que je citais plus haut comme présents dans les cursus de formation des éducateurs, je rappelle que l'on peut tracer une ligne de démarcation : un certain nombre de savoirs peuvent être regroupés autour des sciences sociales (sociologie, psychosociologie, ethnologie, économie, droit...) ; ils concernent la vie collective des sujets, l'inscription (et les difficultés d'inscription) de chacun dans la communauté. Un autre regroupement traite de ce qui se passe, comme on dit, « dans la tête de chacun ». Là, on trouve les sciences « psy » (principalement la psychanalyse, la psychologie clinique, la psychopédagogie...). Dans la pratique éducative, ces deux dimensions sont croisées, puisque la pratique éclate en deux territoires distincts : les relations sociales qui concernent la connaissance très fine des ressources du social et la capacité d'y mener des projets ; et la clinique, qui prend en compte la rencontre de chaque sujet en souffrance, au cas par cas, un par un.

Dans ce champ de la clinique, la psychanalyse m'apparaît comme le seul discours opérant. D'abord, pour une raison non spécifique. En effet, il faut bien, pour rendre compte d'une expérience, un levier extérieur. « Donnez-moi un levier assez solide et un point d'appui assez résistant, disait Archimède, et je soulèverai le monde. » Pas d'expérience sans ce levier conceptuel. Mais pourquoi la psychanalyse ? Parce que c'est la seule approche épistémologique qui place au centre de la pratique et de la réflexion théorique, le désir du sujet et ses conditions d'émergence dans l'espace social, c'est-à-dire dans la parole et le langage. D'où cette affirmation qui me sert de guide autant dans ma pratique d'éducateur que dans celle de formateur : « Il n'y a de clinique que du sujet », phrase que Lacan nous a léguée comme un viatique pour la route. Évidemment, ce positionnement est éthique. Prendre toujours et partout la position clinique comme incontournable, éjecte de fait un certain nombre de pratiques et de discours fondés sur la manipulation de l'autre.

La clinique éducative, que je définis comme une clinique du sujet désirant, s'oppose de fait à tout type de prise en charge de masse. Travailler avec le sujet, c'est travailler au cas par cas, en écoutant les dires de chacun, et selon des modalités de rencontre à chaque fois renouvelées, mais dont les principes sont bien repérés. Je m'oppose farouchement à toute tentative de traitement ou de gestion massive des populations. La position clinique débouche sur un positionnement politique. On sait où, en d'autres temps, nous ont conduit les idéologies de traitement et de manipulation de masse. Que l'on pense aux camps de la mort

© Dunod – La photocopie non autorisée est un délit.

des nazis ou plus près de nous à l'intégrisme musulman, ou à l'épuration ethnique pratiquée pas les Serbes. La gestion sociale de masse de ce qui fait l'essence de chaque sujet aboutit toujours, peu ou prou, à ce type de mise au pas, quand ce n'est pas de mise à mort (ce n'est pas la « macdonalisation » galopante de la planète qui le démentira).

La massification des questions a tendance à ne vouloir voir qu'une seule tête et à trancher tout ce qui dépasse, comme Procuste avec son divan. Je mets formellement en garde les éducateurs, dont le penchant les mèneraient à manipuler les grands nombres : quartiers en difficultés, tranches de population d'exclus, marginaux, jeunes, etc. Si ce type de découpage apporte des éléments de compréhension des mécanismes sociaux, lorsqu'il s'agit de prendre en compte la difficulté à vivre de chaque sujet, il s'avère néfaste et produit fatalement ce que Marx a stigmatisé sous le terme d'« aliénation ».

Psychanalyse et éducation

Cet ouvrage prend effet dans un contexte particulièrement éprouvant pour le travail éducatif. La profession est mise à mal de l'extérieur par un contexte social où l'on accuse les travailleurs sociaux d'un peu tous les maux. On leur reproche de n'être pas capables de palier les faillites d'une société dont les orientations politiques et économiques acculent de plus en plus de nos contemporains à l'exclusion. On leur reproche de ne pas réussir là où la société a failli. Le nombre de personnes « débranchées » du système de production et des échanges marchands a considérablement crû ces dix dernières années. Rien que pour la France, une enquête récente faisait état de 12 millions de personnes en marge de l'appareil de production. Sur 25 millions d'actifs recensés, c'est la moitié de la population qui est exclue (chômeurs, érémistes, handicapés, jeunes sur des voies de garage...).

Dans de telles conditions, comment les travailleurs sociaux en général et les éducateurs en particulier, pourraient-ils être tenus pour responsables de cet état de désinsertion (quand ce n'est pas parfois de désertion) de franges entières de populations ? Que peuvent concrètement faire deux ou trois éducateurs dans un quartier difficile face à des milliers de jeunes en mal de vivre ? Ils servent bien souvent de faire- valoir aux responsables politiques, de boucs émissaires, alors que la question porte sur un changement global de société et ne se résoudra que dans une prise de conscience et une volonté affirmée de l'ensemble des citoyens.

Éducateurs ou travailleurs sociaux ?

De l'intérieur, la profession est également attaquée. Devant l'ampleur des dégâts, les explications et les injonctions simplistes fleurissent et il faut bien avouer que, dans un tel contexte de crise, les sciences sociales dominent de leur voix le discours tenu sur le social. À cela deux conséquences. L'aspect social mis en avant tend à niveler les différentes professions sous l'appellation, peut-être pratique, mais inopérante et sans fondement réel, de « travail social », et pour ses agents de « travailleurs sociaux ». Il s'en suit logiquement une approche à dominante sociale des questions, qui si l'on ne saurait nier sa pertinence dans le champ d'observation qui est le sien, demeure inopérante auprès des personnes en souffrance, si elle n'est pas solidement enracinée dans une pratique de la relation, autrement dit, et ce sera l'axe de cet ouvrage, au cas par cas. Cette dimension de rencontre subjective, à chaque fois à réinventer dans l'acte éducatif, est évidemment à cent lieues des objets de la sociologie, qui prend justement pour terrain d'étude de grands ensembles de populations.

Cette approche reste inscrite dans la pratique éducative comme espace de la clinique, ce que certains, surtout habités par la facilité et l'inflation d'une vision réductionniste, voudraient gommer. Une histoire drôle met en scène deux éducateurs :

« Quel beau métier que le nôtre, dit l'un.
— Oui, mais dommage qu'il y ait les usagers », renchérit l'autre.

Seule, l'approche sociologique du travail éducatif tendrait à nier les positions subjectives, au profit d'organisations groupales de masse aliénantes.

La pratique éducative

La clinique est inscrite dans la tradition éducative. Au fil des ans, elle s'est enrichie des apports de la psychanalyse et de la psychologie clinique. La formation actuelle des éducateurs, suite à la réforme de 1990, en porte encore les traces, puisque l'on parle, dans les textes offi-

© Dunod – La photocopie non autorisée est un délit.

ciels, des programmes d'observation clinique, d'ateliers cliniques, d'intervention clinique...

Pour être tout à fait clair, la pratique éducative s'exerce dans trois directions. D'abord sur un plan social. Les éducateurs sont aux avant-postes pour rendre compte des actions de terrain et proposer aux politiques (élus, responsables associatifs, représentants de l'État...) des projets pertinents. C'est sans doute cette branche d'activité qui s'est la plus développée ces dernières années. L'augmentation, à juste titre, des connaissances en droit, en sociologie, en économie dans les cycles de formation, correspond à cette prise de conscience du rôle social des éducateurs.

Une autre dimension investie par les éducateurs, est l'institution, qu'à la suite des travaux de François Tosquelles et de Jean Oury, il convient de distinguer de l'établissement. L'institution, au-delà des murs et des repères administratifs qui la fondent, vit à partir d'un groupe d'adultes, de techniciens, où chacun, du cuisinier au médecin psychiatre, a sa part dans le projet institutionnel qui se décline dans ses volets thérapeutiques, éducatifs et pédagogiques. Le champ ainsi défini, très présent dans la réflexion, il y a une dizaine d'années dans le sillage de la psychothérapie institutionnelle, est malheureusement en forte régression. Penser au jour le jour l'institution, à partir de l'hypothèse qu'il s'agit d'un collectif social en mouvement, d'une communauté humaine en évolution, semble ringard. On constate, dans les institutions du secteur médico-social, un retour à des formes de pratiques anciennes : retour des chefferies et des directions monolithiques, durcissement des hiérarchies, infiltration rampante du management et du marketing social, dépossession des techniciens de leur responsabilité et de leur parole, confiscation des droits des usagers... Cela sous couvert d'impératifs économiques de rentabilité. Cet espace est marqué par la percée des théories de la réification, où la personne en souffrance est prise comme objet de manipulation : behaviorisme, thérapies brèves, comportementalisme, analyse transactionnelle, PNL, etc. On assiste malheureusement, sous les coups de boutoirs d'un discours qui vise la productivité, y compris dans le domaine du malheur et de la souffrance, au revival sous des atours sémantiques modernisés, de ce que, il y a quelques lustres, on pouvait dénoncer comme pratiques tortionnaires de redressement, d'orthopédie sociale ou de normalisation.

Enfin, le troisième espace dans lequel s'exerce la profession éducative est celui de la clinique, que nous définirons ici, dans les termes mêmes du discours analytique que nous léguèrent Sigmund Freud et Jacques Lacan, comme clinique du sujet.

Investir ces trois espaces, le social, l'institutionnel et la clinique, sans les confondre, mais sans en lâcher aucun, constitue la condition même du travail éducatif. Si dans le cours de cet ouvrage nous portons surtout l'accent sur l'espace de la clinique, espace de rencontre et de relation, c'est parce que ces dernières années ont enfoui dangereusement cette dimension centrale de la pratique, laissant croire même chez certains auteurs et praticiens, qu'il suffirait... de ne rien faire pour que les choses s'arrangent ou bien qu'il suffirait d'améliorer les conditions d'environnement des personnes prises en charge pour qu'elles s'épanouissent, comme par miracle. Si ce vœu est louable et ne peut qu'être partagé, c'est faire peu de cas des personnes handicapées lourdement sur un plan physique, psychique ou social, qui ne pourront vivre de façon autonome et dont il faut penser l'accompagnement à vie.

Voici deux exemples flagrants de l'impertinence du discours sociologique dans l'espace de la clinique. Dans un centre d'accueil pour toxicomanes, une jeune sociologue, qui depuis a fait son chemin et fait autorité dans le domaine des théories de l'exclusion, accueillait les usagers en leur demandant de répondre à un questionnaire (« Vous habitez chez vos parents ?... Vous vous droguez depuis combien de temps ?... »). Comme accueil d'une personne en souffrance, on peut faire mieux ! Dans un autre établissement de prévention spécialisée, un directeur, qui se targuait de faire des enquêtes d'ethnologie, passait des heures à observer un groupe de jeunes dealers devant le service qu'il dirigeait. À aucun moment ne l'a effleuré l'idée qu'il était de son devoir d'intervenir.

Cet ouvrage prend donc place dans un contexte de polémique, mais c'est à ce prix, sans s'y dérober, que les pratiques peuvent évoluer. Pour étayer nos propos et rompre un peu l'aspect théorique de l'ensemble, nous nous appuierons sur des exemples cliniques, soit tirés de notre pratique, soit tirés d'analyses de pratiques de personnes en formation.

On peut se demander pourquoi l'auteur prend ici appui sur la psychanalyse pour cerner l'acte éducatif. Les raisons en tiennent à deux réalités. Tout d'abord, il faut noter que les acteurs de l'éducation spéciale (pour reprendre une expression chère au cœur de Maurice Capul) donnent peu à voir ce qu'ils font. On dit que les éducateurs n'écrivent pas, ne formalisent pas, ne conceptualisent pas. Ce qui est en partie

© Dunod – La photocopie non autorisée est un délit.

faux. Toujours est-il que, praticien de l'éducation, c'est la question qui m'a mis au travail : mettre en mots la pratique éducative. Dans cette recherche, je le répète, j'ai rencontré le discours et la pratique analytiques, pour des raisons personnelles et professionnelles. Parce que c'est le seul discours d'allure rationnelle et scientifique (même si l'on peut à juste titre se demander si la psychanalyse est une science) qui prenne la parole des sujets pour point d'appui. Les praticiens de l'éducation n'ont pas tiré toutes les leçons de cette évidence : c'est dans la parole et le langage que se font les rencontres entre humains, et c'est donc dans cet espace particulier qu'exercent en premier titre les éducateurs. « Par-delà ou en deçà des prestations matérielles, en nature ou en argent comptant, de la consistance même de l'aide apportée à la population en perdition pour des raisons diverses, l'action se fonde sur un certain nombre de paroles échangées », affirme Jeanne Granon-Lafont dans son ouvrage intitulé *Les Pratiques sociales... en dette de la psychanalyse.*

La seconde évidence est que la fonction éducative exerce, finalement comme toute rencontre entre humains, sous transfert, c'est-à-dire dans une rencontre qui ne laisse pas froid, où la part de l'émotion et de l'affectif, les projections d'amour et de haine, entrent en jeu. Pas de travail éducatif sans cette dimension opérationnelle du transfert. Mais les éducateurs – et nous consacrerons quelques pages à cette délicate question – ne disposent pas, contrairement aux psychanalystes dans le cadre de la cure, d'un dispositif fixe. Il leur faut trouver et souvent réinventer, au fil des situations, des points de repère pour que le transfert puisse se déployer.

La psychanalyse, une référence

Combler un vide conceptuel dans les pratiques éducatives, ouvrir une possibilité d'exporter du champ analytique quelques notions opératoires, et parce que dans ma pratique quotidienne, je participe de l'un et l'autre champ, analytique et éducatif, voilà ce qui a guidé ici mes pas. Cette tentative de lire la réalité éducative à la lumière des concepts analytiques n'est pas entièrement nouvelle. Historiquement issus des travaux d'August Aïchhorn, Fritz Redl, Bruno Bettelheim, et en France, Françoise Dolto et Maud Mannoni, le courant éducatif psychanalytique a perdu de son tranchant au cours des années.

Ce n'est que récemment, sans doute face à l'urgence d'y voir clair dans une profession ballottée au fil des idéologies et des décisions politiques, qu'un nouvel intérêt se fait jour. Depuis cinq ans, certains auteurs ont rendu publique leur réflexion. J'ai cité Jeanne Granon-Lafont, mais il faut ajouter *Les Lieux d'accueil* [1991], de Martine Fourré, *Le Rôle de l'éducateur* [1995], de Daniel Roquefort, qui tente une formalisation de l'acte éducatif à partir de l'enseignement de Jacques Lacan. C'est dans la même veine que furent publiés mes ouvrages, *Parole d'éduc* [1995] et *l'Acte éducatif* [1998].

On peut noter également, même si ce n'est pas sans mal, un regain d'intérêt pour la psychanalyse dans les centres de formation, et plus globalement dans le champ de l'éducation. La participation d'éducateurs à des cercles de réflexion, des cartels, des journées de travail où la psychanalyse est au cœur des débats, témoigne à la fois de l'intérêt des praticiens sociaux pour cette pensée active, mais aussi de l'ouverture du champ analytique aux questions de société, auxquelles, il faut bien le dire, il a été jusqu'ici singulièrement sourd. Un ouvrage comme celui que Francis Imbert et le Groupe de recherche en pédagogie institutionnelle, consacre à l'*Inconscient dans la classe* [1996], témoigne également de cette résurrection du discours analytique dans les pratiques pédagogiques.

RETOUR À LA CLINIQUE

La clinique : voilà un mot qui est apparu dans le champ éducatif il y a une trentaine d'années, via le discours médical, surtout dans sa version psychiatrique, très présente à cette époque dans les établissements médico-sociaux. Il semble pour certains n'en demeurer que quelques signes fossiles. Mais depuis peu, un peu partout en France, on assiste à un réveil. Un livre qui s'offre un franc succès comme celui de Jean Cartry, *Petite chronique d'une famille d'accueil* [1996], en témoigne largement. La clinique éducative est à nouveau au cœur des débats, y compris par contrecoup, pour ceux qui affirment que cette dimension clinique est un leurre.

Mais de quoi s'agit-il ? À l'origine du mot, en indo-européen, on trouve la racine *klei*, qui donne en grec *clinein* (coucher), *clinè* (un lit) et *clinikos* (le médecin qui visite les malades alités). Quant à la *clinikè*, origine directe du mot qui nous intéresse, elle désigne la technique ou l'art dudit médecin. Le *Lexis* Larousse, ouvert à l'entrée « clinique », nous apprend qu'il s'agit de « ce qui se fait près du lit du malade ».

© Dunod – La photocopie non autorisée est un délit.

Dans cet usage, le terme apparaît en 1696. Le substantif la « clinique », (dont la première occurrence est datée de 1600) désigne la méthode de diagnostic par examen direct du malade. À partir de 1842 se répand le terme de « clinicien » avec le sens de « médecin qui étudie les maladies par l'observation directe du malade ». C'est à partir de ce noyau sémantique à coloration fortement médicale, que le mot a essaimé dans le champ de la psychologie (« psychologue clinicien »), de la psychanalyse, et dans les années d'après-guerre, de l'éducation spécialisée.

Pour en cerner le sens dans le champ éducatif qui nous occupe, retenons avant tout cette notion sur laquelle insistent les définitions : le contact direct avec l'autre. Mais retenons aussi que, d'emblée, la place de l'autre, handicapé, jeune délinquant... est problématique. On peut en considérer pour preuve la prolifération des nominations pour le désigner. C'est un point sur lequel nous reviendrons un peu plus tard. L'autre que les éducateurs rencontrent dans l'exercice de leur profession, n'a pas vraiment de nom, ou alors il est noyé sous des appellations multiples et morcelées, dont certaines sont sujettes à caution.

Toute clinique s'instaure à l'enseigne d'une rencontre directe avec l'autre. Qu'il soit « en souffrance » pour des raisons étiologiques liées à des déficiences ou handicaps physiques, sensoriels, mentaux, intellectuels ou sociaux, ce n'est pas une pathologie que l'on rencontre, mais un sujet humain dont la seule particularité est d'être immergé dans le langage (qu'il parle ou non !). Cette rencontre a lieu soit lors d'un face-à-face, en individuel, comme on dit (dans un centre d'accueil, par exemple), soit en collectif (dans un groupe de jeunes, dans un quartier...). Mais de toute façon, l'approche clinique implique une rencontre au cas par cas. Voilà ce qui caractérise la partie centrale de l'acte éducatif. L'autre volet étant occupé, nous l'avons déjà suggéré, par un travail de partenariat intra et interinstitutionnel (réunions d'équipe, coordination avec d'autres travailleurs sociaux, concertation avec les organismes de contrôle, rencontre avec un groupe d'élus...). Pour que la rencontre ait lieu en clinique éducative, il faut qu'elle soit repérée dans un cadre particulier, et qu'elle s'étaye sur les concepts de transfert et d'acte.

Le cadre éducatif

Si une rencontre a lieu entre un éducateur et un... (faut-il l'appeler éduqué ? éduquant ?... Nous aborderons un peu plus loin cette question cruciale de la nomination des personnes), c'est parce qu'un certain nombre de points de repères sont clairement posés. La clinique éducative, espace de relation interhumaine s'il en est, ne saurait être soumise ni à l'arbitraire ni au bon vouloir des éducateurs ou des personnes en difficulté. Elle intervient dans un cadre institutionnel, même quand on pense et dit qu'il n'y en a pas, comme dans le travail de rue. L'établissement est agréé pour une certaine mission auprès d'un certain public et financé à ce titre. Il fait appel, pour mener à bien cette mission, à des professionnels, dont les éducateurs, et met en œuvre divers projets, dont des projets éducatifs qui ont pour caractéristique, depuis la refonte des Annexes XXIV, pour les établissements qui en relèvent – mais ce texte a donné le ton –, d'être individualisés en fonction de chaque cas.

La question du cadre, que nous aborderons plus loin, renvoie à une notion de place et à un désir de l'occuper. Un éducateur ne peut manquer de se demander ce qu'il fait dans une situation donnée et de questionner son désir de s'y investir. Sans jamais perdre de vue les deux termes qui bornent sa position : la mission de l'institution et la demande de l'usager.

Le transfert dans la clinique éducative

Comme la clinique psychanalytique, la clinique éducative opère sous transfert. Qu'est-ce à dire ? Tout simplement que, comme le disent clairement les éducateurs, « avec un tel ça accroche bien » (ou parfois mal !). Cet « accrochage » s'inscrit sur un fond d'affectivité. Il y a de l'amour (et parfois de la haine) en jeu dans la rencontre, comme dans toute relation humaine d'ailleurs. Nous allons prendre un exemple.

Dans un institut de rééducation de la région lyonnaise, une éducatrice, qui vient d'arriver, constate qu'une jeune fille de 13 ans est mise à l'écart. « Elle est bête ; elle n'est bonne à rien, on ne peut rien en faire », affirme l'équipe éducative découragée, qui arrive au bout de ses ressources. La jeune éducatrice, pas encore « usée », se prend d'affection pour cette jeune fille. Elle s'intéresse à elle. Cette dernière, touchée par l'intérêt réel et vivifiant de l'éducatrice, commence à changer de comportement. Elle sort de son isolement et de son mutisme, essaie de se mêler aux jeux de ses camarades. Les instituteurs constatent qu'elle est beaucoup plus calme en classe et qu'elle s'est même prise de passion

© Dunod – La photocopie non autorisée est un délit.

pour la géographie. Elle cherche sur des cartes où est son village natal, puis elle enchaîne sur la région, la France, la planète. Elle commence à se situer, dans son histoire et à trouver sa place « sur terre ». Un problème se pose cependant, lorsque l'enfant rentre au pavillon où travaille l'éducatrice, elle n'a qu'une hâte, retrouver cette dernière pour ne plus s'en séparer. « Elle se colle... », « Elle est toujours fourrée dans ses jupes » plaisantent les autres membres de l'équipe. Comment s'en sortir ? Comment poursuivre l'action sans briser le processus dynamique déclenché par cette relation affective bien enracinée ?

La théorie du transfert

« Le transfert désigne en psychanalyse, le processus par lequel les désirs inconscients s'actualisent sur certains objets dans le cadre d'un certain type de relation établi avec eux et éminemment dans le cadre de la relation analytique. Il s'agit d'une répétition de prototypes infantiles vécue avec un sentiment d'actualité marquée. » Cette célèbre définition tirée du *Vocabulaire de la psychanalyse* [1992] de Laplanche et Pontalis, appelle plusieurs remarques et rectifications pour donner au concept de transfert sa charge opérationnelle dans le champ éducatif.

Le transfert est la grande découverte de Freud. Constitué comme « tiers dispositif », comme l'écrit Daniel Sibony dans son ouvrage *Entre dire et faire* [1989], le transfert entre finalement en jeu dans tout type de relation, dès que deux êtres humains se mettent à parler : « du seul fait que leurs paroles mettent en présence des bribes de leur mémoire ; cela déclenche des poussées de leur passé vers leur présent ou leur avenir, des coulées fantasmatiques qui les débordent, qui cherchent à se poser, à quels temps se conjuguer pour s'entretenir, se satisfaire ».

C'est sans doute la première chose à retenir de la notion de transfert : ce qui se transfère dans une relation, ce sont avant tout des mots, des signifiants, dira-t-on plus tard. Mais Freud, n'ayant pas connu l'œuvre du linguiste Ferdinand de Saussure, n'avait pas à disposition ce concept de signifiant, surtout employé par Jacques Lacan. Les mots échangés actualisent à l'endroit de celui qui supporte le transfert, un certain nombre d'affects et de représentations refoulées, qui n'ont pas directement à voir avec la relation actuelle, objectivement parlant. Freud en étudiera le mécanisme d'abord dans le rêve, à partir de cette histoire triviale que Francis Imbert nous rappelle dans un ouvrage passionnant, *L'Inconscient dans la classe* [1996]. « Je suis tenté, écrit Freud au chapitre 7 de *L'Interprétation des rêves* [1899], de dire que la représentation refoulée est comme le dentiste américain, qui ne peut exercer son métier dans nos pays que s'il trouve un médecin régulièrement diplômé, qui lui serve d'enseigne et le couvre aux yeux de la loi. Et, de même que ce ne sont pas les médecins les plus occupés qui concluent ces sortes d'alliances, ce ne sont pas, dans la vie psychique, les représentations préconscientes ou conscientes qui ont attiré sur elles le plus d'attention, qui serviront à couvrir les représentations refoulées. »

L'invention du transfert

C'est dans ses *Études sur l'hystérie* [1895], ouvrage écrit en collaboration avec Josef Breuer, que Freud présente la notion de transfert, à la suite d'un fait inattendu : une de ses patientes, à l'issue d'une séance cathartique (il n'avait pas encore inventé le dispositif analytique), se jeta à son cou. Freud, non sans humour, note que ce n'est sans doute pas pour ses beaux yeux et précise que le transfert opère à partir d'une « mésalliance », d'un « faux rapport », d'une « fausse association », bref, qu'il y a erreur sur la personne. Mais Freud, loin de détromper la patiente, va avoir le trait de génie d'utiliser cette force vive, le transfert, qui est de l'ordre d'un transport amoureux, pour faire avancer la cure. « Pour la première fois dans l'histoire de la médecine, écrit Mustapha Safouan dans son ouvrage *Le Transfert et le désir de l'analyste* [1988], un médecin, Sigmund Freud, s'était avisé d'entendre dans une déclaration d'amour qui s'adressait à lui personnellement, non pas l'appel d'une réponse complémentaire, mais l'expression d'une passion apparemment immotivée. »

C'est dans la foulée de cette découverte capitale que Freud abandonna la méthode cathartique et l'hypnose, et inventa la cure analytique. Une patiente de Breuer avait vigoureusement interrogé les convictions de Freud. Soignée depuis plusieurs années par la méthode cathartique, Anna O. avait soudain déclenché « un état d'amour de transfert » sur la personne de Breuer, lui criant qu'elle était enceinte de lui et allait accoucher de ses œuvres. Josef Breuer avait paniqué devant cette scène et passé la main à Freud, qui ne fut pas long à remarquer l'étiologie sexuelle des troubles de la patiente, ce que Breuer refusait

© Dunod – La photocopie non autorisée est un délit.

catégoriquement. Plusieurs auteurs admiratifs saluèrent le courage dont Freud fit preuve. Il ne se sauva pas en courant devant l'amour de transfert, mais il n'en tira pas non plus un quelconque avantage.

Les années qui suivirent permirent à Freud d'affiner sa réflexion. Dès la découverte de l'Œdipe, il précise que le transfert actualise les imagos parentales. Il repère également en 1912, dans son article intitulé « La dynamique du transfert », que le transfert a deux faces : il favorise l'action du psychanalyste, mais s'oppose aussi comme résistance au traitement. L'amour facilite la relation, mais il est aussi un obstacle. De plus, Freud note assez tôt que le transfert peut s'exprimer selon deux voies : celle de l'amour (transfert positif), mais aussi celle de la haine (transfert négatif).

C'est dans un article de 1914, « Remémoration, répétition et élaboration » que Freud amorce la question du maniement du transfert. « Là, à travers les réactions de répétition du patient, précise Francis Imbert dans l'ouvrage précité auquel le lecteur peut utilement se référer, il s'agit d'atteindre les souvenirs refoulés. » Dans son *Introduction à la psychanalyse,* recueil de conférences prononcées en 1916 en direction de médecins et travailleurs sociaux, Freud apporte une série de précisions sur le « maniement du transfert » : il s'agit, en prenant appui sur le mouvement transférentiel du patient, de « créer de nouvelles éditions des anciens conflits... mais en mettant cette fois en œuvre toutes ses forces psychiques disponibles, pour aboutir à une solution différente ». Autrement dit, il s'agit de rejouer une partie dont la donne est déjà ancienne, prise dans le réseau des constructions infantiles, pour lui donner une issue nouvelle. Une sorte de mise en scène, de théâtralisation, qui du fait d'être rejouée, permet d'échapper à la répétition que met en œuvre le symptôme. La personne de l'analyste concentre alors l'ensemble des mouvements d'amour et de haine. Et la fin de la cure visera à opérer un détachement, au fur et à mesure que les représentations apparaissent et prennent place dans le langage. Voilà les grandes lignes de la pensée de Freud sur le transfert.

C'est dans cette optique que Jacques Lacan, dans les années soixante, poursuivra le travail, en apportant un certain nombre de modifications. En effet, ce qu'avait déjà entrevu Freud, c'est qu'à l'endroit du psychanalyste, du fait de la règle fondamentale de tout dire, c'est dans le langage qu'apparaissait le transfert. « Le transfert, note d'emblée Lacan, est un déplacement de signifiants. » « Mais qu'est ce qu'un signifiant ? », questionne-t-il dès 1964. « Un signifiant représente un sujet pour un autre signifiant », répond-il. Il n'y a donc pas erreur sur la personne, comme le pensait Freud, mais c'est du fait du déplacement métonymique des signifiants, que la personne de l'analyste est investie par le patient. Ce dernier projette sur l'analyste la possession d'un objet particulier, objet du fantasme, que Lacan cernera un peu plus tard sous la dénomination d'objet petit a (noté *a* dans les schémas et mathèmes lacaniens).

On peut dire que l'analyste, dans le dispositif lacanien, vient en lieu et place de cet objet, qui pourrait compléter le sujet et fantasmatiquement gommer le manque qui le constitue. Cet objet, lors de son séminaire sur le transfert, Lacan ira l'étudier chez Platon, dans *Le Banquet*. Si Alcibiade aime Socrate, c'est parce qu'il pense que celui-ci possède en soi l'objet merveilleux, l'agalma, dit Platon, qui pourrait le combler. Alcibiade suppose à Socrate cet objet, et c'est ce qui à ses yeux le rend désirable. De cette élaboration de Lacan, on peut tirer deux formules qui nous seront utiles dans le cadre du travail éducatif. « Le transfert est de l'amour qui s'adresse au savoir » et la notion de « sujet supposé savoir ».

Le transfert en pratique

De la même façon pourrait-on dire, mais dans un cadre autre que la cure, un enfant, un adolescent, un adulte, supposent à un éducateur un savoir, sur soi, sur la vie, sur le monde. Ils lui prêtent ce savoir, et c'est pourquoi, comme disent souvent les éducateurs, « ça accroche ». Du fait de ce savoir supposé de l'autre, le sujet va, en paroles et en actes, transférer et adresser à l'éducateur les signifiants, les mots, les expressions, qui recouvrent et désignent cet objet précieux, que toute la théorie et la clinique analytiques désignent comme à jamais perdu. Cet objet est inscrit en creux au cœur du sujet. Il est ce qui lui manquerait pour être tout. C'est cette part manquante que Lacan nomme la « jouissance » et qui fait des ravages, puisqu'elle pousse sans cesse l'être humain à dépasser ses limites, à s'attribuer une toute-puissance fantasmatique. Sa prise dans le langage opère « un ravinement de la jouissance », dit Lacan. Cette indication clinique de Jacques Lacan est très importante : elle montre la voie dans laquelle on peut inviter le sujet, pour transmuter ce qui le fait souffrir, celle de la parole et du langage. Seule cette dimension d'humanisation permet à un sujet de pacifier la jouissance qui l'envahit et le dépasse dans les symptômes ou les passages à l'acte.

© Dunod – La photocopie non autorisée est un délit.

La relation éducative va de fait être le lieu où s'élabore pour le sujet une certaine connaissance de soi. Ceci à condition que l'éducateur n'envahisse pas l'espace de la relation de ses propres fantasmes et représentations inconscientes, et ne cède pas aux avances d'amour ou de haine, qu'il sache se déplacer, pour laisser l'espace de rencontre désencombré et ouvert. Ceci ne va pas sans un travail parallèle de l'éducateur sur soi, sur ce que provoque en lui la relation. D'où l'ouverture indispensable, dans les institutions, de lieux d'élaboration clinique pour les éducateurs. Lieux qui peuvent prendre la forme de supervisions d'équipe ou de contrôles individuels. Nous en parlerons plus en détail un peu plus loin.

L'aboutissement de la manœuvre du transfert passe par ce que Daniel Sibony appelle justement « le transfert du transfert ». Il s'agit, dans la cure analytique, comme dans le cadre d'une relation éducative, d'éviter que le transfert ne s'enkyste. « Comment veiller à ce qu'un transfert ne s'enkyste pas ? Exigence éthique que ce transfert du transfert. Exigence clinique aussi : là où se crispe l'analyste (là où il pense avoir fait une bêtise...), c'est quand il oublie tout simplement le transfert du transfert. » Ce que Lacan appellera aussi « la manœuvre du transfert », vise à détacher le transfert de son objet dans la cure, soit la personne de l'analyste, pour le diriger vers d'autres objets. Non pas dans un mouvement de substitution, mais plutôt de destitution. Car au bout du compte, aucun objet ne peut satisfaire un sujet. Freud le notait à sa façon en précisant que « entre satisfaction recherchée et satisfaction obtenue, il y a toujours un écart ».

L'objet que mettent en scène, dans son versant de récupération, différents mythes fondateurs comme celui du jardin d'Éden, est à jamais perdu. L'homme est à tout jamais chassé du paradis, ou des verts pâturages de l'enfance. L'homme est fondamentalement exclu, de la jouissance, du tout, de la complétude, de la perfection... C'est ce manque structural qui le fonde dans son humanité. D'où ce sentiment de profonde déréliction qui saisit le sujet en fin d'analyse lorsqu'il réalise qu'aucun objet ne pourra venir combler le manque qui le fonde.

Ce passage par l'œuvre au noir, cette traversée du « désêtre », ne peuvent bien entendu être travaillés que dans l'espace et avec les outils de la cure analytique. Notons cependant que dans le travail éducatif un mouvement semblable devra apparaître, mais sans toucher à ce degré d'incomplétude du sujet. Même si l'éducateur, sensibilisé au travail analytique et à l'émergence de l'inconscient, n'est pas dupe des déplacements transférentiels, il ne peut, dans l'espace qui est le sien, mettre le sujet face à cette épreuve : il n'a pas le dispositif où cette question peut être vécue et explorée. Cette voie que dans l'analyse on désigne sous le terme de « castration, coupure, rupture », on peut la voir à l'œuvre dans le travail éducatif sous la forme de l'autonomie.

Qu'un jeune (ou moins jeune, car l'inconscient n'a pas d'âge) s'appuie sur son amour pour un éducateur pour investir petit à petit d'autres types de relations et d'autres objets d'amour, lui permet d'opérer un déplacement, de la personne de l'éducateur vers une marge de manœuvre où il s'éprouve comme sujet responsable de sa propre histoire et de ses actes. Alors « de ces désirs inconscients parce que refoulés, refoulés parce qu'interdits (désirs sexuels incestueux, désirs de mort des parents...), l'investissement se fait sur des objets actuels, équivalents symboliques des anciens objets. Ces nouveaux objets ne sont pas nécessairement interdits. Tentative de répétition, certes, mais il ne s'agit pas d'une répétition à la lettre. Il y a aussi changement et possibilité de remaniement : une évolution est possible. De l'intérêt de pouvoir régler, contrôler le transfert source de re-vie », précisent Catherine Pochet, Fernand et Jean Oury, dans leur ouvrage *L'Année dernière, j'étais mort... signé Miloud* [1986]. Et François Tosquelles de conclure : « Je ne voudrais pas affoler les instituteurs (et nous ajouterons les éducateurs), ni peut-être un certain nombre d'analystes, mais cette possibilité de reprise, de résurgence, on l'appelle, depuis Freud, le transfert. » Dans une telle optique, l'ensemble de l'institution devient le théâtre du transfert.

L'éducation dite « spécialisée » joue sa spécialité en ce que qu'elle met en travail des aménagements qui favorisent le transfert tous azimuts. Il conviendra donc, et ce sera l'objet d'un chapitre ultérieur, d'articuler, comme nous y invite Francis Imbert, la question du transfert et celle des médiations. « Le transfert opère sur des objets actuels... et la fonction de la médiation est de réaliser l'intervention d'objets qui soient autant d'éventuels pôles d'investissement, autant d'éventuels pôles de transfert. » Investissement des éducateurs et des divers techniciens, bien sûr, mais aussi de toute personne œuvrant dans le cadre de l'institution. J'ai ainsi vu à l'œuvre des transferts tout à fait opérants sur un cuisinier ou une lingère. Le dispositif de travail du transfert, son espace, comme l'est le dispositif de la cure, est à proprement parler celui des médiations elles-mêmes, donc celui de l'institution, de ce qui s'établit comme tiers dans la relation.

© Dunod – La photocopie non autorisée est un délit.

La manœuvre du transfert

Pour résumer ce développement sur le transfert, je propose le schéma suivant.

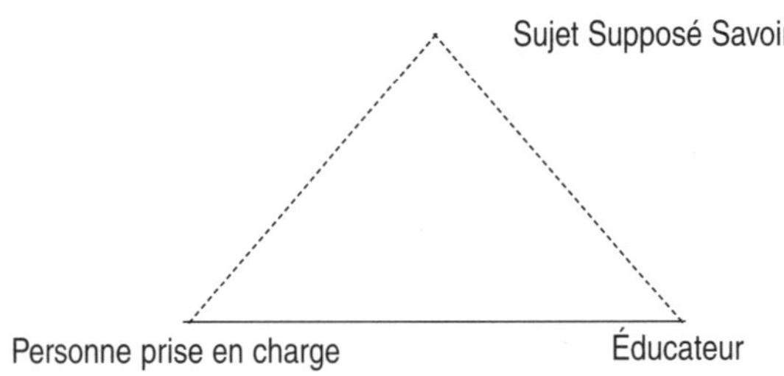

Figure 1. Schéma du transfert

Des théories analytiques du transfert et à partir de l'exemple commenté que le lecteur trouvera dans les page suivantes, nous pouvons maintenant poser des points de repère.

Dans ce cadre particulier, l'éducateur a pour tâche d'opérer ce que Jacques Lacan appelle « une manœuvre du transfert ». Dans d'autres textes, il emploie l'expression de « maniement du transfert ». Et surtout, comme Freud fit l'expérience d'une patiente qui se jeta à son cou, il n'a pas à s'imaginer que si l'autre « accroche », c'est pour ses beaux yeux. En position clinique, les éducateurs s'appuient sur le transfert, sur ce que d'autres en souffrance « transfèrent » sur leur personne, comme émotions, projets, désirs, images archaïques, signifiants souterrains, pour ouvrir des voies d'investissement nouvelles.

Si dans la clinique psychanalytique le transfert est utilisé pour interpréter et éclairer le sujet sur son fantasme, dans la clinique éducative, il sert de point d'appui pour déboucher sur la transmission d'un certain savoir-faire. Dans la situation transférentielle, parce qu'il s'y prête, l'éducateur est mis en place, pour étendre un concept lacanien, de « sujet supposé savoir-y-faire ». Supposé savoir se débrouiller dans la vie et les relations. Supposé savoir y faire dans le lien social, comme on dit : parler, échanger, trouver une place dans l'espace social, dans les us et coutumes de la collectivité. C'est au titre de ce savoir qu'il suppose à l'éducateur que l'autre (souvent l'innommable !), enfant, adolescent, adulte, « accroche ». Et c'est aussi en prenant appui sur ce que l'autre lui transfère que l'éducateur va tendre à ce que le sujet s'approprie son propre savoir, sur lui-même, le monde et les autres.

C'est au nom de cette relation, en lien étroit, qu'une personne élabore un savoir qui est le sien, en le prêtant d'abord à l'éducateur. D'où l'importance dans la clinique de repérer comment et pourquoi « ça accroche », et pour le praticien de se demander à quelle place l'autre l'assigne (pour qui me prend-il ? qui voit-il ? que vit-il, à travers moi ?). Ce n'est que par ce questionnement organisé, qui prend souvent dans les institutions la forme d'une régulation ou de supervision d'équipe, voire plus rarement celle de contrôle individuel, que l'éducateur peut se détacher, se déprendre de la part d'amour et de haine qui l'affecte dans la relation, et créer une ouverture dans le scénario d'une histoire marquée au sceau de la répétition et du symptôme. Celui-ci est comme une parole qui se répète en boucle pour n'avoir pas trouvé son destinataire, c'est comme une lettre en souffrance qui continue de circuler.

Chez l'éducateur, à la condition que celui-ci s'emploie à désencombrer l'espace du transfert de ses propres projections, mouvements affectifs, projets, désirs pour l'autre... la personne que l'on dit prise en charge peut trouver quelqu'un à qui parler. Cette rencontre, lorsqu'elle a lieu dans toutes ses conséquences, permet bien souvent chez des sujets en panne, quelles que soient les manifestations de leur malaise ou de leur malheur, de relancer le désir. Bien entendu, la manœuvre du transfert est très délicate. Et on ne redira jamais assez aux professionnels qu'il faut se doter d'outils pertinents pour repérer ce qu'ils mettent en jeu dans chaque relation. Cette dimension est approchée en formation à travers les ateliers cliniques, que l'on appelle selon les lieux, « analyse de la pratique » ou « analyse de situation ».

Je ne vais pas ici reprendre tous les concepts de base de la psychanalyse, ce n'est pas l'objet de cet ouvrage. Je me contenterai de montrer, dans une situation que j'ai vécue, comment à partir de ces prémisses, j'ai développé mon acte. Dans cette vignette clinique, on verra que se laisser guider par les principes du discours analytique produit une certaine efficacité. Pour précision, certains points de cette réflexion ont été collectés dans un ouvrage paru aux éditions Érès intitulé : *Parole d'éduc. Éducateur spécialisé au quotidien* [1995]. Cet ouvrage

© Dunod – La photocopie non autorisée est un délit.

inaugure une collection que j'ai créée, consacrée à l'écriture des éducateurs et plus largement des travailleurs sociaux.

Un cas clinique

« C'est bien ici, parce que c'est gratuit », dit Jean dans les premiers temps où je le reçois au centre d'accueil pour toxicomanes où j'exerçais comme éducateur il y a quelques années.

Comment, dans le travail social, partant de cette illusion de gratuité, accompagner le sujet vers le prix à payer pour l'assomption de son désir ? Tel est le trajet que je veux présenter.

Tout d'abord, je dois une précision sur la spécificité de ce centre. À s'arrimer à l'éthique de la psychanalyse, ce que nous proposions à tout demandeur, quel qu'il fût, c'était de venir parler. Mais qu'est ce que parler veut dire ? Les sujets qui venaient dans ce centre se présentaient, comme dit Lacan dans son séminaire sur le Sinthome, « appuyés au signifiant », précisant que « l'on s'appuie contre le signifiant pour penser ». C'est un point que j'ai posé d'emblée dès l'ouverture de cet ouvrage. Les personnes qui venaient dans ce centre s'adossaient à un signifiant particulier : « Je suis toxicomane. »

Le problème avec le signifiant, c'est qu'il introduit de fait la division du sujet. Alors que gommer cette division signe la stratégie des toxicomanes. « Il n'existe pas d'autre définition de la drogue, affirme Jacques Lacan dans la conclusion d'une réunion des Cartels, que celle qui permet de rompre avec le petit-pipi. » Le concept de « petit-pipi » se trouve dans le cas clinique relaté par Freud, connu sous le nom de Petit Hans, une des *Cinq psychanalyses* [1954]. C'est le phallus, qui vient, pour l'un et l'autre sexe, marquer la différence sexuelle. Rompre avec le petit-pipi, c'est donc tenter d'échapper à cette différence entre hommes et femmes, autrement dit d'éviter la castration qui veut que pour ce qui est de créer un rapport d'harmonie entre les sexes, ça ne marche pas. Voilà pourquoi l'on peut dire, à contrario, que la drogue, c'est le bonheur, au sens ou dans *Malaise dans la civilisation* [1930], Freud nous présente l'intoxication chimique, comme une des pratiques les plus efficaces pour fuir les difficultés inhérentes à l'humanité.

Et voilà aussi pourquoi les toxicomanes ne parlent pas et ont peu ou pas de rapports sexuels. Ils cherchent à supprimer la division qu'introduit la parole et la rencontre de l'autre sexe. D'où la proposition logique faite dans ce service d'accueil pour toxicomanes, de venir parler. Du deal de la poudre au commerce de la parole, tel était le chemin sur lequel nous les invitions à avancer.

L'histoire de Jean

Chez Jean, un signifiant s'est mis à insister d'emblée : « gratuit ». La première rectification que j'ai faite alors qu'il m'énonçait la gratuité de son accompagnement fut de lui signifier qu'il n'y avait rien de gratuit. Il était pris en charge dans un hôpital psychiatrique la nuit, occupé le jour dans un centre pour personnes en difficulté et venait me voir chaque semaine. C'est d'ailleurs dans la mise en place de ce dispositif, de cet étayage éducatif dans la réalité, que je l'avais accompagné dans un premier temps. Le fait qu'il ne paie rien ne signifiait pas que ce fut gratuit. D'autres payaient pour lui, et finalement, à travers les impôts et les charges, un peu tous les citoyens du pays.

Peu de temps après, Jean me présenta une étrange requête. Il me demanda, en entrant dans le bureau, de téléphoner à sa mère « parce que, disait-il, elle sait où j'habite ». Jean devait remplir des papiers pour toucher le RMI et dans la case où il devait inscrire ses coordonnées, il ne savait quelle adresse inscrire, de celle de ses parents ou de la sienne, puisqu'il avait un appartement qu'il n'occupait pas. De toute façon, dans les deux cas, il disait « chez ma mère ». À cette demande, j'opposais un non très ferme. Ce qui eut pour effet de le plonger dans une rage folle. Il donna des coups de pieds dans la table et se précipita vers la sortie où je le rattrapai pour lui demander de revenir dans le bureau essayer de parler de ce qui lui arrivait. Il avait le visage en feu et les yeux exorbités.

« C'était comme un mur, dira-t-il quelques minutes plus tard, Je ne vous voyais plus. J'étais un autre. »

Assumer son désir hors de l'aliénation qui le fait coller à sa mère, « voler de ses propres ailes », pour reprendre une expression qu'il emploiera bien plus tard, payer le prix pour que sa parole et ses actes aient du poids, voilà ce qui faisait reculer Jean.

Lorsqu'il toucha le RMI, la somme fut versée sur le compte de sa mère, qui lui remettait généreusement ce que Jean appelait « de l'argent

© Dunod – La photocopie non autorisée est un délit.

de poche », comme les enfants. Cette façon de parler et d'agir en disait long sur le type de relation infantile que Jean entretenait avec sa mère. Je lui ai alors demandé de consulter le juge des tutelles afin d'obtenir que son argent soit géré par un tiers auquel il puisse se référer. L'effet produit, une fois la mesure de tutelle prononcée, fut que la mère de Jean se manifesta. Elle me téléphona pour se plaindre de son fils, ajoutant que depuis cette histoire, elle avait des crises de tétanie. Que son fils, à l'âge de 26 ans, commence à se séparer d'elle, la pétrifiait. Je lui proposai de venir en parler à un collègue de l'équipe, afin qu'elle puisse aussi prendre toute la mesure de son implication dans l'histoire de Jean. Elle accepta cette proposition qui permit de calmer le jeu : chacun avait ainsi un lieu pour explorer ses propres responsabilités.

C'est environ vers cette époque que Jean m'affirma avoir lu un de mes articles dans une revue où j'expliquais ce qu'était la maladie mentale. Il m'arrive en effet de temps à autre d'écrire des articles dans certaines revues spécialisées ouvertes aux éducateurs (comme *Lien Social*, *Empan* ou *VST*), mais je n'ai jamais écrit un tel article. Toujours est-il que c'est à partir de ce signifiant qu'il me prêtait (la maladie mentale), en s'y adossant, à partir d'un savoir qu'il me supposait sur la folie en général et sur ses difficultés à vivre en particulier, que Jean commença à se définir à l'enseigne d'un certain symptôme : « Je suis trop sensible », dira-t-il. Il commença alors à envisager ses troubles du coté de la maladie psychique. La prise répétitive de drogue étant alors une façon de moins souffrir, de s'anesthésier.

Au fil des rencontres, Jean retissait la trame de son histoire. Il se racontait et sa vie prenait une autre tournure. S'il se reconnaissait de moins en moins sous l'étiquette de toxicomane, cause de sa venue dans ce service, il se posait beaucoup de questions sur ce qu'il appelait « sa sensibilité ». Pendant quelque temps, alors que le signifiant de la gratuité avait chuté, il tourna autour du mot « payer ». Il disait payer pour n'avoir pas écouté sa mère. Et pourtant elle l'avait prévenu, quant à ses fréquentations qu'elle jugeait douteuses, et quant à la drogue... Il lui avait fait du mal. C'est alors qu'il retraça son itinéraire qui le conduisit à s'intoxiquer massivement. À 20 ans, il avait fait la connaissance d'une jolie jeune fille de 17 ans, préparatrice en pharmacie. Mais au fil des rencontres, il trouva que cette liaison tournait mal, car elle se moquait de lui. En fait, comme souvent dans les amours de jeunesse, elle en aimait un autre, tout simplement. Mais pour Jean, le monde s'effondrait. C'est lors d'un concert de rock qu'un de ses amis lui proposa un shoot d'héroïne en lui disant que tout allait s'arranger. En effet, la drogue est peut-être la seule façon de s'arranger avec ce qui n'est pas fait pour s'arranger : la différence sexuelle.

Comme le précise Freud dans *Malaise dans la civilisation* [1930] : « La plus brutale, mais aussi la plus efficace des méthodes destinées à exercer pareille influence corporelle, c'est la méthode chimique, l'intoxication. » La drogue, selon Freud, est « un briseur de soucis ». C'est alors que Jean, si l'on suit son discours, a payé cher. Dans son corps, dans sa chair. Il a offert en sacrifice sur l'autel maternel ses forces vives, pour expier une faute qu'il ne comprenait pas. « Je paie pour une faute que je n'ai pas commise », me dira-t-il un jour. Sa mère était sa seule et véritable... héroïne. Il avait décroché de son travail d'homme d'entretien dans un lycée et s'était retrouvé pour plusieurs années à la rue, en galère, jusqu'à son arrivée au centre d'accueil où je l'ai reçu pendant quatre ans. C'est un médecin psychiatre dépassé par la situation qui l'avait aiguillé sur ce centre. Il attrapa une hépatite, reproduisant étrangement une affection qui frappait depuis trois générations tous les hommes de la famille. Son grand-père en était mort et Jean précisait que, dès lors, tout s'était mis à déraper. Sous cette transmission familiale d'un non-dit qui parasitait les corps, pointait la livre de chair à payer en nature pour ce qui n'arrivait pas à s'inscrire comme dette entre les générations.

On peut évoquer la comédie de Shakespeare écrite en 1596, *Le Marchand de Venise*. Un jeune homme, Antonio, emprunte de l'argent à Shylock, un usurier juif, pour épouser Portia. Shylock lui prête la somme d'argent en lui précisant que s'il ne le remboursait pas, il devrait payer avec un morceau de son propre corps, une livre de chair. Antonio, inconscient, accepte le marché et évidemment, il ne peut rembourser. Au jour dit, Shylock se présente chez Antonio pour récupérer son dû : une livre de chair. C'est une comédie, l'affaire finit bien. Portia déguisée en avocat invoque la loi pour interposer un interdit à l'endroit de cette tractation infâme.

Comment accompagner Jean pour qu'il passe de « payer dans son corps » à l'expression d'une dette symbolique ? Voilà la question qui guidait mes rencontres avec lui. C'est dans ce contexte que je demandai à Jean de réfléchir au fait de payer pour le travail qu'il venait faire avec moi. Cette fois encore, Jean se mit dans tous ses états : « C'est un ultimatum ? Vous êtes pire que Saddam Hussein ! » (On était en pleine guerre du Golfe.) Jean aurait aimé que ce soit un ultimatum. Ainsi, il n'aurait pas eu à en découdre avec son propre désir. Loin d'une injonction,

© Dunod – La photocopie non autorisée est un délit.

c'était de ma part une proposition, pour que Jean puisse y réfléchir et en parler, afin que la question de « payer » s'inscrive dans le texte symbolique. L'hypothèse qui me servait de guide, prenant appui sur l'éthique de la psychanalyse, était que ce qui s'inscrit dans le symbolique disparaît du réel. C'est l'envers du passage à l'acte. C'est le passage par l'acte de parole. On sait que c'est un des points d'appui fondamentaux de la psychanalyse. Freud et, dans son sillage, Lacan, insistent pour poser que ce qui n'est pas inscrit (ce qui est forclos, dit Lacan) dans le symbolique réapparaît dans le réel. La parole permet le mouvement inverse.

La rencontre qui suivit fut assez houleuse. Jean était en colère : « Pourquoi payer ? Je ne vois pas. Je paie déjà bien assez. Tout me coûte : venir vous voir, dormir à l'hôpital psychiatrique... On me prend pour un moins que rien. Ma parole n'a aucune valeur. Avant aussi, j'ai beaucoup payé... la drogue... la galère... Dans mon boulot (l'emploi d'homme d'entretien qu'il avait quitté), j'étais payé au lance-pierre...

— Justement, est-ce que vous ne pourriez pas envisager de payer autrement ? ai-je questionné.

— Drôle de cadeau de Noël », conclut Jean.

En effet, nous étions en fin d'année, en pleine période de fêtes. Et Noël, c'est l'époque des chocolats. C'est pourquoi, en revenant des fêtes, Jean me dit triomphalement qu'il avait trouvé un truc : « Je vous offre une boîte de chocolats et on n'en parle plus. » Je lui demandai de garder ses chocolats, et de continuer à « en » parler.

La semaine suivante, Jean revint à la charge : « Pourquoi payer ? Je suis embarrassé... C'est pas la somme, 10 ou 10 000 francs. C'est que (et alors il fit le geste de donner)... encore à un toubib... mais à un éducateur ! Déjà je paie trop. Alors, ça en plus... »

Cette fois-ci, Jean termina l'entretien par un « ça calcule », qui est une expression du Sud-Ouest, pour dire que ça bouillonnait dans ses pensées.

Dans les entretiens suivants, Jean revient sur sa relation avec sa mère qui venait de tomber malade. Et pour la première fois, et la seule en quatre ans, il évoque son père. Jean a peur pour sa mère, il reprend sa litanie : il lui a fait du mal et il paie... « Ma mère, c'est de l'or, ma mère, c'est moi » dit-il. « Mon père, il n'est pas vraiment inexistant, mais... », et il se met à pleurer.

C'est vers la fin de ce travail d'entretiens éducatifs que Jean s'est mis, si j'ose dire, à tourner autour de son désir. « C'est dur de choisir », dit-il. Il fait des projets : va-t-il reprendre la ferme des ses grands-parents, faire un stage de mécanique moto, rester adulte handicapé ? C'est dur de choisir. En découdre avec son désir, c'est aussi en payer le prix. C'est à ce moment du travail qu'il décide de ne plus venir me voir. « De toute façon, c'est un centre pour toxicos. » Et il dit qu'il ne se reconnaît plus sous cette étiquette. Il me remercie de ne pas l'avoir lâché tout au long de ces années. Je lui précise que le travail engagé avec moi peut se poursuivre ailleurs, indiquant ainsi l'espace de la cure analytique. Mais cela lui appartient. Jean peut désormais, comme on dit souvent dans le jargon éducatif, assumer son autonomie. Voilà pour l'histoire de Jean.

L'implication dans la rencontre

Bien entendu, une telle mise à plat de la clinique ne rend pas compte de la densité de cette rencontre. L'accompagnement de Jean, c'est quatre ans de travail. À peu près une année pour le rencontrer, l'apprivoiser, je devrais dire nous rencontrer, nous apprivoiser l'un l'autre. Une année aussi durant laquelle j'ai mis en place avec Jean un dispositif de soutien et d'étayage dans la réalité : hôpital de nuit, centre de soin de jour, suivi psychiatrique, mesure de tutelle... Les entretiens hebdomadaires avec moi agissaient comme lieu d'élaboration, lieu de ressources pour qu'il puisse dire le sens de ce qui lui arrivait. J'ai proposé de nommer un tel lieu de ressourcement protégé et garanti par l'éducateur, « machine métaphorique » ou dans la foulée du psychanalyste anglais Masud Khan, « jachère ». (Sur ce point, on peut consulter mon ouvrage *Parole d'éduc* [1995], au chapitre intitulé « La jachère ou l'espace du dire ».) Les entretiens se sont déroulés régulièrement tout au long de ces quatre années. Jean, au bout de quelques mois, définit à sa façon cet espace et le travail qui s'y déroule : « Ça fait comme une structure », précise-t-il.

Un tel suivi appelle évidemment quelques questions et commentaires. Pour ma part, je retiendrai trois points importants.

La question de l'argent

Lors d'un exposé du cas de Jean à Paris, des travailleurs sociaux me sont tombés sur le dos en criant au scandale : pourquoi faire payer

© Dunod – La photocopie non autorisée est un délit.

quelqu'un dans un service public ou du moins financé par de l'argent public ? Ma réponse alors, mais il faudrait prendre plus de temps pour la développer, a été que Jean, à mon avis, devait apprendre à payer pour ce que personne à sa place ne peut payer. Il devait payer pour ce qui est en plus de la maladie ou de la misère sociale, payer pour cette part de jouissance qui lui rongeait la vie, payer pour devenir responsable et comptable de ce qui lui arrivait. Il y a une petite anecdote où Freud, voyant venir une semaine plus tard un homme qui avait manqué sa séance, exige de lui qu'il paie la séance manquée. L'homme s'excuse, puis finit par s'énerver : en effet, la semaine précédente, il n'avait pu se rendre chez Freud, car, disait-il, un tram l'avait renversé et que blessé, il avait dû se rendre à l'hôpital. « Vous me paierez quand même la séance », conclut Freud. Il me semble que l'essentiel du travail éducatif est de déboucher avec les personnes sur la construction d'une dette symbolique investissable dans l'espace social. Comment faire quand tout est dû ? Si ce n'est marquer dans la matérialité du paiement que la dette est du côté du sujet.

La dette, si l'on reprend les catégories de Marcel Mauss dans son célèbre *Essai sur le don* [1980], est ce qui permet, au-delà de donner et recevoir, de faire retour à la communauté, donc de s'insérer au sens propre, de prendre une place qui a de la valeur dans les échanges sociaux. Les personnes prises en charge n'ont pas une dette vis-à-vis des éducateurs qui les accompagnent, car ceux-ci sont payés pour ce qu'ils font ; ils ont une dette vitale envers la société. Ils ont à investir leur vie dans l'espace de la communauté humaine. Autrement dit, une façon de payer cette dette est l'insertion. Prendre la question de l'insertion par ce biais est la seule façon pour la poser comme processus où le sujet est actif.

La question du transfert

À un moment de ce récit, Jean prend appui sur l'éducateur que je suis à partir d'un article qu'il m'attribue, où la question de la maladie mentale est présente. Je ne le contredis pas. Je ne cherche pas à lui prouver qu'il a tort. On voit ici à l'œuvre le transfert dans toute son essence puisque dans ses premiers textes sur la technique analytique, Freud précisait qu'au-delà des sentiments d'amour ou de haine, qui accompagnent tout transfert, ce qui se transfère dans l'espace de la rencontre sont avant tout des mots. Ces mots-là exprimaient pour Jean, et pour la première fois, sa difficulté de vivre, que je repérais du côté de la structure psychotique, la drogue lui servant alors d'automédication contre l'angoisse de morcellement. « Le transfert, nous dit Lacan, c'est de l'amour qui s'adresse au savoir. » Non pas ici au savoir de l'inconscient comme dans la cure analytique, mais au savoir qu'une personne en souffrance suppose à un éducateur, sur la vie, les relations, la réalisation de soi...

La différenciation entre cure analytique et accompagnement éducatif

On l'a vu, je pose comme principe que comme la clinique analytique, la clinique éducative opère sous transfert. En revanche, ce qui démarque clairement ces deux espaces cliniques, articulés à un discours unique, celui de la psychanalyse, c'est leur champ d'application. La cure analytique intervient sur la réalité psychique et le fantasme, avec comme point de visée sa traversée ; la clinique éducative s'applique dans le champ de la réalité sociale, donc des échanges sociaux. La manœuvre du transfert vise dans cet espace à déplacer la charge affective que supporte la personne de l'éducateur (le sujet supposé savoir faire, pour reprendre une expression de Lacan qui parle à propos du transfert dans la cure de « sujet supposé savoir ») vers d'autres objets d'investissement : expression, création, travail, formation, apprentissage, hébergement, liens sociaux...

Il s'agit au bout du compte, pour un éducateur, de transférer le transfert ! En effet, si le transfert que supporte l'éducateur est un moteur dans la relation éducative au début, avec le temps, il s'avère vite être un frein. Il faut donc assez rapidement proposer des voies de substitution, comme objets d'investissement. Il ne suffit pas, et c'est même une faute grave à mon avis, d'intimer à une personne « je ne suis pas ton père, je ne suis pas ta mère », ce qui produit un rejet et une coupure brusque, il faut accompagner en douceur mais aussi avec fermeté, le passage vers d'autres personnes, d'autres sources de questionnement et d'intérêt. Je dirai que si une personne, prenant appui sur la relation vraie engagée avec un éducateur, commence à éprouver un intérêt pour un métier, des apprentissages, des passions, des rencontres... c'est gagné. La charge désirante qui s'exprimait dans le transfert trouve ainsi son issue.

© Dunod – La photocopie non autorisée est un délit.

La place des éducateurs est d'accompagner ce mouvement d'inscription dans la réalité. Cela ne va pas sans mal. En effet, l'être humain est ainsi fait, que soumis à l'ordre du langage, aucun objet au monde ne peut venir combler le manque qui le constitue. Les éducateurs sont trop souvent dans l'illusion de posséder le bon objet qui viendrait gommer la souffrance de l'autre, qui viendrait combler sa demande. Alors que la seule chose que nous puissions faire est de l'aider à faire avec l'incomplétude. Ce n'est qu'en acceptant nous-mêmes d'être manquants que nous pouvons aider les autres à être ce qu'ils ont à être, c'est-à-dire eux aussi manquants. Finalement, le travail éducatif doit laisser... à désirer.

L'ACTE ÉDUCATIF

La question de l'acte en psychanalyse est posée clairement par Lacan qui y consacra toute l'année 1967-1968 de son célèbre séminaire. Nous pouvons en prendre de la graine. Lacan désigne comme acte, « l'intervention qui produit sur le sujet un effet de franchissement ». Il n'y a acte que si quelque chose bouge pour le sujet, dans son rapport à lui-même et aux autres. Et finalement, c'est bien ce que l'on attend d'un éducateur, qu'il puisse faire bouger la réalité quotidienne des personnes gravement affectées par le désordre dans leur corps, leur esprit et dans leur mode de relation.

Posé ainsi, on ne peut reconnaître et mesurer l'impact d'un acte éducatif que dans l'après-coup. Comme dit le proverbe, on reconnaît l'arbre à ses fruits. Finalement, on peut se demander si l'acte éducatif ainsi défini est si fréquent. Même si quotidiennement les éducateurs mettent en œuvre un certain nombre d'actions qui permettent à des sujets en grande difficulté de ne pas sombrer, de survivre, l'action n'est pas l'acte. Les difficultés auxquelles sont confrontées les différentes personnes auxquelles les éducateurs ont affaire, tiennent à ce que l'on appelle des « handicaps divers », mais surtout à la façon dont chaque sujet « s'insère » dans les relations aux autres. C'est avant tout, au-delà de la pathologie qui entraîne son lot de douleur, ce vécu subjectif qui fait souffrir. Trop souvent, le vécu attribué au handicap est un peu l'arbre qui cache la forêt. Pouvoir agir, à travers les gestes de la vie quotidienne, à ce degré d'implication du sujet, justifie le travail éducatif en ce qu'il fonde un espoir de changement. Bien sûr, certaines affections ou inadaptations sont si lourdement invalidantes, que ce n'est pas sur ce plan que le changement peut opérer.

Le niveau où intervient le travail éducatif est sur le vécu intime de la personne. La position que j'énonce ici, bien que peu répandue, mais sans doute parce que peu formalisée, est cependant représentée dans certaines institutions, qui prennent leurs marques dans le discours psychanalytique. Ainsi, le Courtil en Belgique est une institution centrée sur ce type de travail clinique. Accompagnant la réflexion de l'équipe soignante, paraît une revue, *Les Feuillets du Courtil*, qui tente de rendre compte de cette position. Par exemple, dans un numéro récent, Yves Vanderveken, éducateur qui partage le quotidien de jeunes psychotiques et névrosés graves, se demande ce qu'est un acte éducatif. Pour le comprendre, il propose un schéma. « Cet enfant, écrit-il, me disait ceci... il était pris dans telle situation (Y), voilà ce que je lui ai répondu, voilà comment je suis intervenu (X), il en a résulté ceci (Z). »

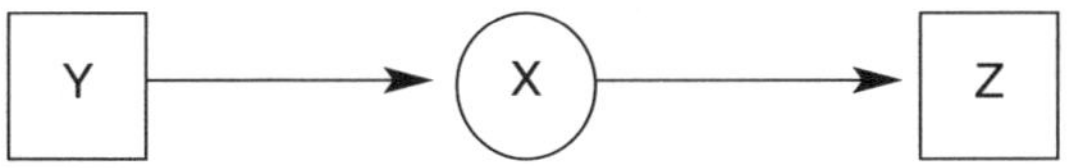

« Que s'est-il passé en X ? En d'autres termes, comment intervenons-nous ? Que faisons-nous quand nous intervenons ? ». Quelles paroles, ajouterai-je, quelles gestes, quelles attitudes ont été opérantes ? Quel savoir sur son acte un éducateur peut-il construire ? Quelle parole, quel acte, quelle décision, peut-il répéter, alors que chaque situation est toujours nouvelle ? Il y a un niveau de généralisation à construire sur l'acte éducatif, faute de quoi, l'éducateur tente de répéter une mise en situation qui par définition ne marche qu'une fois, ou bien il improvise, sans point de repère, au feeling, comme le prétendent certains, sans rien savoir de ce qu'il fait, autrement dit, en faisant n'importe quoi.

Un certain nombre d'institutions sont partie prenante de cette réflexion et de cette mise en acte de la clinique éducative. Sans alourdir ce texte, je citerai Maud Mannoni à l'École expérimentale de Bonneuil ; Odile Bernard-Desoria au Point de Capiton de Tours ; le réseau Solstices, fondé par Bernard Durey ; Jean-François Cottes aux Nonettes dans le Puy-de Dôme, qui édite également la revue de psy-

© Dunod – La photocopie non autorisée est un délit.

chanalyse *Barca* ! ; le Courtil en Belgique, déjà cité ; Transition à Toulouse... Des associations tiennent des séminaires et animent des groupes de réflexion sur cette approche : l'Efeps (Éthique freudienne et pratiques sociales) animé par Jeanne Granon-Lafont et Martine Fourré à Paris ; Crisis (Collectif de recherche et d'implication sur les structures intermédiaires) à Toulouse, etc. Au sein de l'École de La Cause Freudienne, fondée par Lacan, sa fille Judith Miller a impulsé avec une belle énergie un espace de rencontre entre psychanalyse et travail social, sous la forme d'un collectif intitulé : CIEN (Centre Interdisciplinaire sur l'Enfant) . S'y rencontrent dans une centaine de laboratoires en France et à l'étranger, différents partenaires ayant à faire aux enfants et aux jeunes : éducateurs, pédagogues, juges, médecins, etc. Cet espace de réflexion vise une ouverture dans le champ social du discours analytique, fondé sur une prise en compte du sujet dans un moment de désagrégation sociale dramatique et de ségrégation de franges entières de la population.

Voici donc jetées et ravivées les grandes bases de la clinique éducative. Il convient d'y revenir : c'est la colonne vertébrale du métier d'éducateur. Il semble que nous vivions un temps où les sirènes du social chantent la mort de cette profession, réduite qu'elle serait à un éclatement de microspécialités de pointe (chef de projet, ingénieur social...) qui naîtraient dans le sillage d'un fractionnement toujours plus éclaté de problèmes toujours nouveaux (délinquance, chômage, sida...). Or, ces problèmes ne sont pas nouveaux, même s'ils apparaissent chaque fois sous des aspects imprévisibles, ils sont liés au « malaise dans la civilisation », comme dit Freud ; et en cela nous ne les épuiserons jamais.

En revanche, par leur pratique et le savoir clinique qu'ils ont développé, les éducateurs font preuve en la matière d'un savoir-faire irremplaçable. Encore faut-il essayer de répondre à la question toute simple que pose Yves Vanderveken : « Que faisons-nous quand nous intervenons ? » Chez les éducateurs, il y a bien un savoir-faire très riche, mais il reste à le faire savoir. Apparemment, c'est là que le bât blesse. Je souhaite que cet ouvrage soit reçu comme une invitation à ce « faire savoir » des éducateurs.

2

Le projet éducatif

« L'humain en temps normal n'est ni sujet ni objet,
mais projet possible de venir assumer telles rencontres
– événements ou lieux d'être – de les faire vivre et parler,
ou de les rendre inertes et de faire parler cette inertie. »

Daniel Sibony

Aperçus anthropologiques sur la notion de projet

Comme nous le précisions dans le précédent chapitre, l'action éducative se fait en relation, mais une relation dont le champ est borné et assuré par un certain nombre de garde-fous. Dans les pages qui suivent, nous allons développer trois repères inséparables de l'acte éducatif et indispensables à un éducateur pour se situer : le projet, de plus en plus conçu comme projet individualisé des usagers ; les médiations ; enfin, les dispositifs, tels que la supervision d'équipe ou individuelle, qui permettent aux éducateurs d'avancer en terrain balisé et que nous aborderons plus spécifiquement dans la dernière partie.

Pour l'instant, nous resituerons tout au long de ce chapitre l'action éducative dans sa dimension de « projet ». Dieu sait s'il s'agit d'un mot à la mode, à telle enseigne qu'il finit par recouvrir un peu n'importe

© Dunod – La photocopie non autorisée est un délit.

quoi. Projet éducatif, projet pédagogique, projet institutionnel, projet thérapeutique... autant de niveaux de projets (et de projections !) qui demandent à être différenciés. Nous tenterons dans ce chapitre d'en cerner les usages et les conditions d'emploi, tout en dégageant une méthodologie d'approche, utile pour des éducateurs. Mais tout d'abord, nous allons en préciser les contours historiques et anthropologiques.

Le projet est en vogue. On en parle beaucoup. On ne peut plus prendre un journal sans que l'on y débatte projet de société, ce qui est bien normal en période de crise. Chaque individu, du plus jeune au plus âgé, est sans cesse questionné sur son projet d'études, d'emploi, de vacances... voire amoureux. On peut se demander ce qu'une telle insistance recouvre et si l'inflation de projets de tous ordres n'est pas à la mesure de la déflation des idéaux éthiques, philosophiques, religieux, et pour tout dire sociaux, qui transcendent l'individu. L'ouvrage *L'Ère du vide* [1983], du sociologue Gilles Lipovetsky décrit bien cette époque que nous abordons. Le projet serait dans un tel contexte une course en avant.

En effet, qu'en est-il du lien social aujourd'hui dans une société où les grands mouvements collectifs, sociaux dans le syndicalisme, religieux dans les divers cultes réunissant des assemblées de fidèles, se sont les uns après les autres délités ? On peut même voir poindre, sous certains emplois du terme « projet », une injonction paradoxale : que signifie pour des jeunes de monter un projet de formation quand on sait que l'exécution (donc l'emploi) n'aura pas lieu ? On assiste, surtout au niveau des instances dirigeantes, de l'État à la direction des établissements médicosociaux, à une hypomanie de projet : on en consomme beaucoup. Un projet chasse l'autre, sans que l'on ait tiré les leçons du premier. Et parfois, le projet n'est même pas mené à bout. C'est un projet virtuel ! Il y a à l'œuvre, dans la société actuelle, un terrible dérèglement, annonciateur d'une mutation, et le projet est bien souvent l'expression compulsive d'une volonté de n'en rien savoir. On fait des projets à répétition pour se voiler la face. On exorcise la réalité ambiante.

Historique du projet

On ne peut pas dire que ce comportement consistant à générer une foule de projets existe depuis toujours. Il est historiquement daté. Sans vouloir être exhaustif, nous en présentons ici une approche historique.

Mais au préalable, enregistrons cette définition que Jean-Pierre Boutinet propose des « conduites à projet », dans un ouvrage qui nous servira grandement de point d'appui, intitulé *Anthropologie du projet* [1990].

« Les conduites à projet sont des conduites finalisées cherchant à donner un sens à l'action qu'elles anticipent. Cette action peut être le fait d'individus, de groupes ou encore d'ensembles sociaux plus vastes. »

Il existe des sociétés sans projet, et il a existé en Occident, où le concept de projet explose, des époques sans projet. En effet, pour anticiper dans le temps, il faut qu'une culture ait construit une conception du temps linéaire, permettant la projection en avant. Une conception du temps cyclique, présentant comme espace de représentation de la réalité, un éternel retour des mêmes phénomènes naturels, est beaucoup plus propice à des conduites rituelles qui visent à assurer le retour du même, qu'à des conduites à projet qui parient sur l'imprévu et tentent de l'apprivoiser. Le projet est de plus la matérialisation d'une intention qui s'autodétruit. Cela sera un point d'achoppement dans la méthodologie : le projet n'est pas sa réalisation. Entre projet pensé et projet réalisé, il y a un écart. On verra que c'est dans la mesure de cet écart et dans le sens qui lui est donné, que réside la clé d'un autre mot dont le secteur éducatif fait aussi une grande consommation : l'« évaluation ».

Dans les langues grecques et latines, on ne saurait trouver l'équivalent du projet. Les anciens emploient des périphrases. Ainsi, Aristote dans *L'Éthique à Nicomaque* emploie deux termes : *proairésis*, au sens de choix moral ; et *bulésis*, but déterminé. Si le *propositum* existe en latin, c'est avec le sens de proposition, terme qui est loin de recouvrir la notion de projet. On emploie dans la langue de l'Empire des périphrases comme *quid cogitant* (ce qu'ils pensent) ; *quid mente agitavi* (ce qui me préoccupe) ; *mihi est propositum* (mon dessein est de) ; etc.

Il faut en fait attendre le XVe siècle pour qu'un peu partout en Europe fleurisse la notion de projet. Le mot, en français, est historiquement daté de 1480 selon les philologues. On en connaît deux occurrences, en français, sous forme d'un doublet : « pourjet » et « project ». Le terme désigne d'abord des éléments d'architecture placés en avant d'un bâtiment, tels les balcons. Le verbe « pourjeter » existe avec une double acception militaire : pousser une reconnaissance vers une ville ; faire un plan d'attaque. On connaît au projet un ancêtre indo-européen, puisque la racine *ye* englobe l'idée de lancer, jeter. Le mot transite par

© Dunod – La photocopie non autorisée est un délit.

le grec (*ienaï* : lancer) et le latin (*jacere*, jeter ; puis *pro-jacere* : jeter en avant ; famille nombreuse sur le plan sémantique, à l'origine d'objet, sujet, rejet, et... bien sûr notre projet).

Il faut cependant saluer le Quattrocento italien pour avoir donné naissance au projet dans son sens le plus moderne. C'est d'abord un terme d'architecture utilisé dans la foulée de Giotto, par Brunelleschi, bientôt suivi dans son œuvre par Alberti et le grand Léonard de Vinci. Brunelleschi invente les lois de la perspective et, en séparant la conception architecturale et ses modes d'exécution, il donne le coup d'envoi à la notion moderne de projet : projection dans l'espace et dans le temps. Le Quattrocento est une rupture importante dans l'histoire puisqu'il met en œuvre dans la pensée le concept de projet, étranger à la pensée du Moyen-Âge marquée par la conception d'un temps répétitif, comme l'ont montrés les travaux de Philippe Ariès.

La Renaissance, bien nommée, est vraiment baignée par l'ambiance du projet. Entre 1548 et 1642, en à peine un siècle, des savants révolutionnent les représentations de l'univers. Successivement, Giordano Bruno[1], Nicolas Copernic et Galilée mettent à mal la représentation géocentrique de l'univers et débouchent, preuves à l'appui, et en courant certains risques face à l'autorité, sur une vision du monde où ni la terre ni l'homme ne sont le centre de l'univers.

Dans les siècles qui vont suivre, c'est tout le système centralisé qui est touché : des hommes et des explorateurs aussi différents que Christophe Colomb ou Descartes, dans cet espace de projet libéré par les nouvelles représentations, mettent indirectement en cause ce qui représente hiérarchiquement le centre : Dieu, la Terre, le Roi. Un grand travail de décentrage commence alors à opérer et à refaçonner tout l'espace social et culturel.

On assiste peu à peu, au fil des ans, à la naissance de la raison, du libre arbitre, de l'homme acteur et responsable de son destin. C'est la notion de projet qui vient précipiter cette révolution épistémologique. L'homme se détache des principes transcendants et se met, pour reprendre une expression du poète carcassonnais Joël Bousquet à « épouser son destin ».

1. Giordano Bruno, honni autant par les catholiques que les calvinistes, qui s'était réfugié à Venise, fut remis aux mains du saint Office par son protecteur et brûlé en place publique de Rome en 1600, pour avoir professé que la terre n'était pas le centre du monde. Comme quoi, penser contre l'idéologie dominante, penser en homme libre, comporte un certain risque. Les éducateurs devraient s'en souvenir.

Cette pensée nouvelle qui envahit l'Occident en modifie profondément les représentations. Elle se veut à la fois projet du monde et projet de la pensée. Les hommes entendent agir sur leur environnement. L'aboutissement de cette perspective trouvera son acmé avec la philosophie des lumières où, accolée à la notion de projet, commence à se détacher celle de progrès, notamment dans le sens du changement social.

La Révolution est alors mûre dans les pensées et la société pour donner naissance à l'État moderne, et à la forme républicaine de gouvernement que nous connaissons aujourd'hui, la démocratie. L'homme s'institue comme agent de sa propre histoire. Le XVIIIe s'achève dans une critique universelle sur tous les fronts, dans la littérature, la morale, la religion, la politique, la philosophie, les sciences. Si l'homme peut influencer l'histoire en faisant des projets, il peut alors penser, comme le fait dire Pierre Corneille à son personnage Britannicus : « Je suis maître de moi comme de l'univers. » Notons que c'est principalement cette dimension de maîtrise, ce nouveau centrage de l'homme sur soi, que l'invention freudienne viendra battre en brèche. Avec la découverte de l'inconscient en 1896, Freud opère une troisième révolution, après celles de Copernic et de Darwin, un troisième décentrage.

L'avant-Révolution voit fleurir une somme impressionnante de publications où la notion de projet est centrale et témoigne d'une activité intense de ce que l'on appellerait aujourd'hui la « prospective ». Que l'on en juge plutôt : 1697, Daniel Defoe (l'auteur de Robinson Crusoé) : *An Assay Upon Projects* ; 1750, Jean-Jacques Rousseau, *Jugement sur le projet de paix universelle* ; 1795, Emmanuel Kant, *Projet de paix universelle* ; etc. Nous en arrivons dans ces années qui bousculent l'histoire à la naissance du projet comme projet de société. Cette notion sera reprise par la philosophie allemande, notamment par Fichte qui développe une véritable philosophie du projet. Partant de la pensée de Kant, il en retient deux idées de base : le refus des dogmatismes et la raison pratique comme source de liberté. Le projet s'exerce au niveau individuel : c'est l'effort de la lutte de l'homme pour conquérir sa liberté de pensée et d'action, qui pousse chaque membre d'une société à former une communauté d'hommes libres. Notons au passage que la pensée de Marx trouve ici ses premières attaches. Sur le plan collectif, Fichte défend la dimension relationnelle du projet, car il met en interaction le sujet et son environnement.

Le point de vue de Rousseau, en France, est l'envers de celui de Fichte. Il critique le progrès qui a fait chuter l'homme de l'état de nature

© Dunod – La photocopie non autorisée est un délit.

à une société qui l'a corrompu. « L'homme naît libre, la société le déprave », affirme Rousseau. Seul le contrat social peut corriger les méfaits du progrès. Mais, finalement, Rousseau y croit-il ?

C'est toujours en Allemagne, au XIXe et au début du XXe siècle, que la notion de projet poursuit son chemin à travers le mouvement philosophique que l'on nomme la « phénoménologie » et dont les principaux représentants sont Schelling, Brentano, Husserl, et plus près de nous, Heidegger. Schelling est un des derniers, vers les années 1800, à employer explicitement le terme « projet », notamment dans un ouvrage paru en 1809, *Recherches philosophiques sur l'essence de la liberté humaine et les objets qui s'y rattachent*. Après quoi, le concept de projet se perd pour n'être repris que trois quarts de siècle plus tard, à partir de la notion d'intention (notion déjà présente dans la philosophie de Thomas d'Aquin).

L'intention porte sur un objet de connaissance, un objet que l'homme désire (comprendre, aimer, s'approprier...). Brentano, un des maîtres de Freud en philosophie, et Husserl, insisteront sur le fait qu'il n'est de conscience qu'avec un objet : toute conscience est conscience de... Enfin, Martin Heidegger, dans les années trente, fait revivre en philosophie le projet. « Le sort de l'individu, affirme-t-il, est de prendre conscience de son existence comme une existence en relation. » L'homme, pour Heidegger, a la capacité de devenir en raison de sa liberté. « Comprendre signifie exactement se projeter en visant une possibilité ; à travers le projet, se tenir à chaque fois dans la possibilité. » Mais dans le projet et les projections de l'homme vers son devenir, il y a une limite : « l'être-pour-la mort ». Le projet s'éteint dans son dynamisme avec le vieillissement et la mort. « L'être-au-monde », pour Heidegger, est un être de projet, « un être en avant de soi, tendu vers ses possibilités » ; mais c'est aussi un être toujours déjà déchu par l'angoisse et la perspective de la mort.

La notion de projet au XXe siècle

En France, deux disciples de Heidegger, formés par lui en Allemagne, prennent le relais : Sartre et Merleau-Ponty.

Sartre, dans son petit et non moins célèbre ouvrage *L'Existentialisme est un humanisme* [1946], affirme que « la réalité humaine existe d'abord comme manque ». C'est ce qui provoque une mise en projet permanente. L'homme n'est rien d'autre que ce qu'il se fait. L'homme est d'abord un certain projet qui se vit subjectivement. Rien n'existe préalablement à ce projet : l'homme sera d'abord ce qu'il a projeté d'être. « Peu importe ce que l'on a fait de nous, résumera Jean-Paul Sartre, ce qui compte, c'est ce que nous ferons de ce que l'on a fait de nous. » On conçoit ce qu'une réflexion sur l'acte éducatif, visant l'autonomie et la responsabilisation des sujets, peut tirer d'un tel enseignement. Merleau-Ponty, pour sa part, dans sa *Phénoménologie de la perception*, parue en 1945, confirme que « le monde est inséparable du sujet, mais d'un sujet qui n'est rien que projet du monde, et le sujet est inséparable du monde, mais d'un monde qu'il projette lui-même ».

On pourrait multiplier les cheminements très riches et fluctuants du projet dans les différentes branches des sciences humaines, mais nous nous en tiendrons à cet éventail, pour ne pas alourdir le propos. Le terme « projet », dans ses aspects d'anticipation et de prévision de l'action, nous arrive cependant lourdement chargé de ces diverses occurrences.

Il fleurit aujourd'hui sous des aspects technicistes et pragmatiques, qu'il faut bien questionner à la lumière de l'histoire. Le projet technicien de la modernité (la planification, la programmation, la prospective, la futurologie) est entaché d'un paradoxe. Il est à la fois une aide à la maîtrise rationnelle de l'existence ; mais aussi une tentative de recherche d'un idéal impossible. C'est Freud qui le premier, en formalisant l'hypothèse de l'inconscient, fiché au cœur de l'homme, introduisit cet impossible, véritable coup d'arrêt à la toute-puissance du moi. « Le courant psychanalytique, précise Jean-Pierre Boutinet, fait référence au concept d'Idéal du Moi, pour montrer cette quasi-impossibilité de l'enfant que nous restons toujours, d'accéder un jour au statut d'adulte, et de tendre vers un état de perfection dans lequel enfin nous pourrions nous reconnaître et nous satisfaire. Seule la voie étroite de la sublimation pourrait ouvrir au projet des perspectives de formalisation aujourd'hui peu exploitées. » Jacques Lacan, faisant retour à Freud, insistera, en dégageant la catégorie du réel, pour décrire cette part de l'homme comme impossible, ce sur quoi l'homme n'a pas de prise, tant qu'elle échappe au langage.

Il faudra, dans tout projet éducatif, tenir compte de cette dimension d'impossible. C'est un point de conclusion que nous aborderons un peu plus loin, lorsqu'il s'agira de dégager un positionnement éthique des conduites de projet. Si le concept de projet conserve son poids de signi-

© Dunod – La photocopie non autorisée est un délit.

fication comme « intention d'une transformation du réel » (Cornelius Castoriadis), il est aussi lourdement désidéalisé par ce qui échappe à la maîtrise de l'homme : dans le projet, il y a toujours quelque chose qui rate. Et pourtant, comment vivre sans projet, puisque le projet est la mise en forme du désir du sujet, c'est aussi ce qui le pousse en avant, même si parfois il le conduit à sa perte. Voici une remarque dont il faudra tenir compte dans ce qui suit, sinon l'exposé d'une méthodologie de projet tournerait vite à la recette de cuisine, et donc à la catastrophe. Le projet n'est pas l'action, car il y a dans tout ce qui arrive dans la vie une part d'imprévu, d'aléatoire et d'indécidable.

LE PROJET DANS L'ÉVOLUTION DU SECTEUR MÉDICOSOCIAL

Dans le secteur sanitaire et social, où opère la fonction éducative, un certain nombre de réflexions et de pratiques sont venues construire le projet. L'institution, dont nous avons dit dans le sillage de François Tosquelles, qu'elle est au-delà des murs où elle fait établissement, n'est pas concevable si on ne la restitue pas dans son contexte social et politique. Comprendre le niveau de projet d'une institution implique de le resituer, un peu à la façon des poupées gigognes, dans un ensemble de desseins, de réflexions et de décisions. Autrement dit, il faut mesurer les projets dans leurs différents emboîtements et articulations.

Les Annexes XXIV et leurs conséquences

Aujourd'hui, le projet institutionnel intervient dans un contexte socio-économique particulier. La réforme de 1989 des Annexes XXIV représente l'aboutissement de quatre décennies de bouleversement dans les pratiques sociales. Les Annexes XXIV peuvent de fait être considérées comme le fond de scène sur lequel évolue l'histoire de l'enfance inadaptée depuis la Seconde Guerre mondiale. Depuis 1946, l'on assiste en effet, à un remaniement permanent des textes réglementaires. La représentation des bénéficiaires s'est peu à peu affinée. Entre Aide sociale et le statut du handicap, les protocoles de soin se sont développés en parallèle à la pédagogie spécialisée dans le cadre de l'éducation spéciale.

Une série de textes, datés de 1956, présente une première mouture à intégrer dans l'histoire de la Sécurité sociale, des Annexes XXIV, jusqu'à sa modification en 1970. Une étude comparative des textes de 1956 et 1989 fait apparaître les nouvelles missions des établissements, missions de « projet » et de « technicité », en insistant sur la place et le rôle des personnels et de la famille, dans leur mise en œuvre. On passe ainsi progressivement de la notion d'assistance à celle d'autonomie, comme objectif éducatif. Il faut situer l'évolution de ce texte fondamental dans le fil de l'histoire qui l'accompagne. En effet, les Annexes XXIV dépassent le cadre strict des établissements médicosociaux et doivent être lues à la lumière de plusieurs événements significatifs. Tout d'abord, la loi de 1975 reconnaît le droit des personnes handicapées à bénéficier d'une éducation spéciale. Dans les années quatre-vingts s'amorce un double mouvement : une remise en cause des politiques sectorielles et l'incitation à une planification locale que viennent concrétiser les lois de décentralisation.

À coté de la réforme de l'Aide sociale à l'enfance, de la mise en œuvre du dispositif Schwartz sur la formation des jeunes, de la réforme des collèges, l'Éducation nationale remet au premier plan un dispositif de lutte contre l'échec scolaire et une véritable politique d'intégration scolaire des handicapés. Si l'incidence des contraintes budgétaires a profondément marqué l'évolution des établissements, elle a aussi poussé à l'innovation et au projet. Comme le déclare Jean-Pierre Barokas, directeur du Creai Midi-Pyrénées : « La gestion d'un projet n'est pas forcément celle des murs. » Il s'agit aujourd'hui, dans les établissements, de penser les complémentarités, le partenariat, comme on dit, et d'intégrer à l'action éducative les champs connexes d'intervention : psychiatrie de secteur, politique de la ville, école... « Il ne paraît guère réaliste, poursuit Jean-Pierre Barokas, de soutenir aujourd'hui à la seule dimension de l'établissement une politique de prise en charge. Celle-ci s'inscrit forcément à côté d'autres logiques qui ont développé leurs propres moyens. Aujourd'hui, le chantier ouvert pour demain sera de penser la coordination et la complémentarité des prestations dans l'intérêt même des bénéficiaires. » L'établissement est une courroie de transmission dans un ensemble qui marque les choix politiques d'une société vis-à-vis des plus démunis. Choix exprimés à partir d'un projet social qu'il convient de repérer.

Le problème est qu'aujourd'hui ce projet social est en panne. Les grandes idéologies libératrices de gauche ou de droite sont en veilleuse ou radotent. Quant aux responsables, hors d'une gestion gestionnaire à

© Dunod – La photocopie non autorisée est un délit.

la petite semaine, on peut s'interroger sur leur projet, qui se résume le plus souvent à des slogans d'une pauvreté affligeante. Dans un tel contexte, il y a deux risques de récession qui guettent les établissements médicosociaux : celui de « ghettoïsation ». Par exemple les Cat, bien nommés Centres d'apprentissage par le travail, conçus à l'origine comme passerelles des handicapés vers l'emploi, fonctionnent en circuit fermé : ils ne permettent guère l'insertion en milieu ordinaire que d'à peine 1% de la population prise en charge. Les cadences imposées aux travailleurs handicapés en milieu protégé font que les meilleurs éléments (ceux qui justement pourraient trouver leur place en milieu ordinaire) sont conservés, alors qu'au nom de la productivité, ceux qui sont le plus en difficulté, sont relégués en Foyer d'accueil spécialisé (Fas, où on les absorbe dans quelques activités dites « occupationnelles »). La voie de l'éducation spéciale s'avère ici une voie de garage. L'autre risque qui pointe participe d'un mouvement inverse, c'est celui de l'éclatement. On peut se demander dans quelle mesure l'AEMO, le retour en famille, l'accueil autonome des adolescents, justifiés dans leur projet, ne risquent pas de vider les établissements.

Lors d'une interview donnée à TSA, sur la mise en réforme des Annexes XXIV, Claude Évin, alors ministre de la Santé et de la Solidarité, insista sur un ensemble de points, où la dimension du projet est incontournable. Précisant d'emblée qu'il s'agit de confirmer la vocation éducative des établissements et services pour enfants, il précise que les projets doivent être « individualisés » et que la prise en charge doit être pensée en terme de « cohérence d'ensemble », où chaque partenaire institutionnel, associé à la famille, joue son rôle, pour le bien de l'enfant et l'aboutissement d'un projet global de prise en charge. Il est fait obligation aux établissements, poursuit le ministre, d'établir un projet thérapeutique, éducatif et pédagogique global, préparé par le directeur avec l'équipe médico-éducative et proposé au Conseil d'administration ; de définir un projet individuel pour (et si possible avec) chaque enfant ; il faut également procéder à l'évaluation pluridisciplinaire, au moins annuelle, de l'application de ce projet et de l'évolution de l'enfant et en communiquer le bilan à la famille.

Le travail autour de cette réforme aboutira au texte suivant : « Après concertation menée avec l'ensemble des personnels placés sous son autorité, le directeur propose au Conseil d'administration un projet d'établissement fixant les objectifs pédagogiques, éducatifs et thérapeutiques du centre, ainsi que les modalités de leur réalisation et de l'évaluation de leurs résultats ; ce projet d'établissement, adapté par le Conseil d'administration est conforme à la réglementation et porté à la connaissance de la tutelle... » (Article 30 des dispositions générales.) La suite du texte insiste sur la participation des enfants à leur propre prise en charge et à l'intégration des familles dans le projet.

C'est donc dans ce contexte particulier, à la fois historique et sociologique, qu'il faut penser, intégrée dans un ensemble, la place du projet éducatif, pièce d'un dispositif global de prise en charge.

La méthodologie que je propose ici, dans ses grandes lignes, pourra être transférée sur tous les niveaux de projets, à la condition de bien en repérer le champ d'application. Une mission est attribuée à un établissement, qui fait l'objet d'un accord conventionnel avec les représentants de l'État ou des collectivités locales et est consignée dans un projet d'établissement. C'est à partir de cette mission que chaque technicien (personnel médical, rééducateurs, pédagogues, éducateurs) peut repérer à la fois son champ d'intervention et les articulations de son action avec celle des autres techniciens. Les réunions d'équipe, de synthèse, de projet, prennent alors tout leur sens, puisqu'elles favorisent l'intégration de chacun dans l'ensemble du projet.

La méthodologie du projet éducatif

Nous n'insisterons jamais assez pour dire que chaque projet est nouveau. Il faut donc en réinventer sans cesse la méthodologie et la mise en œuvre. Pas question ici d'exposer une grille type de projet. Ceci dit, dans tout projet éducatif, nous passons par une série de questions qu'il s'agit de repérer. Finalement, faire un projet, c'est d'abord essayer de répondre à des questions simples que nous pouvons synthétiser de la façon suivante. Qui ? Quoi ? Quels constats ? Pour qui ? Pourquoi ? Pour quoi ? Avec qui ? Comment ? Quand ? Où ? Que s'est-il passé ? Que se passera-t-il après ?

Développons ces diverses questions.

Qui ? Le (ou les) porteur(s) du projet

Un projet est d'abord né d'une intention, d'une idée. Le porteur de projet peut être une personne, ou une équipe. Il importe que celui (ou ceux) qui le met en avant s'implique dans cette « projection ». Qu'il

© Dunod – La photocopie non autorisée est un délit.

puisse rendre compte de ce qui l'a amené à faire cette proposition. Le projet ne fait pas que répondre à ce que l'on appelle un peu vite un « besoin », il naît aussi du désir d'un ou de plusieurs sujets. C'est le moment où l'histoire de l'éducateur peut rejoindre l'histoire de l'institution. Déterminer dans l'histoire de chacun ce qui s'exprime à travers des valeurs affirmées, des convictions, des hypothèses, conduit à faire un projet, permet à chacun de s'y investir.

Quoi ? Titre du projet

Comme un être humain, le projet doit porter un nom, être repéré et faire sens assez rapidement. C'est le « projet d'atelier vidéo » d'Untel ; le « projet de camp en Bretagne » cet été de telle équipe ; « le projet d'apprentissage » proposé à tel jeune...

Quels constats ? Analyse de situation

Au départ de tout projet, il y a la mise en évidence d'une situation sur laquelle on veut agir. Soit un dysfonctionnement, soit une nécessité nouvelle. Tout projet s'élabore dans un contexte donné. La naissance d'un projet est l'occasion de reparcourir le contexte, l'environnement, et d'évaluer les forces en présence. Tout projet découle d'une analyse de situation qui questionne et bouscule les différents niveaux de projet évoqués plus haut (projet associatif, institutionnel, technique, d'équipe, individuel...). Il s'agit d'évaluer les forces positives, forces humaines, financières, matérielles, administratives... et les idées, valeurs et enjeux, donc de faire le tour des ressources. Mais aussi de mettre dans la balance ce qui va faire obstacle au projet, de repérer les forces négatives. Les élément positifs et négatifs sont à analyser autant dans l'institution que dans son environnement. Il faut donc repérer les points d'articulation du projet à l'existant et en tirer les conséquences.

Certains projets, lorsque l'on fait sérieusement ce travail d'évaluation, tombent à l'eau assez rapidement. Mais à contrario, il se peut aussi que l'on découvre des forces vives jusque-là insoupçonnées. Ce temps d'analyse de situation doit impliquer le plus largement possible les différents protagonistes touchés de près ou de loin par le projet. C'est la condition pour que chacun s'en saisisse et se positionne. Le premier effet du projet vise à mobiliser plus ou moins largement, selon la nature du projet, l'ensemble institutionnel, y compris les personnes prises en charge, et l'environnement concerné (par exemple pour de jeunes mineurs, la famille et l'entourage proche).

Pour qui ? Bénéficiaires

À qui s'adresse le projet ? À quelle population ? Un groupe ? Une personne ? Il s'agit de repérer assez finement les bénéficiaires potentiels et les acteurs du projet, de prendre en compte leurs difficultés et ressources réelles. C'est un moment où les personnes prises en charge redéfinissent le handicap, l'inadaptation ou le symptôme. Il s'agit aussi de considérer les conditions objectives du bénéficiaire du projet. Quel est son âge et quelles sont ses limites ? Qu'en dit-il ? Il en est de même pour un groupe. Ici aussi l'identification des bénéficiaires est l'occasion d'impliquer largement, dans la réflexion et l'action, divers partenaires.

Pourquoi ? Finalités

Quel but lointain poursuit le projet ? C'est le moment de réaffirmer les grandes valeurs qui fondent une institution et soudent les personnels. Le plus souvent, malheureusement, on se contente de préciser une fois de plus que ce qui est visé dans le projet de tel jeune, tel adulte, c'est l'autonomie, l'insertion, la responsabilisation. Si l'on s'en tient à cet énoncé vague, l'on ne sort pas d'un certain jargon, ni de la langue de bois. C'est sans doute le moment critique dans l'élaboration d'un projet où il faut faire un travail, sans cesse à renouveler, de définitions, de recherche d'étayage théorique, d'identité réaffirmée dans le positionnement éducatif. Ainsi, se situer dans un courant comportementaliste ou psychanalytique, produira deux positionnements différents et deux modalités de projet différentes.

Le pourquoi (en un seul mot) mobilise les présupposés théoriques, philosophiques, idéologiques, culturels, éthiques, qui sous-tendent la construction du projet. Cette question pousse les acteurs du projet à prendre position, donc à situer leur projet dans une relation à la personne prise en charge. C'est le moment pour l'éducateur de se demander ce qu'il veut à cet autre dont on lui a confié la charge d'éducation.

© Dunod – La photocopie non autorisée est un délit.

Pour quoi ? Objectifs

Notons d'abord que si ce second « pour quoi ? » s'orthographie en deux mots, c'est pour insister sur la nature du projet, sur ce qui est visé à court et moyen terme. De quoi s'agit-il dans ce projet ? Pour quoi faire ? Par exemple, si dans les finalités l'on a dégagé qu'avec un jeune c'est bien dans une perspective d'autonomie (à condition de définir ce terme) que l'on entreprend un projet, il s'agira dans cette rubrique de montrer par quelle voie matérielle va se réaliser cette visée. Ce peut être à l'occasion d'une activité, d'un projet de formation, d'un projet thérapeutique, etc. Il s'agit là d'articuler de façon cohérente les raisons de la prise en charge et les moyens mis en œuvre pour y parvenir. Les objectifs deviennent alors les moyens que l'on se donne pour arriver aux finalités.

Avec qui ? Partenariat

Aucun projet ne se fait isolément. Il implique, toujours à différents degrés, divers partenaires. Il faut alors vérifier quelle place ont dans un projet singulier, des partenaires inter et intra-institutionnels. Il s'agit de considérer qui est, ou peut être impliqué. Quels partenaires extérieurs à l'institution (par exemple, pour le projet d'insertion d'un jeune, la PAIO, l'ANPE, la Mission locale, les dispositifs de formation, la mairie, le Conseil général dans le cadre d'un projet plus large incluant un groupe de jeunes dans un quartier, etc. Il faut prendre également en considération les partenaires internes : les administratifs (directeurs, sous-directeurs, comptables, secrétaires...), les techniciens concernés directement ou indirectement (médecins, thérapeutes, enseignants, éducateurs) ou tout autre personnel (par exemple, le personnel de service, le chauffeur du véhicule des institutions, le cuisinier, la lingère...). Il ne s'agit pas de faire un passage d'information sur l'éventualité du projet, mais bien d'inviter chacun à s'impliquer, en fonction de la place qu'il occupe. Et bien entendu, il est nécessaire de mesurer la place laissée dans l'élaboration même du projet à la personne suivie. Ce temps d'élaboration, de mise en perspective, qui fait naître espoir de changement et désirs enfouis, n'a son sens que s'il est l'occasion pour les personnes que suivent les éducateurs, de se mobiliser, de devenir acteurs de leur propre projet de vie. C'est donc un moment d'implication générale des partenaires.

Bien entendu, selon la nature du projet, selon son degré de complexité, ou selon les niveaux hiérarchiques impliqués, il s'agira pour les éducateurs de trouver les alliés pertinents. Faire une démarche auprès d'un maire pour la présentation d'un projet, n'aura que peu de poids s'il n'est pas appuyé par la présence du directeur de la structure ou du président de l'association. Dans ce type de démarche, il importe à la fois d'avoir du poids, d'être crédible, mais aussi de faire en sorte que le projet n'échappe pas à ses acteurs. Trop souvent, les éducateurs formulent des projets qui sont ensuite uniquement défendus par les instances de direction, et qui reviennent des négociations, défigurés, amputés, transformés au point de perdre leur sens. Les éducateurs se retrouvent alors paradoxalement en situation d'avoir à mettre en œuvre un projet qui n'est plus le leur, dont ils deviennent les amers exécutants. Cet écueil, qui tient souvent à l'abus de pouvoir des directions et au manque de pugnacité des éducateurs, produit une désaffection des postes éducatifs. Et les projets et prises de risque s'étiolent.

Un projet ne peut être mené qu'avec ces appuis stratégiques. On peut également inclure dans le partenariat les financeurs et décideurs. Les éducateurs ont tout intérêt à considérer les représentants des tutelles, que ce soit l'État ou les collectivités locales, comme des partenaires à part entière. Il ne s'agit pas, comme on l'entend trop souvent, de « tirer » de l'argent pour un projet qui fasse plaisir, mais d'embarquer dans le projet des personnes dont le rôle sera incontournable.

Je me souviens d'un exemple datant d'il y a quelques années. Un lieu d'accueil s'était installé à la campagne et recevait une dizaine de jeunes, délinquants et cas sociaux mineurs et jeunes majeurs. Ses animateurs firent une démarche pour obtenir un agrément auprès de la DSD (Direction départementale de la solidarité). En la matière, la loi, issue de la circulaire de Georgina Dufoix de 1978, prévoit le choix entre trois types d'agréments. Leur démarche fut contrecarrée vigoureusement. La stratégie mise en place par l'équipe éducative fut d'impliquer le président de l'association, un conseiller du Creai, connu pour son originalité, mais aussi pour ses prises de position éthiques. Les animateurs décidèrent de l'inviter, par l'intermédiaire du conseiller représentant de l'organisme de contrôle, à passer une journée sur le lieu. L'inspecteur de la DSD revint ravi de sa journée. Il avait pu parler avec les jeunes accueillis, manger avec eux, partager leur quotidien. Et c'est en connaissance de cause qu'il accorda l'agrément au lieu d'accueil, parce que les éducateurs l'avaient pris en compte dans sa dimension

© Dunod – La photocopie non autorisée est un délit.

d'humanité, parce qu'ils avaient su l'impliquer comme un authentique partenaire. Et non le réduire, comme le font trop souvent certaines institutions, à la dimension du « tiroir-caisse ».

Comment ? Moyens

À cette étape de l'élaboration du projet, il y a obligation de faire une prévision aussi exacte que possible des moyens nécessaires pour atteindre les objectif annoncés. Il s'agit donc de faire un chiffrage complet des moyens humains, techniques, matériels, financiers... C'est une étape sur laquelle se brisent souvent les volontés de changement. Généralement, les moyens sont insuffisants.

Prenons un exemple. Une équipe éducative fait le projet avec un groupe d'adolescents d'un voyage d'une semaine à Paris. Les objectifs ont été dégagés ; ils sont pertinents. Il est question de mettre ces jeunes en situation réelle de responsabilité, etc. Mais il faut trouver 20 000 francs pour que le voyage ait lieu (voyage, hébergement, sorties...). Une fois présenté le budget à la direction, et renseignements pris auprès de la comptabilité, les caisses de l'institution ne peuvent dégager que 10 000 francs sur le budget des activités. Deux possibilités s'offrent alors à l'équipe éducative qui promeut ce projet. Soit tout arrêter, et remettre à de meilleures auspices la réalisation du projet. Soit intégrer dans le projet un second niveau de projet, dont l'objectif financier se double aussi d'une visée éducative. Par exemple, dans ce cas de figure les éducateurs proposent aux jeunes de fabriquer des crêpes pendant trois mois et de les vendre dans divers comités d'entreprise environnants. C'est faire d'une pierre deux coups, si ce n'est plus : car dans la découverte de leur environnement, les jeunes trouveront aussi leur compte !

Cet exemple montre toute la complexité d'un projet, dont l'intérêt sur le plan humain et éducatif n'est pas l'aboutissement mais réside dans la mobilisation des forces vives qu'il permet. Nous reviendrons sur ce point lorsque nous parlerons d'évaluation.

Quand ? Délais et échéances

La question du temps est primordiale dans tout projet. Nous avons vu d'ailleurs dans le repérage anthropologique fait en introduction, que la notion même de projet ne naît en Occident que lorsque les représentations du temps se transforment, pour laisser place, après un temps cyclique, à un temps linéaire, marqué par une dynamique de progrès, de progression et donc de changement. Le temps inscrit dans le projet concerne non seulement la programmation (le planning des différentes étapes, par exemple), mais encore la prise en compte globale du projet dans toutes ses conséquences.

Nous proposerons, par souci mnémotechnique le sigle Éré pour désigner ce mouvement de progression. Un projet se caractérise par une phase d'élaboration, suivie d'une phase de réalisation, ponctuée et conclue dans une phase d'évaluation. Nous verrons que l'évaluation peut s'intégrer selon les projets, aux différentes étapes de la mise en œuvre. Il s'avère important de fixer le temps nécessaire aux trois phases. Si le projet n'est pas tenu dans ces limites temporelles, il glisse généralement de façon intemporelle sous la forme d'un vague souhait, pour s'éteindre le plus souvent en regret et en déception. Intégrer la notion de temps dès le début du projet, dès sa phase d'élaboration, est un gage de mener quelque chose à bien.

Où ? L'environnement

Nous n'insisterons pas sur ce point. Mais il paraît indispensable de prendre en compte les possibilités de l'environnement spatial où doit se dérouler le projet. Repérer par exemple, dans le projet de mise en apprentissage d'un jeune, qu'il y a une cafétéria à quelques pas de son lieu de travail, lui faire découvrir le quartier, les moyens de transport, etc. Repérer que dans l'accompagnement d'un projet collectif formulé par un groupe de jeunes, on peut prendre appui sur une mesure DSQ (Développement social des quartiers) et en tirer bénéfice à tous les niveaux.

Que s'est-il passé ? L'évaluation

L'évaluation est un point très important du projet. Notons cependant que dans la plupart des projets, c'est une étape qui est vite occultée. On fait un projet, on le réalise tant bien que mal et... on passe à un autre projet. Le terme d'« évaluation » est à distinguer de celui de « contrôle », ou de « bilan ». Le contrôle vérifie la conformité d'un projet par rapport aux missions de l'établissement, aux financements, etc. Le bilan

© Dunod – La photocopie non autorisée est un délit.

est à prendre en compte, comme en comptabilité, pour mettre en perspective de façon quantitative le réalisé, et le comparer au prévisionnel. Bilan et contrôle ont leur place dans les retours à l'institution et les comptes-rendus aux différents partenaires. Mais seule l'évaluation permet de dégager le sens du projet. Le mot « évaluation » est de la même famille que « valeur ». C'est le moment où l'on dégage la valeur de ce qui a été réalisé. Bien entendu, cette étape n'est pas à bâcler, puisqu'elle permet à chacun de prendre conscience de son inscription dans le projet. Que ce soit en termes d'échec ou de réussite, ce qui dans les projets éducatifs n'est pas le plus important, puisque ce qui est mesuré par l'évaluation, c'est le mode de participation de chacun, son investissement subjectif et ce qu'il en retire dans sa vie.

L'évaluation est le plus souvent repoussée en fin de réalisation du projet. C'est une erreur. Il peut s'avérer indispensable, selon les projets, de prévoir des temps d'évaluation intermédiaire. Plus le projet est complexe et implique de partenaires, plus il faut mettre l'accent sur ce point. En effet, l'évaluation intermédiaire, programmée et réalisée, prend tout son sens lorsqu'elle permet de faire le point sur les finalités et les objectifs poursuivis, de les comparer à l'action réalisée, et de réinterroger l'engagement de chacun dans le projet, que ce soit les éducateurs, les personnes prises en charge ou les différents partenaires. Il s'agit de gérer les écarts et d'intégrer les imprévus, ou, comme le dit Le Boterf, « les impondérables ».

L'évaluation intermédiaire peut déboucher sur une remise en cause du projet, une annulation, une modification, des aménagements, des redéfinitions... C'est aussi le moment de vérifier que les moyens prévus ont bien été réunis. Il s'agit de définir des écarts tolérables pour le groupe ou le sujet en projet. Jusqu'où peuvent-ils supporter la part d'inconnu et de non maîtrisable inhérent à tout projet ? Si les écarts sont vécus et mesurés comme trop importants, il convient soit de réorienter la pratique, soit de changer le projet, et de s'orienter vers un projet plus réaliste, plus adapté aux circonstances, et plus en accord avec les désirs des personnes qui s'y investissent. Vouloir maintenir à tout prix un projet quand l'évaluation intermédiaire fait apparaître des écarts et des distorsions importants entre les objectifs et la réalisation, participe d'un coup de force qui n'est pas digne d'un éducateur, même si certains s'y engagent tête baissée.

En effet, à l'occasion d'un projet, que ce soit dans sa phase d'élaboration, de réalisation ou d'évaluation, il ne faut jamais perdre de vue les objectifs de base du travail éducatif, à savoir que les éducateurs sont avant tout au service des personnes en souffrance. À ce titre, le projet est à considérer comme un outil parmi d'autres, dans un ensemble de médiations très riche, et non comme une fin en soi. Ce qui en cours de projet s'avère le plus important n'est-il pas finalement ce qu'il va permettre à chacun de faire advenir dans sa vie de nouveau, d'imprévu, de possible ?

Le projet a pour vocation d'ouvrir les portes de désirs souvent étouffés. Et parfois, ce qui se réalise est bien éloigné du projet.

Le temps d'évaluation intermédiaire est indispensable pour permettre aux différents acteurs de ne pas perdre le fil du projet. Il permet également de remobiliser les forces. Il arrive souvent que dans un projet au long cours, on en perde le sens. L'évaluation à chaque étape permet alors de renouer le fil. Un journal de projet pourra dans certains cas s'avérer très utile. Lorsqu'il s'agira notamment de garder la mémoire des étapes de l'élaboration, du positionnement et de l'évolution de chacun...

L'évaluation finale permettra de mettre à plat ce qui a été vraiment réalisé, de mesurer les écarts entre le projet de départ sur le papier et sa réalisation sur le terrain. Cette évaluation permettra également à chaque protagoniste du projet de prendre la mesure et de témoigner de son implication. Le projet doit donc, dès le départ, prévoir l'évaluation. Il doit l'inscrire dans le temps et en dégager les critères et les modalités de réalisation. Pas d'évaluation si l'on ne sait pas sur quoi elle doit porter, ni comment la mettre en œuvre. Le projet sera d'autant plus évaluable que critères et modalités auront été prédéterminés. Selon le projet, il pourra s'agir d'une série de réunions ou de confrontations entre les différents acteurs.

Par exemple, à l'issue du stage en entreprise d'un jeune, les éducateurs prennent le temps à diverses reprises de le rencontrer, pour qu'il puisse extraire tout le sens de ce qui s'est passé pour lui, en termes de découverte, d'apprentissage sur le plan technique, mais aussi relationnel et social. Méfions-nous beaucoup des grilles d'évaluation que certains se contentent de cocher à cette étape du projet. Si ce type d'évaluation s'avère pertinent dans la production industrielle, il est hors de propos, à mon avis, dans le travail éducatif. Évaluer n'est pas remplir des cases, c'est avant tout dégager le sens de ce qui s'est passé. Évidemment, ce type d'évaluation passe par une expression langagière. Qu'il s'agisse comme dans l'exemple précité de confrontation ou d'écrit, voire de toute autre production signifiante.

© Dunod – La photocopie non autorisée est un délit.

Par exemple, une éducatrice qui avait monté un projet de camp en montagne pendant un week-end, avait inscrit dans son projet que l'évaluation se ferait à partir d'une proposition adressée aux enfants de faire des dessins pour rendre compte à leur manière de ce qu'ils avaient vécu. Ainsi posé, le temps de l'évaluation fait partie prenante du projet. L'évaluation est à part entière à saisir comme moment éducatif. On pourrait dire que l'évaluation prend en compte non seulement la poïèsis, ce qui se fait, mais aussi la praxis, le sens de ce qui se construit. Ce n'est que si l'évaluation est travaillée dans ces deux dimensions, que le projet peut produire un changement, ce qui est au bout du compte ce que vise tout éducateur.

Évaluer ce qui se passe et ce qui s'est passé pendant une action, n'a pas de sens en soi, si ce n'est l'occasion de prendre place dans un collectif et dans sa propre existence, et d'élaborer ses propres repères d'action et de pensée. Marx, dans *L'Idéologie allemande* [1846], cerne à sa façon le terme « praxis » : « L'activité matérielle des hommes et les rapports matériels qu'ils établissent les uns avec les autres à l'intérieur d'un groupe social. » La praxis, c'est moins ce que fait l'homme que ce qui fait l'homme se faisant. Dans ce regard en arrière sur ce qu'il fait, l'homme se fait et se transforme en transformant le monde. Francis Imbert, dans son ouvrage intitulé *La Question de l'éthique dans le champ éducatif. Pour une praxis pédagogique* [1993], affirme qu'« à la conception métaphysique d'une nature humaine une fois pour toute déterminée, se substitue la conception d'une humanité qui ne cesse de se transformer, une humanité non achevée et pouvant s'ouvrir sur un projet historique. » Cornélius Castoriadis, pour sa part, en 1975, dans *L'Institution imaginaire de la société*, disait que la praxis ne tourne le dos ni au savoir ni à la théorie, mais qu'elle est le creuset où s'élabore la rencontre féconde entre théorie et pratique. Et il précisait : « la praxis s'appuie sur un savoir, mais celui-ci est fragmentaire et provisoire. Il est fragmentaire, car il ne peut y avoir de théorie exhaustive de l'homme et de l'histoire ; il est provisoire car la praxis elle-même fait surgir constamment un nouveau savoir ». Le savoir dégagé par les différents protagonistes du projet (éducateurs et éduqués !) doit renoncer au mythe absurde et réactionnaire de la possession de la vérité et de sa vérification absolue. Dans une telle praxis d'évaluation, les acteurs acceptent de se confronter au surgissement de formes sans cesse nouvelles. La seule théorie à mettre en œuvre vise la création d'espaces de parole, de lieux d'écriture et d'expression (que ce soit dans les arts plastiques, la vidéo, la danse...), où puissent se déployer ces fameux « moulins à paroles » que nous vantait François Tosquelles, et advenir le désir de chaque sujet, dans un espace collectif. Le projet devient alors le lieu de la rencontre entre l'individuel et le collectif, le lieu donc de l'insertion et de la socialisation, dans leur sens le plus juste.

Que se passera-t-il ensuite ? Suivi du projet

Il semble que la plupart des projets meurent de leur belle mort, sans que l'on en tire toujours tous les fruits sur le plan éducatif. Glissant sur cette pente, les projets prennent un aspect formel et assez rapidement, on n'en formule plus, ou alors seulement forcé, parce que les instances de direction l'exigent et que c'est indiqué dans le projet de l'établissement ou imposé par les textes administratifs. Il me semble, dans le domaine éducatif, qu'un bon projet est un projet qui donne naissance à d'autres projets. En effet, la visée principale du projet éducatif n'est pas à tout crin l'aboutissement du projet tel qu'il a été pensé. Nous avancerons même que les éducateurs ont à faire leur deuil de certaines projections d'affects qu'ils ont mobilisées dans le projet (que tel enfant change de façon tangible, que ce qui a été écrit se réalise à la lettre près...). Et le temps d'évaluation doit être dévolu à ce travail de deuil pour tout un chacun.

Comme l'écrivait Freud, « entre la satisfaction recherchée et celle obtenue, il y a un écart ». L'évaluation doit permettre de rebondir sur de nouveaux projets, si cette part de manque est prise en compte. Il ne s'agit pas de vouloir gommer ce qui a été fait, et qui dérive plus ou moins par rapport à ce qui a été prévu, mais de saisir les points d'insatisfaction pour engager d'autres actions. Jacques Lacan, dans ses travaux sur la psychogénétique, a bien montré que le désir chez l'homme naît sans cesse d'un manque, que ce manque, incomblable, parce que structurel et imposé par le langage à l'homme, est aussi la source de nouveaux projets. Être capable dans la phase finale d'un projet de mobiliser le désir chez chacun et accompagner son expression, est une des clés du projet éducatif.

Par exemple, pour reprendre le projet de cette éducatrice partie en camp à la montagne avec un groupe de psychotiques, une fois réalisé ce qu'elle avait proposé comme modalité d'évaluation, à savoir dessin et peinture, elle a su, par sa présence, ses suggestions, son accompa-

© Dunod – La photocopie non autorisée est un délit.

gnement attentif et chaleureux, faire naître dans ce groupe d'enfants un nouveau projet qui s'est déroulé sur une année. C'était le projet d'exposer les dessins et peintures, auquel s'est ajoutée une soirée pour visionner les diapositives du camp. Cette exposition a débouché sur un échange de dessins, puis une rencontre avec les jeunes d'une institution voisine, etc.

Cette dimension d'articulation et d'enchaînement des projets les uns aux autres est un point fondamental pour un éducateur. En effet, les personnes que prennent en charge les éducateurs sont le plus souvent destructurées dans leur capacités de symbolisation. Il leur est difficile de faire du lien, non seulement sur le plan relationnel, mais aussi sur le plan des associations psychiques à la racine de toute pensée. Le projet, qui naît et renaît sans cesse, représente ainsi un espace de mise en scène et d'apprentissage à partir d'objets de la réalité. Il favorise le développement psychomoteur et relationnel. Les conduites de projet dans le champ éducatif n'ont d'intérêt que parce qu'ils permettent de mobiliser des représentations, des affects, des désirs, de l'imagination, de la création... Le projet offre un contenant et un terrain d'aventure, que ce soit pour des personnes souffrant de troubles mentaux, de handicaps sensoriels ou moteurs, ou d'inadaptation sociale. Il n'est pas d'action éducative qui ne participe peu ou prou d'une telle dimension.

Pour résumer, on pourrait s'inspirer de l'image du sablier.

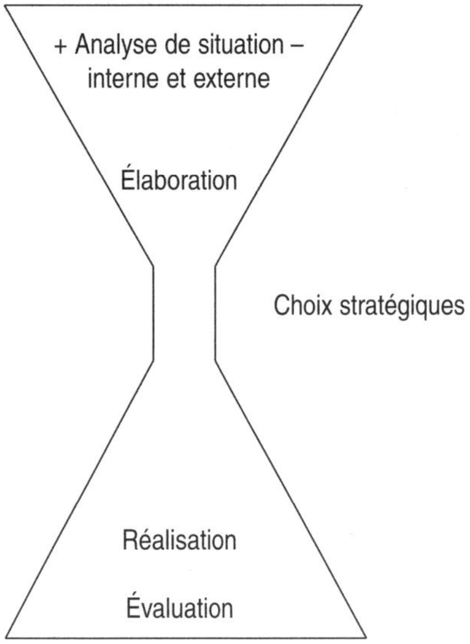

Sablier du projet. On peut le renverser pour faire naître un nouveau projet.

Le projet : repère ou dérapage ?

Si, comme l'écrivait le philosophe Paul Ricœur, « le symbolique est l'universelle médiation de l'esprit entre nous et le réel » (in *De l'interprétation* [1995]), le projet dans les limites où nous l'avons décrit, se révèle un espace de médiation tout à fait efficace, à la condition que les différentes questions que soulèvent les conduites de projets ne soient pas occultées ou évacuées par les éducateurs. Notamment sous la forme de la maîtrise technique, si ce n'est technologique, du projet. Dans ce cas, le projet se transforme en machine infernale, lieu d'oppression et de tyrannie, où un éducateur tente d'exercer sur la personne en souffrance son pouvoir, au nom d'un prétendu bien-être de la personne. « C'est pour ton bien ce projet », entend-on parfois. Oubliant cette terrible mise en garde d'Emmanuel Kant, qu'« il n'est pire tyrannie que de vouloir le bien de l'autre ». Ou bien le projet est comme on dit « bidon », mais on le fait parce que c'est inscrit dans les textes (voir ce que nous écrivions plus haut sur les Annexes XXIV) ; personne n'y croit et le projet s'évanouit dans la déliquescence, non sans entraîner dans sa perte une vague de déception et d'incompréhension.

Questionner les intentions

Lacan parle quelque part de « la profonde méchanceté qui se cache derrière tout projet éducatif ». Cette petite phrase m'a poursuivi et mis au travail. Dans un premier temps, j'en fus agacé. L'affirmation semble acide. Mais à la seconde lecture, cette phrase s'éclaircit. En effet, à la base de tout projet court quelque chose de la maîtrise et du contrôle exercés sur l'autre. Et voilà bien la méchanceté que dénonçait Kant à sa façon. L'enfer n'est-il pas pavé de bonnes intentions ? Pourquoi serait-ce différent dans le travail éducatif ? Qu'est-ce qu'un projet éducatif ? Quelle est la place qu'y occupe l'éducateur ? Il faut dans tout projet interroger le désir qui le soutient, sonder les cœurs et les reins ! Bref, se soumettre à la question que nous légua jadis François Tosquelles : « Et toi, qu'est-ce que tu fous là ? »

Il est d'autant plus difficile de questionner cette place (forte) que le projet est le plus souvent enveloppé dans un discours humaniste, bien-pensant, bienveillant, esthétique, dynamique, idéal, bref... 100 % éducatif ! Si, par exemple, l'on prend les discours récents qui trament les

© Dunod – La photocopie non autorisée est un délit.

projets autour de l'insertion, l'on constate qu'ils partent tous de postulats simples, quand ce n'est pas simplistes. En gros, l'analyse qui précède la mise en place des projets d'insertion se réduit à une ritournelle : des personnes, jeunes ou moins jeunes, sont décrites comme débranchées du social, en rupture de lien, et l'on ajoute que c'est ce qui constitue la source de toutes leurs souffrances. Si, grâce à un projet, l'éducateur les remet à flot, les insère, la souffrance se tarira. Tout cela enveloppé dans de jolis mots : intégration, socialisation, autonomie, principe de réalité... Pratiquement tous les projets actuels partent de cette logique interventionniste implacable : un être est considéré comme inadapté ; un éducateur a une idée du droit chemin à suivre ; il forme un projet d'insertion. En fait, rien n'est questionné de la position du sujet dans ce qui lui arrive. Ni du côté éduqué ni du côté... éducateur ! À prendre le projet dans le fil de la clinique, nous ne pouvons omettre une donnée aussi essentielle.

Sur quoi reposent nos critères pour cibler les populations ? Sur quoi repose notre analyse du symptôme ? Sur quoi repose notre relation à l'autre ? Si ce n'est sur la vielle notion de péché. La personne prise en charge, handicapée, marginale, démunie, perdue, dépendante... est frappée du sceau de la faute. La maladie ou le handicap occupent la place dans la science, et l'observation éducative, qu'occupait jadis le péché dans la religion. Il (elle) a fauté ; ou ce sont ses parents. Il faut donc le (la) remettre dans le droit chemin. Un éducateur serait possédé par l'idée de ce que doit être le bon chemin : l'insertion, l'autonomie... Il en connaît un rayon sur le « souverain bien », pour reprendre la terminologie d'Aristote. Il veut le bien de l'autre. Ce souverain bien, dont les contours ont été dégagés par la norme sociale et ceux qui entendent l'appliquer à tout crin.

Dans *L'Éthique à Nicomaque*, Aristote développe la thèse d'un ordre du monde auquel il convient de nous conformer : tel est entre autres, le rôle de l'éducation. *Mundus* en latin, et *cosmos*, en grec, ne signifient-ils pas l'« ordre universel », le « souverain bien » ? Il s'agit pour les individus d'être conformes à un ordre aussi parfait, pour tendre eux-mêmes vers un peu plus de perfection. Voilà ce qui gouverne la pensée éducative depuis vingt-cinq siècles, l'idée de la normalisation. Et il ne semble pas, au contraire, que l'époque moderne change vraiment de voie. C'est ne tenir aucun compte des travaux de Freud et de ses élèves, ni de travaux de pédagogues tels que Freinet ou Deligny.

À partir de la découverte de l'inconscient, Freud explore une autre dimension, subjective celle-là, de la réalité. Son angle d'attaque de la question éducative part de la recherche d'une réalité posée comme intérieure au sujet et en mouvement. Cette conception vient révolutionner notre vision bien huilée d'une réalité objective et normative, à laquelle il faudrait se conformer, balisée par le discours de la science, notamment dans sa version des sciences dites « sociales » ou « de l'éducation ». Freud met à mal nos fantasmes de maîtrise et de normalisation dans le travail éducatif. Ce qui ordonne le monde pour le sujet, ce qui structure sa réalité, est à chercher du côté de l'inconscient, lequel à être « structuré comme un langage » (Lacan), est à entendre chez chacun dans sa singularité, dans l'espace de parole qui le fait advenir.

Freud fait faire à la notion de projet une véritable révolution copernicienne. En effet, si la réalité du monde est construite pour chacun subjectivement, articulée dans le langage commun de l'époque, l'épistémê, c'est de ce point de vérité du sujet qu'il faut partir dans tout projet éducatif. Donc partir du désir : désir de l'éduqué *(sic !)* et du désir de l'éducateur. C'est pour ces raisons, si l'on en croit son *Malaise dans la civilisation* [1930] (le titre allemand, plus précis, parle de mal-être dans la culture), que Freud a toujours émis les plus grandes réserves sur les projets éducatifs.

Ayant exercé comme formateur dans diverses écoles d'éducateurs, j'ai pu constater la difficulté rencontrée par les élèves pour exprimer ce qu'ils investissent dans le projet. Il faut du temps, beaucoup de temps, et du travail, pour débusquer ce qui se trame dans l'ombre généreuse de tout projet, et qui masque bien souvent la face féroce d'une volonté de pouvoir sur autrui. Il faut du temps pour déminer un projet de toutes ses petites bombes à retardement que la pulsion de mort, présente chez chacun, a déposées. Il faut du temps pour mettre à jour son désir, et tel le chercheur d'or apprendre à en laver les scories qui l'étouffent. Il faut du temps pour ouvrir un projet à la présence de l'autre, pour qu'il s'y sente accueilli. Il faut du temps à un éducateur pour ouvrir un projet qu'il porte et qui le porte à la surprise, à l'inouï, à l'insu, à la rencontre non programmable avec l'autre. Il faut du temps pour intégrer dans un projet éducatif ce qui forme l'essence du projet de vie de l'autre. Il faut du temps pour déboulonner en soi la statue d'un petit dieu, d'un petit maître, qui préside, telle une entité tutélaire, à la mise en œuvre du projet. Il faut du temps pour ne pas céder sur son désir et entendre que comme le dit Lacan, « le désir de l'homme, c'est le désir de l'autre ». *Le Désir désiré* [1629] est le titre d'un ouvrage étrange de l'alchimiste du Moyen Âge, Nicolas Flamel. Un autre de ses livres est intitulé *Le*

© Dunod – La photocopie non autorisée est un délit.

Livre des laveurs. Il faut sans doute soumettre à la « laveur » tout projet éducatif et ne pas s'y lancer à corps perdu. Cette « laveur », cette catharsis, comme Freud nomma dans un premier temps la psychanalyse, terme qui signifie la « purification » en grec, n'opère que dans le langage. En parlant avec ses collègues de travail, en confrontant ses idées sur le projet, en les soumettant à la critique et aux commentaires des autres, l'éducateur clarifie ses intentions. C'est un long travail de sublimation et de... renoncement. « Le renoncement ne prend pas, précise Martin Heidegger, il donne. »

Les différentes étapes décrites plus haut comme méthodologie du projet, ont ceci de particulier qu'elles empêchent d'aller trop vite, en prenant en compte l'ensemble des paramètres d'un projet, principalement les paramètres humains. Faute de ce travail d'éclaircissement sur la part de méchanceté présente dès que l'on se met en tête d'agir sur l'autre, l'éducateur est vite acculé au désespoir : ceux qui lui sont confiés ne répondent jamais à ses attentes, ils ne se soumettent pas à sa volonté et ne font jamais ce qu'il veut leur imposer « pour leur bien »... En fait, nul n'est jamais conforme. Les autres ne sont jamais là où nous voudrions les assigner à résidence. C'est notre propre « normose » – une catégorie clinique qu'il faudrait inventer – qui se trouve battue en brèche. Mais c'est peut-être aussi au prix de ce déchirant questionnement que quelque chose du projet peut se poursuivre. Question d'éthique.

Le projet : une réponse globale

En conclusion de ce chapitre consacré au projet éducatif, nous dirons que le projet se caractérise par plusieurs éléments.

Tout d'abord, c'est une recherche de réponse globale. Il ne s'agit pas de poser d'emblée une solution à un problème, mais de créer les conditions objectives où les personnes s'investissent et produisent du changement. De fait, dans le mode de relation qu'il implique, le projet est une réplique de taille à la division du travail. Dans le projet, on sort de la dichotomie séparant ceux qui pensent et ceux qui exécutent, ceux qui éduquent et ceux qui sont éduqués. Par la position d'acteur qu'il exige pour sa mise en œuvre, le projet vise deux buts : réaliser une action et impliquer au titre d'acteur les auteurs, les bénéficiaires et les partenaires du projet. Le projet, n'avons-nous cessé d'affirmer, est un lieu de croisement entre le collectif et l'individuel.

Jean-Pierre Boutinet précise même que « se doter d'un projet, c'est dans le même mouvement chercher à le construire et vouloir le réaliser ». Cette prise de position quant au projet entraîne certaines conséquences logiques et pratiques : nul ne peut réaliser le projet d'un autre ; nul ne peut concevoir un projet pour un autre ; nul ne peut confier à un autre la réalisation ni l'évaluation de son projet. N'en déplaise aux fournisseurs de projets « clés en main », aux promoteurs d'audits et de contrôles hypertechnicistes, aux ingénieurs de la chose humaine, qui tel Procuste n'ont qu'une hantise, faire rentrer dans leur moule la nature humaine, et qui pour ce faire, coupent tout ce qui dépasse...

Le projet signe la singularité d'une situation à un moment donné. Il est unique et non pérenne. En tant que tel, le projet est signé. C'est une invention humaine au même titre que d'autres inventions, en ce qu'il constitue une réponse inédite au réel. Les conséquences de ces affirmations sont qu'il ne saurait exister de projet à répétition. On ne peut ni cloner, ni dupliquer, ni à fortiori singer les conduites de projet. Le projet échappe par principe à la répétition. Le projet est un moyen efficace pour gérer la complexité et l'incertitude. Évidemment, il va de soi qu'une situation simple n'appelle pas la mise en route d'un projet. Si je désire boire un café, pas besoin de me lancer dans l'élaboration d'un projet. De plus, le projet, parce qu'il exige la prise en compte de paramètres complexes, ouvre des perspectives insoupçonnées à la réflexion et à l'action.

Le projet, enfin, appelle une certaine conduite d'opportunité. C'est un peu l'occasion qui fait le larron ! Saisir les possibilités inscrites dans un environnement, entendre les désirs exprimés parfois de façon inouïe, faire entrer dans l'analyse de situation la dimension du changement s'opposent à la fatalité et au déterminisme. Le projet ouvre un espace du possible. Les acteurs du projet ont la conviction de pouvoir réaliser autre chose que ce qui est, tout en questionnant leur propres intentions. Le projet devient alors un outil de transformation et d'évolution.

Comme l'écrivait le philosophe Vladimir Jankélévitch, « l'intention est par rapport à l'acte, le possible ambigu, incomplet et instable, l'impatience d'exister. Mais elle est après-coup déçue de se sentir trahie par l'exécution, défigurée par ses propres œuvres ». Ainsi, le projet se révèle être le lieu où peut se mettre en scène et se travailler pour de vrai la confrontation entre l'imaginaire et le réel, le lieu où l'insatisfaction permanente que creuse le désir humain peut trouver son point d'expression, son lieu de formation.

© Dunod – La photocopie non autorisée est un délit.

Si l'on reprend le fil du cas clinique développé dans le premier chapitre, on peut comprendre que Jean n'arrive à formuler un désir, qui peut prendre l'aspect d'un projet de vie, qu'au bout de quatre années d'intense questionnement. Parallèlement, on ne peut pas dire que l'éducateur que j'étais marchait à l'aveuglette. Mais c'est dans une incessante remise en cause, dans les échanges avec les collègues de l'équipe, et en contrôle analytique individuel, que j'ai pu dégager une marche à suivre. La proposition de payer par exemple, n'a pris sa place dans le suivi qu'après une longue élaboration, et une prise en compte de la demande latente de Jean. Ce qui a fait projet éducatif, à travers la conduite des entretiens, c'est ce travail mené en parallèle par l'éducateur et le jeune pris en charge. Cette approche clinique du projet que je propose ici permet, me semble-t-il, de ne pas se précipiter dans des actions (quand ce n'est pas l'activisme) sans discernement, ni de s'abriter derrière une maîtrise illusoire des situations, qui place l'éducateur en position d'extériorité et de désimplication. Pour faire un bon projet, il faut le temps qu'il faut !

Depuis la première édition de cet ouvrage il y a deux ans, le concept de projet a peu à peu envahi le champ éducatif, dans les institutions sociales et médico-sociales et en centre de formation. Ce que j'ai énoncé ici comme étant de l'ordre d'une mise en projet, c'est-à-dire d'une mise en mouvement d'un collectif ou d'un sujet, est gravement rabattu sur une conception instrumentale du projet. Le projet ne peut vivre que parce qu'il est un lieu de projection du désir et de sa formulation ; mais aussi parce que fondamentalement, comme tout vrai processus désirant, il rate son objet et dérive de son but. Ce ratage, à intégrer à tout projet, signe que de l'humain l'a habité, est à prendre en compte dans les procédés d'évaluation. Or une conception de plus en plus mécaniste et quantitative de l'évaluation, faisant appel soit à des grilles de bilan, soit aux experts extérieurs à l'action, va à l'encontre de ce qui est ici visé. Ce qu'il s'agit de produire, dans un projet, ce n'est pas un objet, si beau soit-il. Ce que doit viser tout projet c'est à produire du sujet et des collectifs de sujet. C'est d'un tout autre ordre. C'est ce que nous ont bien montré les travaux d'Hannah Arendt dans *Condition de l'homme moderne*. J'y reviendrai dans un chapitre ultérieur consacré à l'éducateur aujourd'hui. Un certain nombre d'acteurs du secteur social et médico-social se sont appuyés à tort sur mon travail pourtant très nuancé et très critique sur le projet, pour avancer vers une maîtrise des actions et des populations qui ne peut que conduire au pire. Des échanges sur cette question avec Jean-Pierre Boutinet, qui m'a beaucoup apporté dans ses recherches sur l'*Anthropologie du projet*, ne font que confirmer mes craintes : le projet a peu à peu été remplacé par une pratique managériale produisant un peu plus d'aliénation chez les personnels et les populations prises en charge. Il s'agit de retrouver l'essence du projet comme espace collectif de projection du désir de chacun, espace d'invention, de création, et donc d'imperfection. Espace où est pris en compte la parole de chacun. Espace de confrontation à l'incomplétude, au manque et à ce qui nous échappe.

© Dunod – La photocopie non autorisée est un délit.

3

Les médiations éducatives

« Je vais faire un poème sur la guerre.
Ce ne sera peut-être pas un vrai poème,
mais ce sera une vraie guerre. »

René Daumal

Repérage théorique

On entend souvent parler, chez les éducateurs, d'activités ou de « supports à la relation ». Les programmes de formation désignent la seconde unité de formation (UF) sous l'expression « techniques éducatives ». Un autre terme moins répandu, mais cependant bien vivant, est celui de « médiation ». C'est celui que nous développerons ici. En effet, il offre des ouvertures en termes de formalisation et de conceptualisation que les autres vocables ne revêtent pas.

© Dunod – La photocopie non autorisée est un délit.

Activité et sujet

Parler d'activités (fussent-elles éducatives) réduit le travail éducatif à sa part la plus apparente, sans aucune spécificité quant à l'acte éducatif. Qu'est-ce qui chez l'être humain n'est pas activité ? Il entre bien entendu dans les médiations une bonne part d'activité, mais ce concept ne suffit pas à épouser les contours de l'action éducative. Nous ne pouvons qu'approuver Claparède lorsqu'en 1964, il écrit dans son ouvrage intitulé *L'Éducation fonctionnelle* [1964], que l'activité permet de développer les potentialités biologiques et psychologiques d'un individu, en l'impliquant totalement dans l'action.

L'activité implique bien évidemment l'autonomie. Donner un ordre à un enfant pour qu'il l'exécute ne lui permet pas de réaliser une activité. « Il y a activité si de lui-même l'enfant fait le geste. » L'activité vise donc l'intérêt et le désir du sujet. L'activité est ce qui met en marche un sujet désirant, c'est ce qui le pousse à agir. Le second niveau de problématisation décrit par Claparède est l'opérativité de l'activité. Toute activité vise à agir sur l'environnement. Toute activité, non seulement implique un sujet, mais agit sur des objets, sur la réalité. L'activité vise donc un changement, une transformation du monde. Obéissant à un projet, à une logique signifiante, l'activité permet à un sujet de construire sa réalité à chaque instant. Elle est donc facteur de structuration du sujet et de son rapport au monde et aux autres.

Mais, et c'est là que la réflexion de Claparède doit être poussée plus avant, il n'y a pas d'activité sans relation. C'est dans cet espace relationnel que l'action éducative prend tout son sens, comme nous allons le voir. Il est trop restrictif de dire que l'activité met en présence un sujet et son environnement. L'activité est prise dans un réseau d'interrelations subjectives complexes, où entrent en jeu la présence des autres sujets et le cadre qui institue leur rencontre. Ce cadre, à définir et redéfinir sans cesse, nous verrons que c'est précisément ce qu'il convient de nommer « l'institution », en ce qu'il institue l'espace dans lequel les hommes se rencontrent pour agir ensemble.

L'expression « support de relation », que l'on rencontre souvent, présente le désavantage de minimiser la part d'activité. Si le travail éducatif s'effectue dans une relation, dont j'ai dégagé plus haut les principes, cette relation ne prend racine que dans une activité partagée. Le travail éducatif consiste d'abord à faire quelque chose. Et ce que l'on fait et propose de faire n'est pas indifférent. L'éducateur y engage son savoir et son savoir-faire, ses compétences techniques, mais aussi sa personne, sa passion, son intérêt. En proposant à un enfant, un adolescent, un adulte, de partager une activité, qu'elle soit manuelle comme la poterie ou le travail du bois, ou plus intellectuelle, comme une conversation, l'éducateur induit un espace de rencontre où il est de fait profondément impliqué dans son désir.

L'activité ne saurait donc être réduite à un support relationnel, sous peine de rabattre le travail éducatif du côté de la jouissance de l'éducateur. La relation sans espace matérialisé de médiation, sans tiers inscrit, basculerait dans une sorte de consommation ou de manipulation de l'autre, malsaines. Ce que souvent les éducateurs dénoncent en critiquant à juste titre la relation dite « duelle ». La relation duelle, somme toute plutôt imaginaire, placerait la personne en situation d'assistance, d'infériorité, soumise à l'arbitraire du bon vouloir de l'éducateur. D'où la nécessité de repérer la relation éducative dans ce qui vient la fonder à deux niveaux. Celui de l'exigence liée à une activité particulière : sur ce plan, les éducateurs font preuve d'inventivité et de compétences, bien enracinées dans une tradition où les techniques se transmettent dans des ateliers, en formation, ou bien pour certains, dans le monde du travail, de l'art...

Activité et institution

L'autre élément qui fait tiers, premier celui-là, c'est l'espace institutionnel. À la fois dans ses aspects de mission, de projet, mais aussi dans le cadre et les contrats passés entre professionnels, y compris avec les personnes prises en charge. Ce qui fonde un espace de médiation sont ces deux dimensions incontournables : l'activité et l'institution. Il faudra distinguer l'établissement de l'institution.

L'institution, ce n'est pas des murs, mais ce qu'un groupe humain (ici de professionnels et d'usagers) pose pour tenir ensemble. L'institution établit le cadre des relations. Évidemment, on peut constater que posé ainsi, l'appellation de « techniques éducatives » paraît bien restrictive. Même s'il ne saurait y avoir d'activité sans une maîtrise minimum de la technique (jardinage, atelier de ferronnerie, atelier d'écriture, escalade, partage du quotidien...) de la part de l'éducateur, la technique ne suffit pas. Je dirai même qu'elle est secondaire. Un éducateur ne saurait être un spécialiste d'une activité. Tout simplement parce qu'il a à mettre en œuvre des techniques multiples adaptées aux personnes et aux situations. C'est également parce que l'objectif qu'il poursuit n'est pas a priori la transmission pédagogique ou l'apprentissage d'une technique, mais à l'occasion de sa mise en œuvre, d'offrir et de garantir un espace où l'activité va permettre à un sujet en difficulté de se construire et de se structurer. Au-delà de la technique, l'éducateur institue un espace de mise en scène, un « praticable », comme le

© Dunod – La photocopie non autorisée est un délit.

désignera Jean Oury, un petit théâtre où le sujet « déraillé » puisse retrouver sa voie créatrice.

La technique n'est donc pas indifférente : elle offre les matériaux même de cette mise en scène et met à disposition les objets et les situations qui permettront au sujet en souffrance de disposer d'un espace de projection, d'une machine métaphorique ; comme je l'ai nommé dans *Parole d'éduc.* [1995] d'un lieu de transfert, où dans le rapport au monde et aux autres seront explorés de nouveaux chemins d'action. C'est donc au bout du compte un lieu d'aventure et de découverte. Dans un tel lieu, il vaut mieux qu'un éducateur soit outillé sur le plan technique, mais aussi sur le plan relationnel. Les deux sont indissociables.

L'antithèse hégélienne

C'est dans son séminaire sur l'angoisse donné en 1962-1963, que Jacques Lacan, dans un dialogue avec l'œuvre immense du philosophe allemand Hegel, *La Phénoménologie de l'esprit* [1807], précisera sa conception de la psychogénèse du petit d'homme. Si l'on reprend les bascules dialectiques introduites par Hegel, thèse-antithèse-synthèse, la thèse veut que dans un premier temps, mythique s'il en est, l'enfant se vive comme seul au monde. Il est habité par la jouissance qui tend à le faire tout. Il n'y a pas d'ordre, pas de moi et pas de loi. Tout objet rencontré est à consommer, à dévorer. L'enfant vit dans un état de toute-puissance. Antithèse : il vient à rencontrer un autre. En essayant de le dévorer, de l'annuler, il se rend compte que l'autre résiste. L'autre se pose aussi comme cherchant à dévorer, à posséder entièrement ce qui l'entoure. C'est une situation en miroir qui pousse à l'agressivité. Une situation où se construit ce que Lacan nomme le « moi imaginaire ». Si nous en restions là, s'ouvrirait entre les êtres un combat corps à corps sans merci.

Cette antithèse hégélienne, Lacan la développera par rapport au stade du miroir qui ouvre sur deux conséquences. Le moment où vers 18 mois l'enfant rassemble ses perceptions morcelées dans une image perçue dans le miroir, et s'aliène à cette première image de soi, constitue la matrice de l'identité et des identifications successives. Mais c'est aussi la racine de l'agressivité. Comme le souligne René Girard, l'homme, à ce stade, fonctionne dans la mimésis, par imitation, et débouche sur une lutte à mort. Il y a lutte entre deux désirs et deux moi qui cherchent à envahir le monde, à s'annihiler.

Seule la synthèse que dégage Hegel permet de mettre un terme à cette lutte fratricide. C'est un temps de réconciliation. En lieu et place du désir absolu de reconnaissance, apparaît une reconnaissance du désir, comme limité par la loi, et d'abord par la loi du langage. C'est le moment du pacte, de la médiation. C'est aussi à partir de cette synthèse que Hegel construit sa notion de l'État comme médiateur entre les hommes. Le pacte est là pour annuler l'angoisse dans laquelle est plongé l'être confronté au sans limite. Deux sujets peuvent désormais désirer le même objet, sans se prendre eux-mêmes comme objet, ils sont protégés par la loi qui les distingue et les unit.

Pour Lacan, ce qui fait pacte chez l'homme, c'est le symbolique, le langage dans toutes ses ramifications. L'homme parle parce que la parole l'a fait homme. Et seule cette médiation du langage, qui lui préexiste, lui garantit une relation possible et vivable avec les autres hommes. La médiation, nous explique Hegel, est donc placée au fondement même de la vie en société. Sans la médiation du symbolique, qui pose des limites à la jouissance mortifère de chacun, tout en lui garantissant une sphère d'expression, c'est le retour assuré, comme malheureusement cela se produit à certains moments tragiques de l'histoire de l'humanité, à la barbarie et à la lutte à mort. Et c'est dans ces moments extrêmes que l'homme recourt plus que jamais à la médiation qui l'humanise et l'hominise pour survivre.

L'espace de médiation

Lorsqu'il arriva au camp de Buchenwald, jeune déporté, Armand Gatti ne connaissait rien au théâtre. Pourtant, il décida de monter une pièce avec ses compagnons de misère. Pièce à trois personnages, elle avait pour titre : *Ich bin, ich war, ich werde sein* (Je suis, j'étais, je serai). La démarche d'Armand Gatti, qui l'amena plus tard à faire du travail théâtral un outil de transformation de l'homme, avec des jeunes délinquants ou des malades mentaux, fut une démarche de survie : la médiation, la transmutation de la vie invivable, sur une autre scène, permet d'en apprivoiser les contours et de survivre à l'inhumaine condition.

Cette réflexion nous amène à dégager ce concept central du métier d'éducateur : les médiations. Tout d'abord, notons que ces derniers

© Dunod – La photocopie non autorisée est un délit.

temps, ce terme fait florès et, pris dans des effets de mode, a tendance à infiltrer largement le champ social. Médiation de justice, médiation d'entreprise, médiation parentale, médiation de rue... On y perd son latin. Toute activité humaine mettant des hommes en relation les uns avec les autres étant de fait une médiation, on peut se demander ce qui pourrait y échapper. À se diluer ainsi, le concept perd de son sens.

La tradition éducative, même si elle est récente, nous a transmis le terme « médiation » pour désigner l'espace de rencontre et d'activité dans lequel la relation éducative s'exerce, espace où se transmet, dans le creuset de la relation éducative, un certain savoir et savoir-faire sur le monde et sur la vie en société. De fait, l'activité est « médiatrice d'un changement », affirment Maurice Capul et Michel Lemay, dans leur ouvrage *De l'éducation spécialisée* [1996]. Cette affirmation pose un but : le changement visé ; un moyen : l'activité ; un cadre : la médiation ; un lieu d'inscription : l'institution articulant les différents niveaux de médiations et instituant en permanence un tiers de référence.

Aux origines de la médiation

« Triangulez, triangulez », ne cessait de dire aux équipes éducatives François Tosquelles, avec la fougue et la gouaille qu'on lui connaissait. Cet effet de tiers, de « triangulation » est un fondement des médiations. Dans le travail éducatif, tout passe par ces effets de médiation dont le mythe d'Œdipe nous donne à lire le paradigme. C'est pour avoir échappé à cet effet de triangulation primordial, introduit par l'interdit de l'inceste, qu'Œdipe plonge Thèbes dans le malheur et voue à la perte sa lignée familiale. Hors des effets de médiation introduits par l'appareil symbolique, hors l'inter-dit (ce qui se dit entre les humains pour qu'ils puissent vivre ensemble), la reproduction du vivant et la production sociale s'arrêtent. Les places dévolues à chacun dans l'espace familial, institutionnel et social sont alors indifférenciées.

Comme le dit l'adage humoristique : « Tout est dans tout et réciproquement. » Le monde plonge dans le chaos et le non-sens. La médiation est donc au principe de la structuration psychique et de l'organisation sociale. Le terme « médiation » trouve son origine dans une racine indo-européenne *medyo*, qui désigne le fait d'être au milieu. Passant dans la langue latine, il donnera naissance à des mots comme *médium* (*media* au pluriel), milieu ; *mediterraneus*, au milieu des terres ;

meridies, méridien ; et *midi*, au milieu du jour. En français, un mot tombé en désuétude comme « mitan », qui désigne le milieu (le mitan du lit...) témoigne de ce sens. On le trouve aussi sous les adjectifs antonymes « médiat » et « immédiat ».

Le terme « médiation » apparaît en français vers 1300. Il désigne à la fois l'action d'intervenir sur des personnes pour les mettre d'accord et l'action de servir d'intermédiaire entre plusieurs êtres ou choses. Le médiateur – ne dit-on pas aujourd'hui que l'éducateur est un médiateur social ? – est celui qui s'interpose, celui qui se situe dans l'entre-deux. Les notions adjacentes qui viennent dans le fil du mot « médiation », sont « inter-médiaire, inter-vention, inter-dit, entre-mise »... Tous ces termes qui marquent le territoire éducatif sont connotés par la notion de tiers et de triangulation, et donc de liaison sociale.

Dans le travail éducatif, les médiations s'inscrivent au cœur de l'espace institutionnel, dont la mission est la prise en charge de personnes en souffrance sur le plan physique, psychique ou social. L'espace de médiation est donc borné par le projet institutionnel et le projet personnalisé (tel qu'énoncé dans la refonte des Annexes XXIV, pour la prise en charge des enfants). Cet espace, avant tout espace de rencontre et de partage d'une activité, permet à l'éducateur de mettre en œuvre la finalité de l'action éducative qui vise toujours, quelles qu'en soient les modalités, l'appropriation par la personne de son espace corporel, psychique, social et relationnel. Cette appropriation ne se fait pas dans un discours, une leçon, un passage d'information, elle s'établit en relation, dans la rencontre.

Dans l'espace de médiation, la personne prise en charge vient buter sur le cadre, sur les limites, sur les interdits, et ainsi questionner son rapport aux autres à travers la rencontre avec un éducateur. Cette rencontre, structurée, nous l'avons vu lorsque nous avons abordé la question du transfert, comme toute rencontre humaine, donc affectée d'amour ou de haine, constitue l'espace même de la transmission éducative. Les moyens mis en œuvre dans cet espace de médiation sont ceux dont disposent les éducateurs. La boîte à outils des éducateurs est vaste comme le monde et ils savent faire flèche de tout bois : les activités diverses, manuelles ou intellectuelles, physiques et sportives, de loisir... ; les médiations sociales, comme la recherche d'emploi, de logement, l'accompagnement aux soins, le partage de la vie quotidienne...

Mais les médiations ne prennent leur sens que si elles sont enracinées dans la relation éducative. Il s'agit d'un espace singulier où se

© Dunod – La photocopie non autorisée est un délit.

transfère l'essence même de l'être au monde du sujet. C'est un espace où, dans la rencontre avec un ou des éducateurs, une personne en souffrance peut éprouver ce qui la fait souffrir et faire l'expérience d'autres façons de s'inscrire dans la communauté humaine.

L'insertion sociale

Ce point vise la vraie dimension d'un travail d'insertion sociale. L'insertion que certaines dérives actuelles, dans le champ social, surtout cautionnées par le discours de maîtrise de la sociologie, rabattent sur des réponses formelles à des besoins, trouve ici sa dimension réelle dans le travail éducatif, qui prend en compte avant tout le mode d'insertion du sujet dans le tissu social au niveau le plus élémentaire. S'insérer, c'est avant tout vivre avec les autres. Les médiations de fait permettent d'en faire l'épreuve et d'exploiter cette expérience dans des situations de plus en plus complexes : recherche d'emploi, formation... Mais, comme le dit l'adage, « rien ne sert de mettre la charrue avant les bœufs ». Tant que ce travail de structuration du sujet en relation n'aura pas été effectué, rien ne sert de lui proposer de s'investir dans ce que l'on désigne de façon abusive comme « insertion sociale ».

L'insertion sociale concerne tout sujet quel qu'il soit et quelles que soient ses difficultés à vivre. L'accompagner dans ce cheminement, dans cette découverte, dans cette épreuve, voilà le sens et la noblesse des gestes éducatifs. Souvenons-nous que le terme « éducateur » nous vient du latin *e(x)-ducere* (conduire hors de). L'*educator* est à Rome un esclave qui appartient à la gens (famille élargie, la famille romaine comprenant jusqu'à une centaine de membres, y compris les familles d'esclaves...) et prend en charge les enfants pour les conduire jusqu'au lieu de socialisation que constitue le *gymnasium*. C'est le lieu d'apprentissage et de socialisation, où les jeunes romains sont initiés aux arts, à la culture, aux exercices physiques, mais aussi à la vie collective. L'enseignement romain comprend aussi bien l'étude de la rhétorique, de la poésie, de la musique, des mathématiques, de l'astronomie, de la littérature, que celle des différents sports où s'exercent la force et l'habileté.

Cette figure quasi mythique d'éducateur dégage une représentation princeps dont les caractéristiques demeurent actuelles. L'esclavage est transposable pour indiquer que l'éducateur ne travaille pas à son propre compte : il est soumis à l'autorité institutionnelle et a des comptes à rendre. On sait que dans certaines situations, l'éducateur est mis à une place telle qu'il devient esclave de l'institution.

Cette représentation dégage également la fonction première de l'éducateur : l'accompagnement entre deux espaces, celui du familial et celui du social. L'éducateur ne saurait se substituer ni aux parents ni aux enseignants. Il est celui qui accompagne un être dans le passage et lui propose son appui pour avancer dans la voie de l'autonomie et de la responsabilisation. Le travail éducatif est ce métier de l'entre-deux, du familial au social, de la pulsion au désir. Comme le dit joliment la chanson d'Yves Duteil : « prendre un enfant par la main... »

L'espace de médiation constitue la colonne vertébrale du travail éducatif. Espace privilégié de la clinique, qu'à la suite de Jacques Lacan, j'ai défini comme « clinique du sujet ». L'espace de médiation, qu'il soit vécu en groupe ou en individuel, prend en compte et accueille chaque sujet, dans son histoire singulière et dans son désir de changement ou tout simplement d'être au monde, de création et de présence.

Le terme a pris racine après un long cheminement dans le champ du droit, mais garde sa signification essentielle d'entre-deux. Il faut voir dans le terme « médiation » ce qui articule, reprise, répare, cicatrise, tisse du lien, réunit. Mais aussi ce qui divise, sépare, disjoint, introduit de la distinction. Autrement dit, le terme de « médiation », « lieu, pour reprendre une expression de Daniel Sibony, de la coupure-lien », met en action la dimension du symbolique, dont Paul Ricœur rappelait à juste titre que c'est « l'universelle médiation de l'esprit entre nous et le réel ». Le symbolon est chez les Grecs de l'Antiquité, ce morceau de poterie, la tessère, que des familles contractant une alliance brisaient en deux. Chacune en gardait un morceau en signe de reconnaissance de l'engagement. Lorsque les morceaux de cette tessère pouvaient être à nouveau réunis, même par les descendants, plusieurs générations plus tard, les termes de l'alliance étaient à nouveau vivants et engageaient les contractants ou leurs successeurs.

Les médiations sont à la racine du champ symbolique. C'est à travers ces pratiques éducatives de médiation que se scellent alliances, échanges, dons et reconnaissance. C'est aussi à travers les médiations que se dit entre soignants et soignés, éduquants et éduqués, enseignants et enseignés... que s'inter-dit quelque chose de la place de chacun, en référence avec la loi des humains. C'est cette frontière, cette limite, que détermine l'espace de médiation, qui soustrait au bon vouloir et au

© Dunod – La photocopie non autorisée est un délit.

caprice de chacun la relation éducative et l'activité qui s'y déploie. Chacun y est engagé mais au titre d'un contrat social.

L'espace de médiation, en déterminant les pôles en tension, en introduisant au cœur des relations humaines le principe même de la différenciation, est en soi une structure. Apparemment, le terme « médiation » recouvre dans le champ éducatif une pluralité de pratiques. On peut à juste titre, de l'extérieur, s'interroger sur le rapport entre un atelier de poterie pour un groupe de psychotiques et l'accompagnement d'un érémiste dans le remplissage de papiers administratifs. Seul le concept de médiation permet d'unifier ces activités a priori dissemblables. Au-delà de la multiplicité des actions éducatives, pointe l'essentiel des médiations : pas de rapport à l'autre, pas de rencontre, pas de passage à l'autre, hors cet espace intermédiaire. C'est le lieu même, le laboratoire où s'élabore le lien social et le processus de socialisation, en partant du plus proche pour diffuser vers le plus lointain. Pas de communication hors médiation.

« On communique, affirme Daniel Sibony, à partir de points communs et à partir de mises à distance. L'acte de communiquer pose que deux êtres apportent chacun sa différence à ce tiers qu'est le langage, plus ou moins stable, qui nommera leur lieu comme un. » Lieu de vie de la parole et du langage. Car là où ça parle en l'homme et de l'homme, là est notre seul lieu de vie, ce lieu du langage, qui fonde toute médiation, est le lieu où, bon gré mal gré, l'être humain, que Lacan désigne sous le terme de « parlêtre », est assigné à résidence. Lieu de la rencontre et lieu de la différence, les médiations tiennent leur essence de la nature langagière des humains. C'est pourquoi il nous faudra nous demander ce que sont la parole et le langage, et quelles incidences a une théorie du langage dans les actes éducatifs.

« On ne peut vraiment modifier quelque chose dans les rails du sujet qui est déraillé, qu'en modifiant les points d'articulation où il peut être représenté », disait Jean Oury dans *Il, donc* (10/18, n° 1222). Les médiations mettent en œuvre cet espace de représentation, « espace de fantaisie » ou « autre scène » chez Freud, « espace potentiel » chez Winnicott, « espace de jachère » chez Masud Khan et Jean Oury, terme que j'ai repris dans *Parole d'éduc* [1995], « entre-deux » chez Daniel Sibony... où le sujet va explorer et éprouver des façons de faire et de vivre avec les autres que jusque-là il n'avait pas intégré. On voit que c'est à partir de cet espace, quelles qu'en soient les mises en œuvre, que modifiant ses représentations du monde et de lui-même, le sujet pourra explorer des sentiers de création renouvelés. C'est à partir de cet espace que découlent des retombées thérapeutiques, éducatives, pédagogiques. Ce n'est pas le soin ou le changement programmés, maîtrisés, qui sont ici visés. L'intention éducative n'est pas thérapeutique en tant que telle. Mais en proposant, en animant, en garantissant des espaces de médiation, l'éducateur accompagne le sujet dans des processus de changement profond, qui se traduisent en termes de mieux être, mieux vivre avec les autres et avec soi-même.

On peut ici entendre la voix forte de Fernand Deligny, affirmant que les enfants psychotiques avec qui il vivait dans les Cévennes n'étaient pas malades, et que ce n'était donc pas la peine de faire des projets thérapeutiques pour eux. Il est inutile de projeter sur eux notre volonté de maîtrise et de redressement. Cette attitude ne produit qu'un peu plus de souffrance. « Le seul projet dont puisse se targuer un éducateur, poursuivait Deligny, c'est celui de créer un espace de vie où des enfants puissent évoluer à leur façon. »

Deligny restitue ici tout son sens à la notion de médiation, comme espace de protection, mais aussi, il en pose les limites éducatives : l'éducateur partage cet espace et vit avec ces enfants, auprès d'eux, sans que vraiment la communication s'installe. La position extrême de Fernand Deligny nous pousse ici à envisager l'acte éducatif dans sa phase de renoncement : renoncement à exercer une quelconque tyrannie sur autrui. Deligny questionne fortement cette tendance chez les éducateurs à vouloir faire le bien des autres. « Vouloir faire le bien, disait le philosophe allemand Emmanuel Kant, voilà la pire des tyrannies. »

La fonction éducative dans une société en crise

Ce n'est qu'en posant la question des intentions de l'éducateur (« qu'est-ce que tu leur veux à ces gens-là ? »), comme nous l'avons amorcé dans le chapitre précédent, qu'un espace de médiation peut être préservé des projections, des fantasmes de maîtrise, des manipulations. L'idéal de « redressement » de ce qui serait tordu chez l'autre, n'a pas complètement quitté le champ éducatif. Il faut donc en permanence se mettre au travail sur ses propres intentions, sur son désir d'éduquer, pour que l'espace de médiation soit relativement désencombré et fasse accueil aux autres dans leur désir et leur altérité.

© Dunod – La photocopie non autorisée est un délit.

Les glissements récents de la fonction éducative, dans une période de crise sociale telle que nous la vivons, sont graves. L'aspect de massification des prises en charge, où des groupes humains entiers (les chômeurs, les SDF, les drogués...) sont sous contrôle, « ghettoïsés » matériellement et psychiquement, et livrés aux manipulations de politiques en mal de pouvoir à exercer, frisent la barbarie. Dès l'instant où l'on sort de la prise en compte des sujets un par un, au cas par cas, dès l'instant où la relation éducative vire à la conduite groupale, on sort du travail éducatif pour sombrer dans la manipulation de masse.

La crise de civilisation actuelle se révèle dans de telles dérives. À une époque où la parole des sujets n'est plus prise en compte, où les lieux d'expression sont confisqués, où les centres de décision démocratique échappent aux citoyens, où les pouvoirs de l'argent s'exercent en dehors du contrôle des États, l'espace est ouvert à de telles pratiques. Devant le malaise dans la civilisation, on fait peser lourdement sur les épaules des éducateurs l'illusion qu'ils peuvent apporter des réparations, là où le système social est en faillite. Soyons clair. Il n'entre pas dans les attributions d'un éducateur de remédier à l'effondrement d'une société. Les éducateurs ne sont pas responsables (et encore moins coupables) de cet état de fait, ni du chômage ni de la misère. Ils ont, quel que soit le contexte politique dans lequel ils exercent, à assurer une place d'humanisation auprès des plus démunis, de ceux qui souffrent, quel que soit le mode d'expression (voire de valorisation, il y a des modes !) de cette souffrance.

S'ouvre ici une voie de réflexion sur la position éthique des éducateurs. Si la clinique éducative est fondée sur une clinique du sujet, la position éducative est forcément subversive, puisqu'elle se situe au point de rencontre entre l'individu et la société, et donc au lieu de friction. L'éducateur est pris dans cet entre-deux. Il a à prendre en compte à la fois chaque sujet et, de façon sans cesse critique, la commande qui lui est faite par la société de s'occuper de ces personnes.

L'autre versant de la clinique est de donner à entendre à l'ensemble social, ce que vivent les personnes en souffrance que chaque éducateur rencontre dans sa pratique. Ce versant de l'acte éducatif est donc politique, au sens où l'éducateur a un devoir de parole et de dénonciation des conditions inhumaines dans lesquelles sont acculés les plus démunis, exclus sociaux ou handicapés mentaux et physiques. Être éducateur ne saurait consister, comme semblent s'y résigner certains, à exécuter ce qu'ils appellent « la commande sociale ». En fait, celle-ci n'existe pas. Elle n'est pas énoncée par des textes ou des directives. Elle est la représentation tyrannique que se font beaucoup d'éducateurs de leur propre rapport au pouvoir.

Les éducateurs, de par leur position au plus près de personnes en grande souffrance, ont à médiatiser les relations de ces personnes avec l'ensemble de la société. Cette fonction de traduction est la seconde face de la médaille de la médiation. L'éducateur est à l'interface du social et de l'individuel. Il lui incombe de laisser cet espace ouvert et de lutter pour qu'il ne se referme ni sous le coup du contrôle et de la contention sociale ni sous le coup de manipulations de personnes sans défense.

L'acte éducatif s'enracine dans une position clinique et politique. L'un ne va pas sans l'autre. Il ne s'agit pas pour un éducateur de se poser, comme certains s'y emploient, en réformateur social, c'est le travail dans une démocratie des élus du peuple et plus globalement de chaque citoyen, mais de faire que pour les personnes dont il assume l'accompagnement, la vie soit un peu plus vivable. Ni révolutionnaire ni réformiste, dans un souci de fonder une clinique du sujet, l'éducateur est subversif en ce qu'il rappelle sans cesse qu'une société ne vit que si chaque citoyen qui la compose est pris en compte dans son intégrité et sa singularité.

FONCTION DE LA PAROLE ET DU LANGAGE DANS LE TRAVAIL ÉDUCATIF

Les éducateurs n'ont pas tiré toutes les conséquences d'une évidence qui crève les yeux. L'essentiel de la relation éducative et des médiations passe par le langage. L'être humain est avant tout un être de parole. La parole est le mode de réalisation subjective du langage. La parole, espace du déploiement du symbolique, est donc au fondement de toute médiation éducative. Au-delà des prestations matérielles, au-delà de la nature même de l'aide apportée à des personnes souffrant pour des raisons diverses, l'action éducative se fonde avant tout sur un certain nombre de paroles échangées.

Cette dimension d'évidence de la place centrale de la parole dans les échanges n'a pas été prise en compte. Et donc n'ont pas été vraiment

© Dunod – La photocopie non autorisée est un délit.

tirées dans le champ social où s'exerce l'action éducative, les leçons des avancées réalisées dans la pensée et la connaissance de l'humain par la psychanalyse et la linguistique. La parole est le plus souvent rabattue sur une maîtrise mécanique et technique de la communication. Quant à la psychanalyse, énonçant la dimension de l'inconscient, elle a le plus souvent été réduite à un système d'explication psychologique qui vise là aussi une certaine maîtrise et fonctionne comme savoir extérieur sur l'autre.

Communication et psychologisation sont les deux détournements de la linguistique et de la psychanalyse, qui sont venus alimenter le champ éducatif dans ce qu'il a de plus aliénant. Certains éducateurs, forts de ces connaissances dévoyées, pensent et affirment avoir un savoir sur l'autre, et donc un savoir sur ce qu'il doit faire, voire ce qu'il faut lui faire faire, pour qu'il s'améliore. Les présupposés d'un tel positionnement sont rarement questionnés, que ce soit sur le terrain ou en formation. Il va de soi, pour un certain nombre d'éducateurs, que la relation est totalement aliénée au fait d'imposer à l'autre leur point de vue, même si l'on essaie de faire passer les choses en douceur. Comme on dit, en caricaturant : « J'ai ce qu'il te faut... C'est pour ton bien... »

Les apports de la linguistique et de la psychanalyse

Je ne dissocierai pas ici ces deux approches complémentaires. En effet, les travaux de Freud, poursuivis par Lacan, ne se comprennent qu'à la lumière des découvertes de la science linguistique.

Je prendrai appui sur les travaux menés au début du XXe siècle par Ferdinand de Saussure, le père de la linguistique moderne, relayé par Julia Kristeva dans les années soixante-dix. Je distinguerai tout d'abord cinq termes : langage, langue, parole, discours et signe.

Le langage

Caractéristique partagée par l'ensemble de l'humanité, le langage est une chaîne de sons articulés, mais aussi un réseau de marques écrites (l'écriture) ou bien un jeu de gestes. Le langage est la seule façon d'être de la pensée, sa mise en forme et son accomplissement. Il permet de produire la pensée et de la communiquer, et ce faisant, il donne une place à celui qui s'y soumet. Le langage produit tout à la fois le sujet parlant et la signification communiquée. C'est un processus de communication d'un message entre au moins deux sujets qui parlent.

La théorie de la communication nomme « destinateur » et « destinataire » ces deux interlocuteurs. Mais il faut ajouter, ce que cette théorie ne fait pas, que chacun est à la fois destinateur et destinataire, puisqu'il peut à la fois émettre un message et s'entendre l'émettre. Le message destiné à l'autre est d'abord destiné par lui-même à celui qui parle. D'où l'on peut déduire que parler, c'est aussi dans le même temps se parler et découvrir au fur et à mesure de l'émission du message, ce que l'on dit. Il n'y a pas comme on le dit naïvement, un message tout près dans la tête du destinateur, mais celui-ci l'invente et le découvre en se soumettant à l'ordre de la parole. De la même façon le destinataire ne déchiffre le message que dans la mesure où il peut formuler ce qu'il entend. Des deux lieux, dont les places alternent successivement, le langage construit au fil des mots un sens. Le sens n'est jamais donné a priori, il se découvre au cours de l'émission du message.

C'est ce dont rend compte le schéma suivant que j'emprunte à Julia Kristeva.

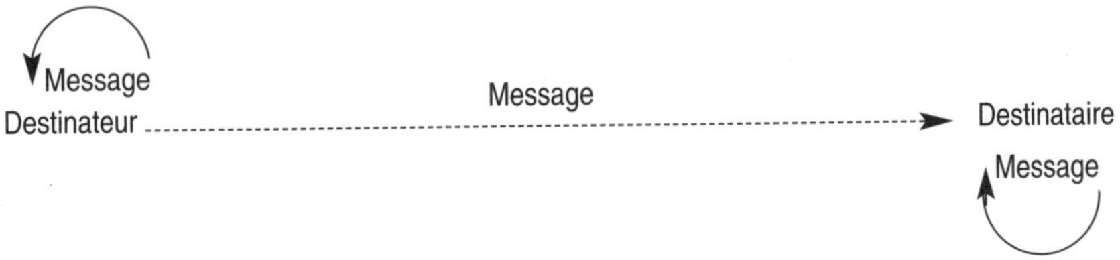

La langue

Selon Saussure, la langue est « la partie sociale du langage ». Elle est extérieure et préexistante au sujet. Elle n'est pas modifiable par le sujet parlant et obéit à une sorte de contrat social tacitement reconnu par les membres d'une communauté linguistique (par exemple, la francophonie, les pays anglo-saxons...). La langue se combine selon des règles d'assemblage spécifiques, la grammaire, la syntaxe, l'orthographe... et constitue un système anonyme, dont on peut prendre la mesure en consultant un dictionnaire, qui est un système clos, chaque mot étant défini par d'autre mots, etc. Il donne une idée assez exacte et matérielle de ce qu'est la langue.

© Dunod – La photocopie non autorisée est un délit.

La parole

« La parole est toujours individuelle », précise Saussure. Et l'individu en est toujours, sinon le maître, tout au moins le responsable.

« Responsable » est un terme qui vient du latin *respondere* (répondre de). Chaque sujet est responsable de la parole qu'il profère, même si au bout du compte, comme nous le montre la psychanalyse, il ne sait pas vraiment ce qu'il dit, il n'en mesure pas toutes les conséquences et certaines paroles lui échappent. La parole est donc un acte individuel. Elle est la somme des combinaisons personnelles introduites par chaque sujet parlant et des actes de phonation nécessaires à la mise en œuvre de ces combinaisons.

Pour que la parole puisse advenir, la langue est nécessaire au préalable, mais en même temps, il n'y a pas de langue sans l'exercice de la parole. Du fait de la parole, la langue recueille dans sa forme la marque unique du sujet.

Le discours

Le terme « discours », conceptualisé par Émile Benveniste, désigne la manifestation de la langue dans la communication vivante. Il implique la participation d'un sujet au langage, à travers la parole de l'individu. S'appuyant sur la structure anonyme de la langue, le sujet prend forme et se transforme, dans le discours qu'il communique à l'autre. La langue commune à un ensemble humain devient alors le véhicule d'un message unique, qui signe et signale la position d'un sujet dans le monde, et lui donne une place parmi les autres. Le discours est l'espace de représentation qui met en scène, sans que le sujet en soit conscient, sa singularité. De fait, pris dans la relation, le discours, en dehors des énoncés proférés, de par ce processus d'énonciation, intègre dans sa structure le locuteur et l'auditeur, avec chez le premier, précise Benveniste, le désir d'influencer le second.

Aussi le discours devient-il le champ privilégié de la psychanalyse. « Ses moyens, nous dit Jacques Lacan, sont ceux de la parole en tant qu'elle confère aux fonctions de l'individu un sens ; son domaine est celui du discours concret en tant que réalité transindividuelle du sujet ; ses opérations sont celles de l'histoire en tant qu'elle constitue l'émergence de la vérité dans le réel. » Autrement dit, c'est dans l'exercice de la parole adressée à un autre, qu'un sujet émerge comme lieu de vérité. Non qu'il y ait quelque vérité absolue sur laquelle appuyer les énoncés. Mais du fait du discours, la vérité, toujours subjective, vient au jour. Le sujet parlant dit toujours la vérité, même dans le mensonge. Le sujet parlant se dit.

Le signe

Dans son *Cours de linguistique générale* [1916], Saussure observe ce qu'il en est du « signe ». Le signe n'associe pas, contrairement à ce que l'on serait tenté de croire, un nom et une chose. Le signe établit un lien entre un concept et une image acoustique. Notons que chez des personnes malentendantes ou sourdes, le lien se fait entre un concept et une image visuelle. Pour Saussure, le signe est une réalité psychique à deux facettes. L'une, le concept que Saussure nomme « signifié » ; et l'autre, l'image acoustique (ou visuelle) qu'il nomme « signifiant ». Signifiant et signifié sont les deux faces de la même médaille, comme le montre l'algorithme suivant, que propose Saussure.

Signifié	Concept	 « Pierre »	
Signifiant	Image acoustique	Pierre	(Exemple)

L'objet, que Saussure appelle le « référent », est de fait exclu de l'opération. L'objet demeure, pour l'être humain, pris dans les réseaux de représentations du langage, inatteignable. Il est condamné à en passer par la parole et le langagc, pour inscrire son rapport au monde et son action sur celui-ci. La linguistique s'intéresse au signifiant et au signifié, et aux rapports qu'ils entretiennent. Le signifiant est la partie matérielle du langage, nous l'avons vu, qu'il s'exprime sous sa forme sonore, graphique ou gestuelle (dans la langue des signes par exemple). Le signifié lui, renvoie aux systèmes de représentation subjectif de chacun, et est inatteignable, sauf à en passer à nouveau par le signifiant. Ce qui s'échange entre humains, c'est avant tout du signifiant. Le signifiant est l'espace de représentation privilégié. D'où la formule de Lacan, « le signifiant représente un sujet pour un autre signifiant ».

© Dunod – La photocopie non autorisée est un délit.

Ce que parler veut dire

Il reste à énoncer deux lois dégagées par Saussure. Tout d'abord, les signifiants sont toujours arbitraires, ce qui ne veut pas dire qu'ils sont soumis au bon vouloir de chacun. Nul n'est libre de nommer « éléphant » ce qui est désigné comme crayon, sauf à basculer dans la non-communication. Arbitraire veut dire que le signifiant s'est fixé historiquement (tel que stocké dans un lexique ou un dictionnaire), sans répondre à aucune nécessité naturelle. Le signifiant n'entretient aucun rapport avec la chose représentée. Sauf pour certaines onomatopées qui semblent mimer des phénomènes naturels (« oua-oua » pour désigner l'aboiement d'un chien). Lacan ira même jusqu'à affirmer que « le mot c'est le meurtre de la chose ». L'opération introduite par le signifiant fait coupure dans le sujet, quant à ses représentations conscientes et inconscientes.

Au bout du compte, dans la parole, on se retrouve toujours avec des mots. De plus, le signifiant, contrairement au signe qui lui est associé, n'a pas un sens unique, il est marqué du sceau de l'équivoque. C'est d'ailleurs la source de perpétuels jeux de mots, mais aussi de l'incompréhension. Le signifiant, du fait d'être ouvert à une pluralité de découpages possibles que seule l'écriture vient différencier (que l'on pense aux fameux sot, sceau, saut...), renvoie l'homme à une difficulté à communiquer ce qu'il vit. Il n'est pas sûr, contrairement à ce qu'affirme la théorie cybernétique et systémique de la communication, que la parole et le langage soient des véhicules de communication. J'aurais tendance à affirmer, dans le sillage du discours analytique, qu'ils sont le lieu d'apparition du sujet, le lieu où il se fait naître aux yeux (et aux oreilles !) des autres. L'agencement du discours chez un sujet témoigne de la structure, en grande partie inconsciente, qui noue son rapport au monde et aux autres.

Un exemple puisé dans les travaux de Freud nous permettra d'y voir plus clair. Cet exemple est très connu dans la culture éducative sous l'appellation de « fort/da », sans que le plus souvent on en connaisse l'origine. Ce texte se trouve dans les *Essais de psychanalyse* [1927], au chapitre 2 du premier texte « Au-delà du principe de plaisir ». Il a pour titre : « Principe du plaisir et névrose traumatique. Principe du plaisir et jeux d'enfants. » L'histoire est la suivante.

Freud est en vacances dans sa famille, chez sa fille. Il observe son petit-fils âgé de 18 mois qui se livre à un bien étrange jeu, chaque fois que sa mère s'absente. Le petit est muni d'une bobine attachée au bout d'un fil qu'il tient dans la main. Il balance cette bobine à l'intérieur du berceau bordé d'un voilage. L'objet disparaît alors à sa vue et l'enfant profère un « ooo » accompagné d'une mimique de tristesse. Il tire sur la bobine. L'objet réapparaît et la tristesse laisse place à une expression réjouie, accentuée par un « aaa » jubilatoire. Quelque temps plus tard, dans une autre circonstance, Freud s'aperçoit que l'enfant se livre à un manège assez semblable devant un miroir. Il joue à se baisser sur ses pieds jusqu'à ce que son image disparaisse du miroir, et à ce moment-là, il prononce le même « ooo » que dans le jeu de la bobine. Puis, surgissant tel un diable, il voit son image réapparaître et exprime sa joie dans un « aaa ».

Mettons en diagramme cette petite observation freudienne.

Mère	Bobine	Image	Signifiant
Absente –	–	–	ooo « fort »
Présente +	+	+	« da »

On peut constater que nous avons ici un montage symbolique extrêmement rigoureux. L'enfant, dans un processus psychique de symbolisation, met en scène l'absence de sa mère et la joue. Non seulement, il sait représenter l'absence de la mère, mais il en représente aussi la présence. Quand sa mère est absente, l'enfant fait jouer sur le registre symbolique présence et absence. Avec la bobine, puis avec son image dans le miroir. Enfin, ce processus de différenciation, que je note ici par – (absence) et + (présence), est inscrit dans deux signifiants, dont les parents consultés apprendront à Freud qu'il s'agit de deux mots. Lorsque l'objet disparaît, « fort », qui signifie « au loin, parti » ; et « da » qui signifie « le voilà ». « L'enfant se dédommageait pour ainsi dire de ce départ et de cette absence (de la mère), en reproduisant, avec des objets qu'il avait sous la main, la scène de la disparition et de la réapparition », conclut Freud.

© Dunod – La photocopie non autorisée est un délit.

Cette expérience est la matrice même de tout processus de symbolisation. On voit qu'en bout de course le signifiant est l'espace de représentation de la coupure d'avec la mère. Le signifiant est donc l'opérateur de ce que la psychanalyse désigne comme « castration », processus qu'un éducateur a à mettre en œuvre en permanence, et qui recouvre exactement ce que l'on appelle l'« autonomie ». L'autonomie ne s'acquiert que dans ce processus de séparation à un niveau et de liaison à un autre niveau. L'opération du langage détache le petit d'homme de ses attaches au monde maternel et le propulse dans l'espace social. La parole est ce qui permet de faire du lien social et de produire une autonomisation du sujet, dans son assujettissement au langage.

Bien entendu, cette opération de coupure de l'univers maternel a un agent, celui que l'on appelle le « père ». La rigueur introduite par la recherche psychanalytique veut que l'on parle plutôt de fonction paternelle. Si, dans notre socioculture, c'est une fonction assumée la plupart du temps par le géniteur, dans certaines circonstances (mort du père par exemple), ou dans d'autres sociétés, cette fonction peut être assumée par diverses personnes. Il s'avère d'ailleurs que chez les Nuers par exemple, cette fonction peut même être occupée par une femme. Le père est l'agent de la culture. En introduisant entre l'enfant et sa mère l'inter-dit (ce qui se dit entre) de l'inceste, il ouvre l'enfant à la dimension de socialisation. C'est par un dire qu'opère cette séparation, ce qui situe d'emblée la parole et le langage comme espace du lien social et de différenciation des sujets.

L'éducateur et la fonction d'opérateur

Cette brève introduction mériterait à elle seule un ouvrage entier. Elle a toute sa place dans une réflexion sur le travail éducatif. Elle montre à quel niveau de structuration intervient l'éducateur. Elle désigne à la fonction d'éducateur cette place de l'opérateur de la fonction paternelle. L'opération que Lacan nomme « métaphore paternelle », structure le sujet dans trois registres possibles : psychose, névrose et perversion. La psychose étant la structure où cette opération n'a pas eu lieu dans les temps. « Elle est forclose », dit Lacan. La névrose est marquée par un déni de la part du sujet de cette coupure : le névrosé n'en veut rien savoir. Et la perversion est marquée par une dénégation (mouvement de reconnaissance puis d'annulation de cette reconnaissance).

La phrase-clé du pervers serait, comme l'a montré Octave Mannoni dans son ouvrage *Clefs pour l'imaginaire ou l'autre scène* [1969], « je sais bien... mais quand même ». Tout être humain est structuré par son inscription dans le langage selon un de ces trois registres. Ce ne sont pas a priori des registres de la pathologie, comme le pousse à croire la reprise de ces concepts dans le champ de la médecine psychiatrique ou de la psychologie. Il s'agit de structures.

Dans ce mode de structuration du sujet, selon son développement, selon les failles, les obstacles rencontrés, il peut y avoir plus ou moins de souffrance pour le sujet. C'est à l'endroit de cette souffrance à laquelle est confronté le sujet dans sa rencontre avec les autres, qu'intervient l'éducateur. Il intervient précisément à l'endroit où le sujet, dans son expression, est en difficulté pour trouver sa place dans la communauté humaine. À travers l'espace de médiation, l'éducateur propose, à partir d'activités très diverses, au sujet en souffrance, d'explorer des modes d'être au monde nouveau et sortant de la répétition des mêmes circuits. La répétition des mêmes gestes, des mêmes échecs, des mêmes situations, traduit ce que l'on appelle le « symptôme ». C'est ce qui insiste chez un sujet pour trouver sa place dans le langage.

L'objectif d'un éducateur n'est pas de faire taire le symptôme, fut-il dérangeant, mais de l'entendre, pour accompagner le sujet dans sa prise en compte, dans la découverte de ce qui en lui cherche à se dire. Lorsqu'un sujet se rend compte que c'est à lui que cela arrive, il peut devenir responsable et agir sur son symptôme, autrement dit, apprendre à faire avec. La cure analytique est le lieu privilégié de ce travail de décomplétude du symptôme : le symptôme vient marquer ce qui manque au sujet pour faire un tout.

Mais l'espace de médiation prend aussi en charge l'expression du symptôme : c'est l'espace de mise en scène de la toute-puissance, du fantasme de maîtrise. Et c'est dans les gestes même de la médiation, dans la confrontation à la réalité d'une activité humaine qui ne cesse de buter sur des limites (de personnes, de temps, d'espace, de cadre, de loi...) que l'éducateur accompagne ce travail de décomplétude, ce que Lacan appelle « le ravinement de la jouissance ». Il faut entendre le terme « jouissance » comme « substance négative », précise Lacan. C'est ce qui manquerait à la pulsion, érotique ou de destruction, pour être pleinement comblée, pleinement satisfaite. Freud, à sa façon, affirmait qu'« entre satisfaction recherchée et satisfaction obtenue, il y a un écart ». C'est un point que nous avons illustré autour du projet. La

© Dunod – La photocopie non autorisée est un délit.

jouissance tendrait à combler cet écart, en le niant. La jouissance est le royaume de l'enfant-roi, « his Magesty, the Baby », ironisait Freud.

Pour travailler les points de butée, pour viser l'autonomie, qui passe par la castration, dans les médiations, l'éducateur fait appel au dynamisme du sujet pour s'approprier son propre espace, ses propres moyens d'expression. La finalité de l'acte éducatif consiste à conduire le sujet accompagné à se prendre en charge, à faire des choix, à s'assumer. Mais cet objectif lointain n'est envisageable qu'à condition de rejouer dans l'espace médiateur de la relation ce qui n'a pas jusque-là trouvé sa place dans le monde symbolique.

L'éducateur comme médiateur

L'homme parle parce que la parole l'a fait homme. La parole, opération de coupure-lien, introduit le manque au cœur du sujet. Interdit de son seul et unique objet d'amour, que représente la mère, l'enfant est « en manque ». Et plus il parle, plus il s'individualise, et plus il se sépare. Ce manque, introduit de façon structurelle au cœur de l'être humain, est le moteur de son désir. Sans cesse, il recherchera à reformer une totalité qui lui manque, mais, empruntant les voies de la culture, il s'en éloignera toujours plus. Sauf, précise Freud, dans ce petit théâtre nocturne que constituent les rêves, où, hors réalité, le désir trouve à se réaliser. Le désir est le moteur même de l'humanisation. C'est par conséquent le point d'appui principal de la relation éducative.

J'ai déjà traité des conséquences de cette affirmation dans un chapitre précédent consacré au transfert. L'espace de médiation est l'espace éducatif du transfert. Comme un psychanalyste opère dans le cadre de la cure, l'éducateur agit dans le cadre des médiations. C'est en ce lieu que se jouera l'expression du désir, adressée dans un premier temps à l'éducateur, mais aussi la recherche d'une place parmi les autres. Les médiations permettent à des sujets souvent en grande difficulté de s'essayer à occuper des places différentes dans leur rapport aux autres, jusqu'à en choisir une qui leur convienne et leur permette de vivre.

La position d'éducateur est délicate à tenir dans un tel espace. Il lui faut tout à la fois construire et préserver le cadre de la médiation et accepter d'y être lui-même pris. L'éducateur ne saurait se retrancher dans une quelconque neutralité. Il est celui qui propose, anime, soutient la médiation, et celui qui fait lui-même partie de ce cadre, en le garantissant. D'où un travail de va-et-vient permanent entre ce qu'il vit dans cet espace de relation, et une exploration de ce qu'il y vit dans d'autres espaces, notamment dans les réunions d'équipe et les écrits qui rendent compte de son travail, qui lui permettent de tenir la bonne distance.

Cette question de la bonne distance dans la relation éducative, dans les médiations, est primordiale. La réflexion a été inaugurée par Winnicott autour d'une recherche de la position de « la bonne mère », ni trop loin ni trop près. « La bonne mère, précise Winnicott, est celle qui intervient à bon escient ». Trop tôt, elle empêche l'enfant de construire ses représentations et son élan vers les autres ; trop tard, elle le laisse succomber au désespoir et à la déréliction. En effet, les représentations (l'hallucination de la présence du sein par exemple) ne tiennent que tant que la pression vitale n'est pas trop forte. Passé un certain seuil, l'enfant n'a plus de ressources de symbolisation pour supporter le manque.

Une histoire, racontée par Claude Lévi-Strauss, nous permet de nous faire une idée de cette bonne distance à découvrir et... à réinventer sans cesse. En effet, dans l'espace de médiation, le réglage de la distance relationnelle est permanent. Il dépend de ce qui se présente en situation. « Il arrive, rapporte Lévi-Strauss, que des groupes indiens, poussés par les hasards de la nomadisation ou des catastrophes, se rejoignent sans l'avoir voulu, pour survivre. » C'est ce qui est arrivé aux Mandans. Un groupe d'une culture voisine se joignit à eux et apprit à leur côté la culture du maïs. Mais assez rapidement, les Mandans les pressèrent d'aller s'établir ailleurs. Lévi-Strauss retranscrit, dans son *Anthropologie structurale* [1958], ce que les vieux racontent de ce qui fut dit dans ces temps anciens. « Il serait préférable que vous partiez au-delà du fleuve et que vous construisiez votre propre village, car nos coutumes sont par trop différentes des vôtres. Ne se connaissant pas les uns les autres, les jeunes gens pourraient avoir des désaccords et il y aurait des guerres. N'allez pas trop loin, car les peuples qui vivent éloignés sont comme des étrangers et la guerre peut éclater entre eux. Voyagez vers le nord, jusqu'à ce que vous ne puissiez pas voir la fumée de nos maisons, et là, bâtissez votre village. Ainsi nous serons assez près pour être amis et pas assez loin pour être ennemis. »

Les éducateurs feraient bien de s'inspirer de cette sagesse d'un peuple exotique. La bonne distance, ni trop loin ni trop près, ne peut être trouvée que par et dans les effets de médiation. Ces effets tiennent au cadre rigoureux posé par l'éducateur et à l'implication de l'institution dans le projet.

© Dunod – La photocopie non autorisée est un délit.

Le cadre posé par l'éducateur fait office de loi dans la médiation. Il en garantit les limites et la protection. Il s'exprime en termes d'espace : tel atelier se tient toujours dans le même lieu ; de temps, de telle heure à telle heure ; de consignes opératoires, d'abord on fera ceci, puis cela ; d'indication des objectifs, la médiation est proposée à telle ou telle personne parce qu'un but est poursuivi ; il est à court terme et concerne l'activité et à long terme, puisque toute médiation vise le changement et le déplacement de la personne elle-même. Il y a un projet d'évolution, de progression, de mieux-être... pour une personne et la médiation constitue le moyen de sa mise en œuvre. Le cadre est exprimé et réaffirmé à chaque fois, selon la nature de l'activité.

Ainsi, dans un atelier « contes » que j'ai mené pendant des années, les points suivants du cadre étaient posés. L'atelier se déroulait dans un grenier de l'établissement, que l'on fermait à clé une fois le groupe présent, pour éviter toute intrusion ; le temps de l'atelier était rappelé : nous serions ensemble pour une durée de 1 h 30. Un rituel d'entrée et de sortie du « monde des contes » permettait à l'enfant de différencier la réalité quotidienne et la réalité fantasmatique mise en scène par le conte. Des règles de conduite étaient énoncées à chaque fois : pas de contact corps à corps ; pas d'utilisation d'objets ; dans le monde des contes, on fait semblant. Ces consignes avaient pour but de favoriser chez les enfants les processus de symbolisation, ce que je leur fis comprendre avec leurs mots. (« C'est pas pareil de dire, si l'on joue le loup dans le conte du *Chaperon Rouge* : je te mange et de manger l'autre pour de vrai. » Le dire et le jouer, c'est au contraire permettre que ça ne se passe pas dans la réalité.)

Dans un autre type de situation, par exemple l'accompagnement d'un jeune SDF dans le remplissage de sa demande de RMI, j'ai procédé à partir des mêmes principes : un temps limité ; un espace de bureau qui m'était attribué ; énonciation d'un objectif, l'aide pour remplir les papiers, et d'une finalité, il s'agissait aussi de l'aider à se rendre compte de ce qui lui arrivait. Dans ce cas précis, le remplissage fastidieux des papiers est devenu un outil de médiation éducative : il a permis à cette personne d'exprimer son malaise, son désespoir, et de commencer à construire le fil d'une histoire qui l'avait conduit à cet état de déchéance.

MÉDIATIONS ET INSTITUTION

La seconde condition pour que tienne un espace de médiation, c'est qu'il soit soutenu par l'institution, qu'il prenne sens dans un dispositif global, où finalement l'ensemble des éléments de l'institution fasse médiation. « La fonction essentielle de l'institution, précise Ginette Michaud qui a travaillé à la clinique de Laborde avec Jean Oury, est de constituer un système de médiations permettant l'échange inter-humain à une pluralité de niveaux » (thèse pour le doctorat de philosophie, consacrée à la notion d'institution, en 1958). Le cadre des médiations éducatives n'a aucun sens s'il n'est pas articulé à cet ensemble institutionnel, où chacun, de sa place, du cuisinier au directeur en passant par le thérapeute et l'éducateur, œuvre pour maintenir un espace de médiation et de circulation.

Il est indispensable, comme nous l'enseigne l'expérience de la psychothérapie institutionnelle, que l'institution soit un lieu ouvert à la circulation des personnes. Que l'on soit en internat ou en milieu ouvert, les personnes prises en charge doivent pouvoir circuler dans un réseau de lieux, de groupements, d'activités, qui les concerne, et entre lesquels elles puissent établir un lien. Par exemple on pourra veiller, comme le suggère Tony Lainé dans un article intitulé « L'agir » [1973], à ce que les activités proposées dans les médiations s'articulent les unes aux autres. L'atelier jardinage sera relié à l'atelier cuisine et articulé aux réunions qui regroupent éducateurs et enfants pour discuter des menus, etc.

Médiations et lien social

L'important est que les activités s'inscrivent dans les enchaînements réellement signifiants qui font lien, et trament comme un texte en continu, dans lequel le sujet prend sa place. Une telle perspective implique également, et Dieu sait si cette exigence est rarement prise en compte dans les institutions médicosociales, que là où l'on parle d'une personne prise en charge, elle puisse être présente et avoir son mot à dire. Combien de réunions de synthèse se font ainsi sur le dos des plus démunis, sans concertation. Ces réunions se transforment alors en véritables organes d'aliénation.

© Dunod – La photocopie non autorisée est un délit.

De la même façon, il importe d'impliquer, autant que faire se peut, les personnes à tous les niveaux de l'organisation institutionnelle, non par démagogie, comme on l'a vu faire parfois, mais pour que chacun puisse, de sa place, s'inscrire dans une dynamique collective. Les réunions d'enfants que j'ai vécu dans un pavillon qui accueillait des jeunes psychotiques, dans la région toulousaine, en est un bon exemple.

Ces réunions d'enfants au pavillon avaient lieu chaque mardi entre 13 h et 13 h 25. Le mardi était le jour de réunion des quatre éducateurs qui réfléchissaient ensemble toute la matinée et parlaient entre eux des enfants du pavillon, au nombre de quinze. Donc, un jour hautement dévolu à la parole. Ce jour-là, les éducateurs mangeaient ensemble, à une table ovale, disposée légèrement en retrait des trois tables des enfants. Les enfants choisissaient leur place à table en début de semaine. Et le mardi, une fois achevé le repas, débarrassée la table et passé le balai, tous les enfants s'installaient avec les éducateurs autour des tables rectangulaires, réassemblées de façon à former un carré. Enfants et éducateurs étaient ainsi disséminés autour de cette grande table unique, au gré du désir, autrement dit, pas n'importe comment, car le désir n'est pas l'envie ni le caprice (voir schéma ci-contre).

La notion de place, pour les enfants et les éducateurs, mais aussi pour tout un chacun dans la vie de tous les jours, participe d'une structuration latente qui n'apparaît pas d'emblée. On peut parfois la voir émerger à travers la lutte des places : je veux être auprès de toi, c'est moi le premier (dans la file ou dans le pouvoir, c'est du pareil au même). Se bousculer pour être ou ne pas être à côté, en face, à droite, à gauche, pour ne pas voir, ne pas être vu, d'un tel, d'une telle... Autant de stratégies que nous proposions aux enfants de jouer, afin de s'essayer à trouver leur place, le lieu de vie où ils puissent se poser et prendre place. Donc, un jeu éminemment symbolique que ces réunions d'enfants du mardi.

Il y a une façon propre à chacun d'habiter l'espace (un lapsus d'ordinateur m'a d'abord fait taper « l'espèce » !) qui se révèle et qui préside à toute prise de parole. Pas de parole si l'on n'a pas de place, si l'on n'a pas pris place. Ou alors, c'est une parole hors jeu, hors je, hors scène, obscène, un cri, un non-sens, un effroi... Cette approche permet au sujet de se situer dans un espace symbolique certes, mais aussi géographique, topographique, spatial, d'où la parole peut prendre son envol, dans toute sa matérialité.

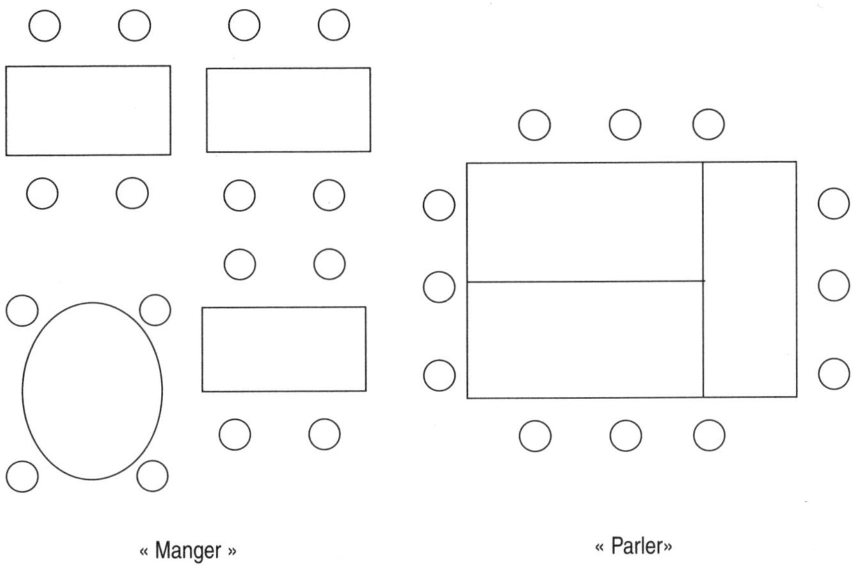

Différencier les espaces de médiation

Voilà pourquoi ces réunions étaient obligatoires. Il ne me souvient pas que les enfants aient jamais apporté de grande résistance pour participer à ce temps de réunion. C'était pour eux un moment de jeu étonnant. Bien entendu, il n'y avait aucune obligation de parler. Il était simplement énoncé par les éducateurs présents qu'il s'agissait d'un temps et d'un lieu dévolus à l'échange. Les enfants étaient invités à parler. Cordialement invités. Quel que soit leur âge, leur difficulté à vivre, leur niveau scolaire ou social. On aurait pu appeler cela, comme dans les villages d'Afrique : « l'arbre aux palabres », « l'arbre aux paroles ».

Dans ce passage structurant entre le manger et le parler, on peut voir à l'œuvre un travail très subtil de structuration proposé aux enfants. S'il y a passage entre manger et parler, il y a aussi différenciation, rupture. Cette rupture est marquée par la réorganisation de l'espace et le cadre posé : on est là pour parler. Un auteur comme Denis Vasse a approfondi cette distinction dans un article consacré justement à cette dissociation entre les pulsions. La réunion des enfants venait prendre place dans toute une série de séquences dont l'enchaînement signifiant permettait aux enfants psychotiques de s'abriter, comme dans une seconde peau, dans une peau symbolique. Pour que la parole advienne et que chacun advienne, et chacun selon ses voies impénétrables, à la parole...

© Dunod – La photocopie non autorisée est un délit.

Il s'agissait pour nous, dans ce déploiement, cette invention d'espaces et de temps organisés et en même temps soumis au hasard, de monter un praticable, un fond de scène, sur lequel les enfants puissent jouer leur rôle. Toute l'institution, du cuisinier au psychiatre, était ainsi soignante, puisqu'elle favorisait chez chaque enfant, à son rythme et bien souvent de façon mystérieuse, un enracinement dans la réalité du monde, lequel, à être fait d'échanges entre humains, est fabriqué avec du langage.

Notion de réalité

Le terme « réalité » est lui aussi sujet à caution. On veut adapter ces enfants-là à la réalité. Mais qu'est-ce que cette sacro-sainte réalité ? Un fait donné une fois pour toutes ? La réalité est comme ces lignes droites qui tombent de l'espace au commencement du monde de Lucrèce. Un ordre immuable, implacable, tyrannique... Et puis ça se trouble, des lignes obliques interviennent, c'est alors que l'univers (uni vers quoi ? on se le demande) commence à vivre.

La réalité est tramée pour chacun par les mailles d'un filet langagier. Notre univers d'humains est fait de signifiants qui nous représentent. Le sujet est en représentation. Pas d'autre passage possible pour exister, venir au monde à chaque instant, que de se mettre en scène dans les mots. La réalité est une création permanente. Et subjective. Elle se trame avec, pour reprendre l'expression de Mallarmé, « les mots de la tribu », mais à chacun, et chacun à sa mesure, de faire aller la navette, qui croise les fils. Voilà le genre d'idée qui m'a amené dans ma pratique d'éducateur, puis ensuite de formateur et aujourd'hui de psychanalyste, à toujours prendre appui sur ce que trame le sujet de sa réalité, à faire confiance aux mots que chacun prononce. Car l'énonciation des paroles, j'insiste, n'est pas, contrairement à ce que soutiennent les sciences de la communication, une transmission de message, mais un mode de création et d'apparition du sujet, le principe incessant de sa venue au monde. Que je comprenne tout de suite ou non cette réalité n'a pas d'importance. Je dirais même au contraire. On s'imagine trop souvent comprendre les autres trop rapidement. Ils ont à peine ouvert la bouche que nous nous sommes déjà fait notre cinéma.

En fait, pour découvrir la réalité intime d'un autre, et y compris de l'autre en soi-même, il faut du temps, et il faut des conditions, un cadre, une relation, des médiations. Et au bout du compte, il y aura toujours quelque chose qui nous échappe. « Ce qui nous échappe » , c'est ainsi que parfois Freud désignait l'inconscient. Ce n'est que dans l'écoute des signifiants qui tracent la réalité de chacun que nous pouvons, dans un effet de représentation, arriver à percevoir ce qu'il vit. Le paysage ne se dégage que très lentement des brumes. Et je dois dire que des pans entiers de ladite réalité que vivent les autres, et que je vis, me restent obscurs. Vous, non ?

Méfions-nous de la prétendue transparence des institutions. Méfions-nous de notre désir de placer ces enfants, ces adolescents, ces adultes, dont la réalité étrange et étrangère nous trouble, sous surveillance permanente. Méfions-nous de notre regard porté sur eux qui ne traduit que notre profond embarras. Méfions-nous de les réduire à ce que nous imaginons qu'ils sont ou devraient être. Écoutons-les. Pour cela, créons des espaces où la parole, dans tous ses atours et ses entours, puisse les faire naître. Ne cédons pas trop vite au trouble, à ce qui nous gêne, nous dérange. N'arrangeons pas trop vite leur monde à notre guise.

Réseaux

Nous avons vu que ce qui fait institution, ce sont les différents dispositifs réglés par un cadre (temps, espace, règles...), qui permettent à un collectif humain de tenir ensemble ses différentes composantes : équipe pluridisciplinaire, personnels divers et personnes prises en charge. Ces espaces ne s'humanisent qu'à deux conditions : celle de la création d'un réseau et celle de la circulation des personnes entre les divers espaces institués et instituants.

C'est dans un livre désormais célèbre, *Hermès I. La Communication*, que Michel Serres, en 1969, formalise la notion de réseau. « Imaginons, écrit-il d'emblée dans l'introduction, dessiné dans un espace de représentation, un diagramme en réseau. Il est formé pour un instant donné (car nous verrons amplement qu'il représente un état quelconque d'une situation mobile), d'une pluralité de points (sommets), reliés entre eux par une pluralité de ramifications (chemins). Chaque point représente soit une thèse, soit un élément effectivement définissable d'un ensemble empirique déterminé. Chaque chemin est représentatif d'une liaison ou rapport entre deux ou plusieurs thèses, ou d'un flux de détermination entre deux ou plusieurs éléments de cette situation empirique. »

© Dunod – La photocopie non autorisée est un délit.

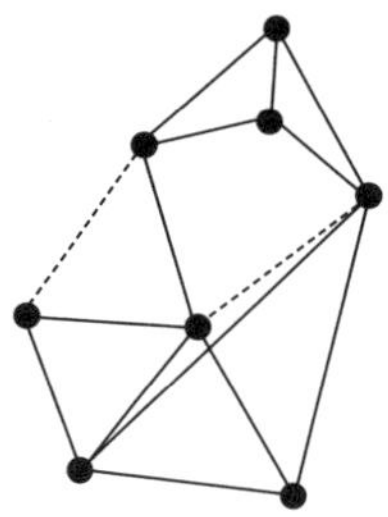

Cas général

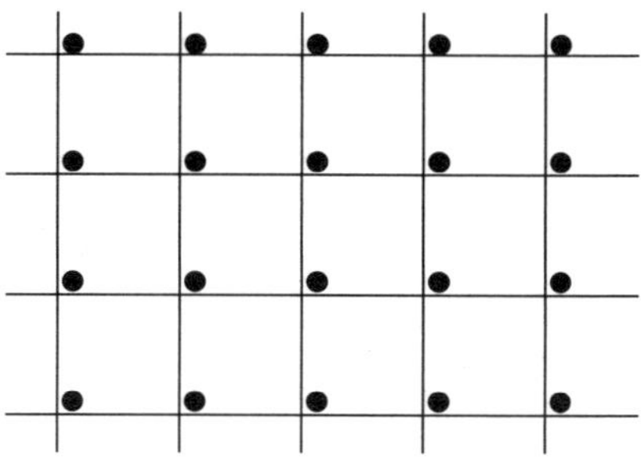

Cas particulier

Le réseau

Michel Serres applique ce modèle structural à différents domaines, scientifiques, artistiques, ludiques. Ce qui nous intéresse ici, c'est qu'il nous donne un référent théorique de l'inscription des médiations dans un espace, à la fois à l'intérieur de l'institution et à l'extérieur. Le domaine éducatif, à partir de cette formalisation, produit une dynamique certaine. Il s'agit, pour les éducateurs, d'inventer et de garantir de tels espaces. Il n'est pas question qu'ils en aient la maîtrise totale, mais une connaissance suffisante pour accompagner et soutenir les personnes qu'on leur confie dans leur circulation entre ces espaces. On retrouve ici la définition que j'avais avancée de l'éducateur à partir de l'étymologie latine : il est celui qui accompagne entre deux espaces une personne, celui qui fait route avec quelqu'un d'autre pour qu'il « circule entre divers sommets », pour reprendre l'expression de Michel Serres.

Il me souvient ainsi d'avoir accompagné, en les prenant par la main, des enfants d'un centre psychothérapique où je travaillais, du pavillon d'internat à l'école intégrée, ou encore de la classe à la salle de psychomotricité. Mais aussi de l'institution au club de foot ; de chez le dentiste à l'école du village... Ce travail de liaison, de médiation au sens propre, constitue l'essence même du travail éducatif. Il ne faut pas que l'éducateur soit partout, qu'il ait un regard totalitaire sur tout ce que vit un enfant ou un adulte, mais qu'il accompagne et assiste ce travail de liaison, qui permet à un sujet de tisser du lien social. Évidemment, une telle conception n'est réalisable que si l'institution tout entière construit et entretient quotidiennement à la fois les sommets et les chemins, que si elle garantit la circulation des personnes et les échanges de paroles, d'objets... De plus, cette dimension de médiation ne peut se constituer que si l'institution se compte comme une parmi d'autres, comme un élément d'un chaînage interpartenarial, où l'ensemble d'un réseau social est mobilisé : école, lieux de formation, de soins, de rééducation, de loisirs, de culture...

Cette mise en réseau et sa mise à disposition des personnes en souffrance impliquent qu'un éducateur en ait une bonne connaissance, qu'il sache, dans un secteur géographique donné, qui fait quoi, et qu'il soit lui-même en liaison avec différents points du réseau, et ait tissé des liens de parole et d'échange, de confiance vivante et structurante avec un ensemble de personnes. Le modèle que j'ai en tête est celui de la Résistance et de ses réseaux à la fois conviviaux et efficaces dans la lutte. Si ce travail est fait, il n'est pas nécessaire à un éducateur de chercher à contrôler ce qui se passe dans les différents espaces. Il suffit qu'il interroge l'enfant ou l'adulte qui y circule pour lui permettre de construire une cohérence.

Bien entendu, cette idée, mise en pratique depuis des années par la psychothérapie institutionnelle, est valable pour tous les types de réunions, notamment les réunions de synthèse. Mais cette fluidité dans l'espace institutionnel ne s'acquiert que si les adultes qui la portent et la garantissent sont eux-mêmes au travail dans les échanges entre collègues et en eux-mêmes. Cette ouverture aux médiations entraîne la nécessité d'un réel travail de formalisation des éducateurs. Dans l'écriture, dans la parole, dans les différentes réunions où est analysée la pratique de chacun... Le chapitre suivant portera sur cette nécessité interne à la fonction éducative de conceptualiser les pratiques.

© Dunod – La photocopie non autorisée est un délit.

Le quotidien dans les pratiques éducatives

« Là où le balai ne passe pas, la poussière reste. »
Mao-Tsé-Toung. *Le Petit livre rouge.*

On peut concevoir le quotidien comme structuré par deux éléments. L'une, la routine, qui se reproduit et se répète ; l'autre, l'imprévu, siège de ce que l'ethnologue Pierre Sansot nomme « *les passions ordinaires* ». Comme le dit l'écrivain Georges Perec, pour comprendre le quotidien, « *il faut savoir questionner les petites cuillers* ».

Nous allons maintenant nous questionner sur « *les petites cuillers* » des éducateurs. Les éducateurs sont vraiment des aventuriers du quotidien. Dans la rencontre et l'aide qu'ils apportent à des personnes en souffrance, ils travaillent non seulement dans le quotidien, mais surtout avec le quotidien[1].

On dit qu'il s'agit dans le travail éducatif, d'assurer le quotidien et ses bases : les levers, les toilettes, les accompagnements dans divers lieux, école, lieux de soin, de loisirs..., les repas, les soirées, le coucher, et veiller sur le sommeil... Les éducateurs sont vraiment des gardiens du quotidien. Mais aussi n'oublions pas la seconde dimension, il s'agit de laisser une porte ouverte à l'imprévu, à l'insu, à l'inouï et de les accueillir, parce qu'ils viennent mettre du sel dans l'organisation quotidienne. Le problème c'est que trop souvent nous considérons l'imprévu uniquement sur le mode de quelque chose qui nous dérange. Mais c'est bien la fonction de l'imprévu, que de déranger ce qui est trop bien rangé et huilé. Par exemple, c'est un enfant qui fait une fugue dans l'institution. Mon ami Jean-François Gomez a mis en scène cette situation dans un petit roman *D'ailleurs. L'institution dans tous ses états*. Il s'agit de l'histoire d'un jeune autiste qui s'échappe de l'institution et vient chambouler la vie des éducateurs. Chacun alors s'interroge, revit des souvenirs d'enfance, laisse venir au jour des souffrances anciennes, remet en cause sa vie d'aujourd'hui. Gomez montre bien que l'imprévu de la fugue de ce jeune autiste, vient remodeler le quotidien éducatif. C'est parce que chacun se laisse toucher par cet imprévu douloureux, que la vie de tous les jours se trouve transformée.

Donc retenons ces deux dimensions : la routine et l'imprévu. Le quotidien est bien ce lieu et cet espace que nous vivons, où nos projets, que nous ne pouvons nous empêcher de faire, sont soumis à du ratage. Parce que quand ça tourne trop bien, le quotidien, ça tourne à l'enfer. Finalement s'ouvre ici une question que nous allons laisser cheminer, et que nous rencontrerons un peu plus avant : quelle marge de tolérance à l'imprévu entretient l'institution ? C'est à partir de cela qu'on pourrait dire qu'une institution est ouverte ou fermée. Ouverte ou fermée aux provocations quotidiennes de la vie. Le mot provocation n'est pas de trop. Étymologiquement il signifie : appel à la voix. Autrement dit

---

1. Pour d'autres développements sur la notion de quotidien dans les pratiques éducatives je renvoie à mon ouvrage *Le quotidien dans les pratiques sociales*, Théétète, 1998.

comment répondons-nous dans nos institutions à l'appel que la vie nous adresse en permanence dans le quotidien ?

L'éducateur à l'origine, je l'ai déjà souligné, est un esclave. À Rome ce personnage que l'on nomme *educator*, appartient à une grande famille, la *gens*. Il est chargé d'accompagner les enfants chaque matin, de la maison familiale au lieu de socialisation, le *gymnasium*. C'est le lieu où les enfants apprennent à devenir des citoyens. Des maîtres leur enseignent le sport, la musique, la rhétorique, la philosophie, les lois... À l'origine, l'esclave *educator*, est bien celui qui assure le passage entre le quotidien familial et le quotidien social. Quelle leçon pouvons-nous tirer de cette petite escapade étymologique ? L'éducateur est celui qui assure un minimum de stabilité dans le quotidien. S'il accompagne les enfants de la *gens* au *gymnasium*, c'est pour qu'ils soient en sécurité. Il les préserve des mauvaises rencontres sur le chemin de la socialisation. Mais c'est aussi un accompagnateur d'une transformation : de l'état d'enfant à l'état de citoyen. L'éducateur relie les deux rives de l'humain : l'enfant et l'adulte. Il en assure le passage.

Sur quoi prend appui un éducateur pour assurer le quotidien ? Sur trois dimensions principalement, nous l'avons déjà entrevu. L'espace, le temps et le groupe.

L'espace. Lorsqu'on parle d'institution, ce qui nous vient souvent à l'esprit c'est des murs, un bâti. C'est quelque chose d'établi, un établissement. Les murs ont leur histoire. Ils sont faits non seulement de pierres et de ciment mais aussi de légendes qu'on se raconte. Je pense ainsi souvent à une des premières institutions dans laquelle j'ai exercé comme éducateur, le centre psychothérapique de Saint Simon. Cette institution toulousaine est installée dans l'ancienne résidence d'été des évêques de Toulouse. On raconte que lors de la Révolution, l'évêque fut guillotiné et que quelques jours plus tard on le vit dans les souterrains du château déambuler avec sa tête sous le bras. Les enfants aimaient beaucoup cette histoire. Ils aimaient qu'on la raconte le soir. Et même ils jouaient certaines nuits à se faire peur et allaient errer dans les souterrains à la rencontre de l'évêque décapité. À ma connaissance nul ne l'a rencontré ; mais la trouille bleue, ça oui.

Les murs obéissent aussi à une intention. L'architecture est une projection dans l'espace d'un désir : désir d'enfermer, de redresser, de protéger, d'éduquer, etc. Toujours à Saint Simon, on peut encore voir des pavillons qui ont été construits dans les années de guerre selon le

© Dunod – La photocopie non autorisée est un délit.

modèle du *panopticon* de Jeremy Bentham, modèle sur lequel ont été construites plusieurs prisons ou centres sociaux en Angleterre, et ensuite en France. Lorsqu'on y entre on se trouve dans une pièce ronde entièrement vitrée, que la tradition, reprise par les éducateurs et les enfants, nomme « l'aquarium ». Tout autour sont distribués des boxes : les chambres des enfants. À l'origine ces boxes étaient grand ouverts et soumis en permanence au regard des éducateurs. La hantise à l'époque était la masturbation.

Troisième point sur les murs. L'institution organise la circulation entre des espaces. C'est très important. J'ai déjà noté que l'espace quotidien était le lieu où chaque sujet trouvait des points d'appui pour nouer son rapport au monde et aux autres. L'espace est avant tout un espace de projection. Chacun y joue son manque et ses représentants symboliques pour dire son manque. L'organisation des espaces, la différenciation entre les bâtiments, l'administration, la direction, les lieux thérapeutiques, scolaires, éducatifs, la cuisine, les lieux des repas, du sommeil... sont autant d'éléments qui permettent à un enfant d'organiser son monde. Encore faut-il qu'on le laisse un minimum circuler et investir ces différents lieux, en investir justement la différence. C'est aussi ce qu'on peut voir s'organiser autour des lieux de passage, entre le dedans et le dehors. Dans l'institution, mais aussi vers l'extérieur. Ces points de passages sont le théâtre de scènes souvent poignantes. Je me souviens d'un jeune psychotique, installé sur le seuil de la porte d'entrée du pavillon qui se balançait en avant et en arrière, un coup son corps basculait dedans, le coup d'après il était dehors. Il n'osait plus ni entrer, ni sortir. C'est là qu'un éducateur est précieux pour assurer le passage. Ça se fait en douceur, avec beaucoup de délicatesse et de rassurance. Le psychotique a du mal à franchir le seuil, parce qu'il a peur de tout perdre. S'il rentre, le dehors risque de disparaître. S'il sort, que va devenir le dedans ? Il ne peut pas faire la séparation. Il a du mal à symboliser l'absence, et cette difficulté, il la met en scène dans l'espace quotidien, autour des portes et des passages. Si l'on favorise un peu la liberté de circulation de ceux qui y vivent (autant les personnels encadrants que les personnes prises en charge) alors chacun peut à sa guise se déplacer dans l'espace et y inscrire comme le texte d'une écriture dont les mots sont remplacés par les différents espaces et les modes de liaison que l'on crée entre eux. Autrement dit le quotidien est cette création permanente d'un sujet dans un collectif humain. Une écriture et une parole singulières à partir d'un langage commun. La question a d'autant plus d'importance que l'on a affaire dans les institutions à des personnes en souffrance du fait que la circulation du désir dans leur corps et leur psychisme est bien souvent figée : ça tourne en rond, ça répète. L'institution soignante et éducative doit donc permettre à de tels sujets d'explorer de nouveaux modes de circulation en eux-mêmes et dans leurs relations au monde et aux autres.

L'espace institutionnel est à considérer comme outil de base de l'éducateur, c'est là que s'organisent les articulations et les différenciations symboliques. On pourrait dire pour reprendre une formule de Jacques Lacan que l'institution est structurée comme un langage. C'est ainsi que Lacan définit l'inconscient. Mais dans les années 1970 il dira aussi que l'espace est inconscient.

Le temps maintenant. Nous l'avons vu, le temps est un organisateur de la présence au monde du sujet. C'est ce qui sépare ce qui a eu lieu, que l'on ne peut changer, mais dont on peut dans l'après-coup modifier le sens, et ce qui n'a pas eu lieu, ce qui est à venir. Le présent est ce temps où ce qui est passé et ce qui va se passer, sont mêlés à ce qui se passe. D'où parfois un certain méli-mélo : on se met à vivre le présent avec les lunettes du passé ou les projections du futur. Le présent demande une certaine présence à ce qui se passe. Et quand on y réfléchit un peu, ce qui se passe est toujours inconnu, toujours nouveau.

Dans les institutions, les temps sont très rythmés, et c'est une bonne chose. La plupart des enfants, adolescents ou adultes qu'on y accueille sont en effet très déstructurés dans leur organisation temporelle et ont besoin qu'on leur prête des repères fixes et rigoureux, ce qui ne veut pas dire rigides. Deux temps sont particulièrement fondamentaux dans toutes les institutions : l'entrée et la sortie.

Qu'elle se reproduise chaque jour, chaque semaine ou autrement, l'entrée pose le temps de l'accueil. C'est un temps de la rencontre et en même temps, comme tout point de passage, un temps de la séparation. Je me souviens du travail très fin que nous faisions, les éducateurs, toujours à Saint-Simon, pour accueillir les enfants le matin. Ils étaient amenés soit par des chauffeurs, soit par les parents. Il fallait un temps pour que se fasse la séparation. Un temps pour lâcher papa et maman et se jeter dans le collectif. Les sorties posent les mêmes questions, à l'envers. Comment accompagner un enfant dans la séparation ? C'est une question très concrète. Je l'ai dit, seuls la parole et le langage permettent de représenter l'absence. C'est donc à un travail très subtil d'élaboration langagière qu'un éducateur doit pouvoir convier ceux

© Dunod – La photocopie non autorisée est un délit.

dont il a la charge. Donner des mots pour la route ; donner des mots lourds d'émotions et de sentiments, pour que la figure de l'absent puisse être évoquée. Selon l'âge, il faut trouver des jeux, des mises en scène, des médiations pour que ça puisse se transmettre.

Autre élément du quotidien temporel : les alternances. Comme les lieux sont différenciés, les temps doivent l'être. Comme le dit ce grand texte que l'on trouve dans *La Bible*, l'Ecclésiaste, « *Il y a un temps pour chaque chose* ». C'est un des travaux de base d'un éducateur que d'introduire un autre humain à ces différences dans le temps. Il y a un temps pour dormir et un temps pour jouer ; un temps pour manger et un temps pour aller à l'école. Le temps est soumis à une rythmique qui permet d'organiser le quotidien avec un minimum de régularité.

Je ne vais pas développer ces points, je ne fais qu'esquisser les questions. Mais on voit bien que l'espace et le temps sont éminemment socialisés. Ce sont des découpages symboliques partagés par un groupe social et qui constituent les lieux d'insertion d'un sujet dans le collectif. L'insertion dont on nous rebat les oreilles commence par ce processus de base : l'intégration dans un groupe à partir d'un partage des mêmes repères d'espace et de temps, et des règles fondées sur le langage et les échanges de paroles, qui l'organisent.

Ainsi s'élabore dans des rites et des rythmes fixes ce qu'on peut appeler un établissement. Par contre ça ne suffit pas à faire une institution. Qu'il y ait des règles et des règlements, permet de poser la partie *automaton* du quotidien ; pour mettre en route la partie *tuchè*, il faut autre chose. Ces termes viennent d'Aristote qui dans son traité sur la *Physique* se demande comment est constitué le monde. Il en vient à dégager deux processus : *l'automaton*, qui fait que les choses se répètent ; et la *tuchè*, ou effets du hasard et d'imprévu. Disons, à la suite de François Tosquelles que *l'automaton* produit de l'établissement ; et que la *tuchè* vise l'accueil de l'imprévu et son institution. C'est là que le groupe et le collectif rentrent en jeu. Je vais reprendre l'exemple de Saint-Simon. Dans ce centre, comme je l'ai déjà montré dans cet ouvrage, nous avions instauré une réunion des enfants avec les éducateurs, par pavillon, tous les mardi. D'abord nous mangions ensemble, puis poussant les tables, nous discutions. C'était un moment de socialisation tout à fait étonnant. Que les enfants parlent ou se taisent, chacun avait conscience de participer à un « ensemble ».

Le collectif est le moteur qui fait vivre l'institution, au sens où il permet sans cesse de relancer le désir de chacun. Maintenant je ne suis pas si naïf. Je sais bien qu'il y a peu d'institutions où l'on tient compte de cette dimension humanisante du collectif. Il y a beaucoup trop d'institutions qui se réduisent à des établissements où le seul objectif est de ne pas faire de vagues. Au lieu d'être des espaces thérapeutiques et éducatifs, de tels lieux se réduisent à des centres de contention et de redressement. C'est là sans doute qu'il faut aux éducateurs un minimum de conscience politique, pour réintroduire dans le quotidien un peu de désordre. Évidemment c'est plutôt mal vu par certaines directions qui ne rêvent que de gérer des groupes humains comme on gère un compte en banque, ou un troupeau de moutons, mais c'est la condition pour que le quotidien s'ouvre à l'inconnu du vivant. Il y a dans beaucoup d'établissements une bagarre à mener. Une bagarre difficile, qui exige, face à la force d'inertie de l'établi, d'instituer des espaces de création, c'est-à-dire des espaces où l'on se parle. Il s'agit de se saisir des organes de contre-pouvoir, tels les syndicats, le CE, les représentants du personnel, les diverses réunions, etc., pour faire du poids. Le problème c'est que le plus souvent, ces organes sont eux-mêmes affectés d'inertie et se contentent d'assurer la défense des avantages acquis ou de faire ronronner la routine quotidienne. Il ne s'agit pas dans le travail éducatif d'acquérir des avantages, ni de perpétuer une mécanique imperturbable, mais d'investir tous les rouages institutionnels pour qu'il y ait de la vie, c'est-à-dire de l'inconfort, ce que le poète portugais Fernando Pessoa, nomme dans un poème, de « l'intranquillité ».

Enfin j'aimerais soulever un dernier point – je ne pourrais pas épuiser le sujet. Le quotidien est un lieu de transfert. Nous l'avons vu, sur l'espace et le temps, sur les objets, qui sont autant de métaphores de l'objet perdu. Mais le lieu où s'exerce le transfert, c'est principalement dans la rencontre entre les sujets. Les éducateurs qui accompagnent dans le quotidien des sujets en grande souffrance sont en permanence pris dans des transferts multiples, où leur propre histoire, leurs émotions, leurs sensations, se trouvent mêlés à ceux des autres. C'est pourquoi ce travail est si épuisant ; c'est aussi pourquoi, il faut régulièrement démêler ce qui est mêlé.

Qu'est-ce que le transfert ? Pour faciliter la tâche à propos de ce concept que j'ai tiré de la psychanalyse pour le faire jouer dans le champ éducatif, je passerai par un schéma qui va nous permettre d'en illustrer les différentes dimensions. Il s'agit de la deuxième étape du schéma du transfert déjà présenté (*cf.* p. 34). Cette étape permet de situer le maniement du transfert dans l'espace institutionnel.

© Dunod – La photocopie non autorisée est un délit.

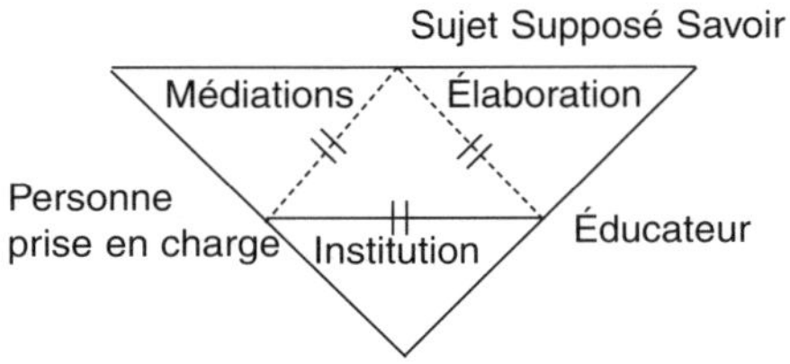

Schéma du transfert (2)

Commentons ce schéma. Un enfant, un adolescent, un adulte s'accrochent à un éducateur, parce qu'ils lui prêtent la possession de l'objet qui leur manque. Je rappelle que dans la théorie analytique, cet objet, la Mère toute-puissante, ou le Père de la horde tout jouissant, est à jamais perdu. Le Père est mort ; la Mère est barrée par l'interdit. On retrouve là les deux dimensions du totem et du tabou freudiens. Mais les gens auxquels nous avons à faire dans les institutions ont du mal à accepter et encore plus de mal à intégrer cette perte. Ils pensent donc qu'un éducateur a la clé du savoir-vivre avec les autres, du savoir se débrouiller dans la vie, la clé magique du bonheur, etc. Le transfert, nous dit Lacan, projette sur l'autre qui le supporte, un sujet supposé savoir. Ici la manœuvre est délicate. L'éducateur en question sait bien qu'il n'a pas ce qui manque à l'autre. S'il croit l'avoir, c'est plutôt grave, il vaut mieux qu'il retourne en formation, ou qu'il change de boulot. En effet, ce n'est que dans la mesure où il se vit comme lui aussi manquant de cet objet, donc castré, qu'il peut avancer dans la relation. D'où ces points de rupture dans le schéma. C'est la ligne où l'éducateur évite de s'y croire. Mais ça ne relève pas d'une opération intellectuelle. Il faut des dispositifs institutionnels pour cela, pour voir dans quoi on est pris. Ces dispositifs, supervisions, ou contrôle en équipe, sont trop souvent considérés comme partie négligeable du travail par les directions. Alors qu'à mon avis, il s'agit d'un outil de base. Sans un espace institué pour travailler ce qu'il engage dans la relation, un éducateur ne peut pas tenir sa place, parce qu'il ne dispose pas de l'outil pour faire ce que Freud appelait « *manœuvrer le transfert* ». Manœuvrer le transfert n'est pas une manipulation de la relation, ce n'est pas une prise de pouvoir, où l'on chercherait à faire faire aux autres ce que l'on voudrait qu'ils fassent, ça consiste à se donner des espaces et des temps où dans la parole, on désencombre la relation de nos propres affects. Non en s'en débarrassant, parce qu'il faudrait faire preuve de je ne sais quelle neutralité, mais en les reconnaissant, en leur donnant forme dans les mots. Donc première coupure, pour que le quotidien éducatif reste vivable et relativement dépoussiéré de la volonté de jouissance et de pouvoir sur l'autre des éducateurs.

Deuxième niveau où s'élabore le transfert dans le quotidien, c'est le lieu des médiations. Le quotidien, nous l'avons bien vu, est parsemé de choses que l'on fait ensemble. En soi, la vie quotidienne partagée est déjà une médiation éducative à part entière. Le travail éducatif va consister à accompagner la personne dont l'éducateur a la charge, d'un investissement sur sa personne, vers un investissement sur des médiations. Il ne faut pas rompre la relation mais laisser la force désirante qui la soutient se déplacer vers des objets de remplacement, des « *ersatz* » précise Freud, tout en précisant avec beaucoup d'humour que « *les ersatz valent bien l'original... qui n'existe pas* ». Les médiations éducatives sont donc bien ce qui vient médiatiser la relation. C'est dans ces espaces où les éducateurs font preuve de beaucoup d'invention, que va se travailler alors le rapport au monde du sujet. C'est dans ce cadre que vont se structurer pour un sujet son rapport au monde, aux autres et à lui-même. C'est dans ce cadre que vont petit à petit s'intégrer les notions de temps, de lieu, de règles, de loi, de limites. Et sûrement pas en tenant des discours.

Je pense à un élève éducateur qui me racontait comment dans un atelier poterie, un jeune avait à sa façon donné consistance au manque. La poterie, comme toute activité humaine, s'y prête. D'abord ce jeune avait demandé à participer à l'atelier poterie au nom de l'amour de l'éducateur que provoquait le transfert. Par amour il s'était mis à aimer ce que faisait l'éducateur. Évidemment au début, il est tombé sur un os, on ne s'improvise pas potier, c'est un long apprentissage : la matière résiste, les gestes ne suivent pas la volonté... Autrement dit il a fait un assez long apprentissage de la castration. Pendant ces différentes épreuves l'éducateur lui transmettait, pas tant son savoir ou son savoir-faire, que sa propre humilité face à la poterie qui reste un art où la part d'imprévu et de non-maîtrisable est importante. Un jour enfin, le jeune a réussi à faire un pot. Il a réussi ce pot, me disait cet éducateur, quand il a compris dans son corps, dans son esprit et dans tout son être, que le manque, le vide, le trou était à la racine de la création. Il ne l'a pas compris intellectuellement, mais il l'a réalisé et il a donné une forme à cette connaissance. En effet une poterie c'est de la terre autour du vide. C'est la mise en scène du vide qui permet non seulement de fabriquer le pot, mais aussi de s'en servir, donc de lui donner une fonction sociale. Martin Heidegger dans une conférence où il se demande « *Qu'est-ce*

© Dunod – La photocopie non autorisée est un délit.

qu'une chose ? », en vient à prendre l'exemple du pot, pour dire qu'il réunit dans sa matière, le ciel, la terre et les hommes. Ce jeune a donc transféré sur l'éducateur, puis sur la poterie, son propre désir, qui confronté aux lois de l'atelier a pris une forme.

Voilà à quel niveau du quotidien intervient un éducateur dans l'espace transférentiel. Il s'agit pour un éducateur de se saisir de tout ce qui se présente et constitue le quotidien qu'il partage avec quelques autres pour que cette épreuve de dépossession, de désillusion de la toute-puissance, ce qu'en psychanalyse on nomme la castration, puisse opérer. Évidemment si le lecteur accepte ce point de vue, il comprendra qu'un éducateur doit pouvoir faire flèche de tout bois. Tous les éléments du quotidien doivent pouvoir être investis au nom du maniement du transfert. Et qu'on ne vienne pas me parler de nouveaux métiers, ou de nouvelles fonctions, ni de nouveaux besoins des populations. L'être humain n'est pas un être de besoin, mais un être de désir. Ce qui implique que, quelle que soit la médiation, l'aide aux devoirs, ou l'accompagnement dans la rédaction de papiers pour le RMI, la recherche d'un stage ou d'une piaule avec un jeune, c'est cette force désirante qu'il faut viser, à partir de sa mise en scène dans une activité partagée.

Freud dans ses conférences d'*Introduction à la psychanalyse*, dit que l'éducation exige le sacrifice de la pulsion, c'est à la mise en jeu de ce sacrifice que sont conviés les éducateurs. Évidemment, il est difficile pour eux d'assumer cette place s'ils ne s'y sont pas eux-mêmes confrontés. « *Que veut l'homme ?* », se demande Freud dans un autre texte, *Malaise dans la civilisation*. Il veut le bonheur, et le bonheur à tout prix. Bref l'homme est habité par la jouissance. Le problème c'est qu'assez rapidement le petit d'homme tombe sur trois os qui font obstacle à sa volonté de bonheur total : le monde, son corps et les autres. Il lui faut composer avec et apprendre les limites. Le quotidien est justement pour les éducateurs l'outil de base qui leur permet de transmettre ces limites, non dans le sens où on pourrait les enseigner comme un cours d'algèbre, mais au sens où les éducateurs favorisent dans le quotidien la confrontation des sujets à la castration sous toutes ses formes. Alors le quotidien est le lieu qui permet à chaque sujet, c'est-à-dire à chacun d'entre nous, de confronter son désir à la loi. La loi du vivre ensemble, qui nous institue comme êtres parlants, sur laquelle vient buter notre désir, est aussi le fondement de notre humanité. C'est à mon avis cela que les éducateurs ont à transmettre au quotidien.

4

La fonction de l'écoute

« La foi vient de l'écoute ». Cette citation extraite de l'Épître aux Romains, 10,17 est en fait un jeu de mots. Le texte joue sur deux mots grecs ; akoè, ce que l'on entend et hupakoè, l'obéissance. Ce jeu de mot nous servira de socle pour poser l'hypothèse au fondement de ce chapitre : l'écoute est bien une pratique qui obéit à ce qu'on entend. Elle obéit à des règles que lui impose la parole. Pas d'écoute sans parole.

L'écoute dans le secteur social est vraiment devenue une tarte à la crème : il faut pratiquer l'écoute. Voilà une ritournelle que l'on entend sur tous les tons. Force est de constater que l'on a beau poser cette injonction, on ne s'entend pas. Ce n'est donc pas si simple.

Si l'être humain est capable d'écouter ses semblables, c'est parce qu'il parle. Cette affirmation me servira de guide ici. Pas d'écoute sans parole, pas d'écoute sans l'inscription d'un sujet dans le fil de la parole. Ce qui fait que la question de l'écoute nous renvoie à une deuxième question. C'est souvent ainsi, comme les trains, il faut faire attention, une question peut en cacher une autre. Cette seconde question qui surgit au détour de l'écoute est celle-ci : qu'est-ce que parler veut dire ?

Je prendrai appui sur deux textes pour explorer la question. Le premier est le célèbre prologue de l'Évangile de Saint Jean. Le second est extrait d'une série de conférences du philosophe allemand Martin Heidegger intitulées *Acheminement vers la parole*.

© Dunod – La photocopie non autorisée est un délit.

AU DÉBUT IL Y A LA PAROLE

Dans le prologue de son « bon message » (je rappelle que c'est le sens exact d'évangile, du grec eu-angellos), Saint Jean qui s'exprime en grec, commence ainsi – je donne ici une traduction à ma façon, une traduction au pied de la lettre, pour faire sentir ce dont il s'agit : « Au commencement il y a la parole [...]. Et la parole a pris corps ». Au commencement, *en archè*, en grec est un drôle de mot. C'est d'ailleurs le sens du mot qui en hébreu commence le texte de l'ancien testament « bereschit ». En effet qu'est-ce qu'un commencement du monde ? Peut-on l'imaginer ? Il semble bien, à suivre les tentatives des astrophysiciens autour du Big Bang, que plus l'on s'approche du point de l'origine et plus elle nous échappe. Le terme *archè* désigne deux choses : le commencement et le commandement. Autrement dit ce qu'il y a au commencement de l'être humain, c'est un principe, c'est la base de l'humanité, ce qui en définit la structure. Ce principe Jean le nomme, dans la foulée des philosophes de l'Antiquité grecque : *logos*. Chez Héraclite par exemple le *logos* est cette force, présente dans le langage et la parole, qui préside tout à la fois à l'union et au conflit des contraires. Saint Jean s'inscrit ici sur un fond de discussion fort ancien, qui traverse toute la Bible. En effet, une des questions centrales est de savoir comment ou plutôt avec quoi, avec quels outils Dieu a créé le monde. Les réponses sont multiples mais nous ramènent toutes à l'essence de l'humanité : le langage et son incarnation dans la parole de chacun. Certains comme les cabalistes penchent pour la création avec les lettres-nombres. Il existe un fort joli petit texte, *Le Sepher Yetsira*, qui commente la première phrase de la Bible en ce sens : au début, les Elohim sculptent le monde avec les 22 lettres de l'alphabet hébreu. Cette opération de sculpture est inaugurée par une première division en deux éléments que le texte nomme *éretz* et *shamaïm* : le très bas et le très haut, que l'on traduit par la terre et le ciel. D'autres commentateurs pensent que Dieu créa le monde en parlant, ce que le verbe *vayomer* que l'on trouve dans les versets qui suivent viennent confirmer. Dieu dit (*vayomer*) « que la lumière soit ». Et la lumière fut. Le monde, selon les versions, naît soit d'une parole, soit d'une écriture, et de toute façon d'une mise en acte de la puissance du langage.

Cette approche de l'origine n'est pas unique, on la retrouve chez beaucoup de peuples orientaux comme dans l'Inde védique, mais aussi chez les Géorgiens du Caucase, Le Bugis des Célèbes ou les Indiens

Cunas du Panama, par exemple. Je cite ces peuples en particulier parce que une étude comparative a été menée au CNRS et à l'École pratique des hautes études, entre 1988 et 1990, autour de ces quatre peuples. En Inde, en Afrique et finalement chez beaucoup de peuples de la terre, il est dit qu'il y a des dieux dans le langage. Et la parole est elle-même une déesse qui détient le pouvoir de création par la fabrication des noms et la profération des souffles. D'où le titre de cette enquête qui déboucha sur un colloque : *La Déesse parole*. Retenons de ce petit détour l'essentiel : la parole est ce qui donne naissance au monde de l'homme. Elle opère à partir d'une division qui ordonne le monde. D'ailleurs le mot monde, le *mundus* latin, comme le cosmos grec, désigne avant tout un ordre. La parole donne naissance à l'être humain en l'inscrivant dans un ordre des choses, des êtres, du monde. Là évidemment je ne développe pas un commentaire religieux. Je sais bien que pour Saint Jean le logos, c'est avant tout le verbe divin. Mais je ne suis pas théologien. Mon propos et de cerner ce qu'il en est de la parole et de l'écoute dans les relations humaines.

Parole et écoute

Un second texte va nous permettre d'approcher d'un peu plus près ce qui constitue le cœur de la parole. Martin Heidegger nous montre à quel point l'être humain est pétri de parole, il est parole. Et l'écoute c'est ce qui vient permettre l'avènement de cette parole. La parole est le lieu où le sujet se fait naître. Voilà un autre concept qu'il nous faudra éclairer, le sujet. Pour le moment je le laisse en suspens.

Voici le texte d'Heidegger :

« L'être humain parle. Nous parlons éveillés. Nous parlons sans cesse, même quand nous ne proférons aucune parole, et que nous ne faisons qu'écouter ou lire ; nous parlons même si, n'écoutant plus vraiment, ni ne lisant, nous nous adonnons à un travail, ou bien nous abandonnons à ne rien faire. Constamment nous parlons, d'une manière ou d'une autre. Nous parlons parce que parler nous est naturel. Cela ne provient pas d'une volonté de parler qui serait antérieure à la parole. On dit que l'homme possède la parole par nature. L'enseignement traditionnel veut que l'homme soit, à la différence de la plante ou de la bête, le vivant capable de parole. Cette affirmation ne signifie pas seulement qu'à côté d'autres facultés, l'homme possède aussi celle de parler. Elle veut dire que c'est bien la parole qui rend l'homme capable d'être le vivant qu'il est en tant qu'homme. L'homme est homme en tant qu'il est celui qui parle. »

© Dunod – La photocopie non autorisée est un délit.

Et un peu plus loin, vers la fin de sa première conférence, Heidegger précise que l'homme ne parle que s'il écoute.

> « Les mortels parlent pour autant qu'ils écoutent. [...] L'homme parle pour autant qu'il répond à la parole. Répondre, c'est être à l'écoute. Il y a écoute dans la mesure où il y a appartenance à l'injonction du silence. [...] L'homme ne parle que dans la mesure où il correspond à la parole. La parole est parlante. »

Les deux textes de Saint Jean et de Martin Heidegger sont très proches, quoique situés dans deux champs différents : la théologie et la philosophie.

Retenons cette idée centrale avancée par Heidegger : la parole ne se soutient que d'une écoute. À la fois écoute de celui qui parle, mais aussi écoute par celui qui parle. En effet l'homme est ainsi fait qu'il peut à la fois écouter ce que dit l'autre et écouter ce qu'il dit en le disant, écouter ce que ça dit, l'Autre, en lui.

Naissance du sujet à la parole

Pour ma part je prendrai appui sur la psychanalyse pour avancer ce qui va suivre. Ce que je vais poser demanderait beaucoup de développements pour être clarifié. Je vais donc m'en tenir à quelques énoncés que je pose d'emblée comme des axiomes. L'homme parle parce que la parole l'a fait homme. Le sujet est une création de la parole. Dès avant sa naissance le petit d'homme est parlé. Il est plongé, comme aimait à le dire Françoise Dolto, dans un bain de langage. L'enfant qui naît vient donc occuper une place dans un monde déjà-là, construit par la parole de ceux qui l'ont engendré. Toute sa vie le sujet sera confronté à cette aporie : dire ce qu'il est avec les mots des autres, avec les mots qui lui ont donné naissance. Le sujet est ainsi condamné à se faire naître sans cesse dans une parole aliénée. La parole divise le sujet. Elle divise le sujet en l'exilant du seul objet de son désir. La parole, dans sa puissance en acte de symbolisation, déchire le sujet. En effet l'homme ne naît qu'au prix d'assumer cette déchirure. À l'origine mythique de tout sujet il y a une certaine image de plénitude, l'image de ce qui manquerait au sujet pour être comblé. C'est cela précisément que Jacques Lacan désigne sous le nom de jouissance, substance négative, en creux. La jouissance est bien ce qui nous manque, de structure, pour être tout. C'est donc un trop dans la plénitude du sujet. Cette image de plénitude, c'est en partie la mère qui la supporte. Mais c'est aussi le mythe du paradis terrestre, ou toutes ces fictions de l'enfance heureuse qui nous emplissent de nostalgie. L'homme parce qu'il parle est coupé de cet objet qui le ferait tout. Au lieu de le faire tout, la parole le fait trou. La parole écarte l'homme de l'objet de son désir et lui donne en échange un symbole. Du coup la parole, contrairement à ce que peuvent affirmer les théoriciens de la cybernétique, n'est pas un outil de communication, elle est fondamentalement le symbole de cette perte originelle. C'est d'ailleurs cette perte qu'imaginarise la Bible en plaçant la faute et l'exil d'Adam et Ève à l'origine de l'humanité. L'homme naît ainsi dans le mythe comme un exilé frappé par la souffrance et la mort. Voilà le savoir qu'il a acquis de la transgression : il est un être pour la mort. Le jardin d'Éden lui est à jamais inter-dit, comme la jouissance de l'arbre de vie. Chassé de la jouissance de la nature, l'homme est à tout jamais un exclu. Cette exclusion est la conséquence du langage. L'homme appareillé au langage et à la parole qu'il profère est séparé de l'objet qui cause son désir. Il est en manque, sans qu'aucun objet du monde puisse le satisfaire.

Mais pour que la parole trouve à se déployer encore faut-il qu'elle rencontre une adresse. Cette adresse c'est l'Autre que constitue le langage lui-même. L'Autre qui nous a été présentifié par les petits autres, les parents, les professeurs, etc. Pour chaque sujet les autres sont non seulement l'incarnation de ce qu'il n'est pas, le signe de la différence, mais aussi le lieu où se soutient la parole comme incarnée. C'est ici qu'intervient l'écoute. Martin Heidegger nous a indiqué au passage que parole et écoute sont liées. L'écoute c'est le lieu où vient se déposer la parole. C'est un lieu, j'insiste. Et non une attitude ou une disposition singulière, encore moins une technique professionnelle. L'écoute est le lieu que chacun d'entre nous soutient dans son rapport aux autres pour que la parole puisse avoir lieu. C'est un lieu vide, un lieu silencieux. Souvenons-nous de ce que nous rappelle Heidegger dans ce passage que j'ai cité plus haut : « Il y a écoute dans la mesure où il y a appartenance à l'injonction du silence. »

C'est le lieu de la perte et du silence ; le lieu de l'étrange et de l'étranger, le lieu de l'absence et du vide. C'est pourquoi les lieux d'écoute dans les religions sont toujours pensés comme lieux silencieux et vides. Le Saint des Saints dans la synagogue, chez les Hébreux, est vide ; la présence de Dieu dans les églises où l'on fait silence, n'est signalée que par une petite lumière rouge, etc. Ce lieu de l'écoute affecte non seulement celui qui supporte la parole mais aussi

© Dunod – La photocopie non autorisée est un délit.

celui qui la profère. L'étymologie du mot parole nous indique bien son essence. C'est d'ailleurs le même mot qui a donné parabole. La parole suit une trajectoire qui contourne l'objet perdu et à jamais perdu. On peut même dire que les paroles qu'un sujet prononce sont les déchets, les ruines, les miettes de cette perte fondamentale. Voilà donc avant tout ce qui s'échange dans la parole. Un sujet annonce qu'il est manquant et que c'est ce manque qui le fait parler. L'écoute doit s'enraciner à ce niveau pour soutenir l'envol de la parole.

Si un sujet s'avance comme manquant face à un autre, c'est qu'il espère que cet autre aura ce qui lui manque. C'est la base de ce qu'on appelle le transfert. Le transfert n'est pas spécifique à la cure analytique, il intervient dans toute relation. J'aime chez l'autre ce que je pense qu'il a et que je n'ai pas. Bref l'amour est un leurre. C'est pourquoi j'élis parfois mon semblable comme grand Autre, Autre tout-puissant, sorte d'Autre ressuscité des origines et qui pourrait enfin apaiser mon manque à être. Or d'Autre qui puisse répondre et me satisfaire, il n'y en a pas. C'est précisément ce que la cure analytique va permettre pour tout sujet qui s'y engage, d'éprouver. L'être humain est manquant et n'a que la voie de s'assumer comme tel. Du point de vue de la psychanalyse, il n'y a ni Dieu ni Maître qui puisse répondre de son être de sujet. Cette question demeure une énigme vivante. C'est de cette énigme qui ne le laisse pas tranquille que le désir prend son essor chez le sujet.

Une pratique de l'écoute

La question qui se pose maintenant est de savoir à quoi sert ce type de réflexion dans la pratique. Comment se repérer concrètement dans l'écoute et la parole dans les divers métiers qui la placent au cœur de leur exercice, comme le travail éducatif ?

L'écoute intervient dans une relation où celui qui nous demande de l'aide nous met à une certaine place, la place du grand Autre du transfert justement, la place où il nous suppose un savoir sur ce qui lui arrive. Savoir que bien évidemment nous n'avons pas, ce que nous ne sommes pas sans savoir. D'où un premier travail pour celui qui est en situation d'écoute, travail de castration là aussi, travail de déplacement : il n'a pas ce qui va combler celui qui s'adresse à lui, il n'est pas non plus celui qui détient la clé de son bien-être. Une des « clés pour le devenir » c'est justement de reconnaître que nous n'en possédons pas. Le devenir de tout être humain est une énigme, un mystère, il nous échappe. Il a fallu l'avènement et la prolifération du discours de la science pour voir monter la prétention de gommer cette énigme et de se poser en maître arrogant du temps et du destin. Pourtant le devenir, c'est-à-dire ce qu'il va advenir d'un être humain, échappe à toute maîtrise. Nous pouvons lui appliquer cette parole forte que Jésus nous transmet pour l'accueil de notre finitude, à propos de la mort : « Tenez-vous prêts car vous ne connaissez ni le jour ni l'heure ». Parole proverbiale que je mettrai en tension avec celle d'un autre poète, Samuel Beckett, qui disait, à l'orée d'un livre titré *L'Innommable* : « J'ai peur de ce que les mots vont faire de moi ». En effet la parole, parce qu'elle nous échappe, comme Freud est venu le montrer, est dans l'homme le signe du savoir ravi au jardin d'Éden. Parce qu'il parle, l'homme parle comme mortel. La parole est dans l'homme le signe gravé dans sa chair de sa finitude. Et c'est avant tout cette incomplétude et le mode de relation que le sujet entretient avec elle, qu'il s'agit de placer au cœur de l'écoute.

Si ce travail n'est pas fait, de décrassage, de nettoyage par le praticien de l'écoute, la rencontre vire rapidement à la manipulation. Autrement dit dans l'écoute celui qui se met à cette place, celui qui soutient ce lieu à partir duquel la parole peut s'ouvrir, a intérêt à ne pas s'y croire. S'il se prend pour celui qui peut répondre, il se place en position de maître et empêche celui qui s'adresse à lui de réaliser son être de sujet, comme essentiellement manquant. C'est dans ce sens que le poète Maurice Blanchot affirmait que « la réponse à la question fait le malheur de la question ». Mais il ne peut pas non plus dire à l'autre : il y a méprise, je ne suis pas celui que vous croyez, je n'ai pas ce que vous cherchez. L'écoutant doit fondamentalement faire silence en soi et laisser la parole déployer la perte de l'objet et lui faire un bord de langage. Il doit répondre de sa position dans ce lieu du silence dont l'écoute exige qu'il soit tenu et entretenu. Non pas répondre à la parole mais répondre de la parole.

Ce travail est à repérer pour chacun dans le champ d'intervention qui est le sien. La question du champ est primordiale. L'écoute ne se pratique pas de la même façon selon que l'on est travailleur social, psychanalyste ou religieux. Il faut tenir compte non seulement de la place à laquelle nous met l'autre dans le transfert, transfert au sens où il transfère sur celui qui l'écoute l'objet perdu, l'objet éperdu d'un amour

© Dunod – La photocopie non autorisée est un délit.

total, qui le pousse à parler, soit pour s'en plaindre, soit pour le réclamer. Deuxième point, et c'est un garde-fou, il s'agit de repérer de quelle place sociale, à partir de quelle fonction, je suis situé. Je pense ici au procès de Jeanne d'Arc. Les juges qui occupent une place perverse puisqu'ils ont condamné d'avance Jeanne, procèdent à une série d'interrogatoires pour la faire chuter. Ce sont ses juges et ils savent qu'au bout du compte ils obtiendront sa condamnation. Ils lui tendent des pièges en permanence. Par exemple ils la questionnent pour savoir de quel côté de son corps ont lieu les apparitions de l'Archange Gabriel ou Saint Michel. Jeanne n'est pas bête, elle connaît le code en vigueur, et surtout elle a bien perçu à quelle place se mettaient ses juges, celle de la toute-puissance : c'est de ce lieu de pouvoir qu'ils l'attendent au tournant et à quelle place ils l'assignent : celle d'une sorcière. Elle sait que si elle répond à gauche, côté sinistre, ce sera pris comme fait diabolique. Donc elle répond à droite. Les juges la questionnent aussi sur les cérémonies païennes que font au printemps les jeunes filles dans son village où elles dansent autour d'un if. Jeanne réplique que ce sont là des jeux communs à tous les enfants et non pratiques de sorcellerie. Elle y a participé comme un jeu. Dans sa stratégie d'écoute et de réponse, Jeanne se déplace sans cesse de la place à laquelle les juges veulent la réduire. Elle esquive la place à laquelle les juges veulent la confondre pour occuper celle que son désir lui dicte.

J'ai pris cet exemple particulier et extrême, pour montrer qu'on ne peut manquer de questionner la place d'où l'on soutient l'écoute. Après tout beaucoup de corps de métiers pratiquent l'écoute. Ainsi les policiers ne sont pas les derniers à écouter, parfois dans le dos de ceux qui parlent, à l'aide des instruments modernes que leur confient le développement des communications. Les écoutes téléphoniques, c'est aussi de l'écoute, mais d'une certaine place et dans un certain but.

Poser le cadre

Il y a pour soutenir l'écoute comme lieu de ressourcement de la parole, la nécessité de poser un cadre. Autrement dit avant d'écouter qui que ce soit je me dois de résoudre une série de questions : qu'est-ce que je fais là ? Quelle est ma place ? Qu'est-ce que j'attends d'occuper cette place d'écoutant ? Mais aussi : qu'est-ce qu'on attend de moi ? Quel est l'objectif ? Pourquoi j'écoute ? Qu'est-ce que je vise ? Pour quoi faire ? Qu'est-ce que je lui veux à l'autre que j'écoute ?..

Évidemment cette cascade de questions, qui bien entendu peuvent prendre d'autres formes, aboutit à des problèmes concrets à savoir, quel est le cadre que je dois mettre en place pour faire ce que j'ai à faire, ce qu'on me commande de faire, ce que j'ai décidé de faire pour remplir ma mission ? La réponse n'est pas simple. En tout cas elle n'est pas technique, même si certaines formations laissent croire qu'avec deux ou trois gadgets on pourrait exercer une écoute efficace. Je l'ai dit il n'est pas question de trucs pour écouter, il est question de lieu, d'un lieu vide où la parole du sujet trouve son lieu d'accueil. Chacun selon les circonstances est appelé à soutenir ce lieu.

C'est le cadre qui fait étayage à ce lieu. Le cadre se décline en questions de temps, d'espace et de règles du jeu. Il doit être énoncé d'entrée de jeu.

Le temps : quand écouter ? Pendant combien de temps ? Sur quelle durée ? Selon quel rythme ? Quand arrêter ?

L'espace : dans quel endroit ? L'écoute dans un bureau n'est pas la même que dans un bistrot, ou au bout d'une ligne téléphonique.

Les règles du jeu concernent : la place que j'occupe et que j'attribue à celui que je me propose d'écouter ; elles situent d'emblée le cadre dans lequel l'écoute va opérer. L'écoute comme professionnel ou comme bénévole, n'est pas la même. En tant que professionnel je dois me demander qui me paie et pour faire quoi ? En tant que bénévole, je dois éclaircir ce qu'on me demande, pourquoi je souhaite me mettre à cette place, et puisque je ne suis pas rémunéré, comment je me fais payer, qu'est-ce que j'y gagne ?

Les questions de règles du jeu sont à poser d'emblée en fonction du cadre imposé. Il s'agit d'annoncer la couleur tout de suite et de mettre celui qui demande à être écouté dans le coup. Il faut qu'il sache clairement à partir de quelle place il sera écouté, en fonction de quel protocole et de quel but. Il peut ainsi accepter ou refuser ce cadre. Les flous en la matière sont souvent dramatiques.

Je pense à une histoire qui a défrayé la chronique il y a une trentaine d'années. Un jeune délinquant rencontre un homme dans un bistrot de New York. Il est au bout du rouleau, il n'en peut plus et il confie son malheur à cet homme pendant deux heures. À la fin de l'entretien cet homme lui déclare qu'il compatit parce qu'il est prêtre. Le jeune s'est alors senti trahi, exploité, il est entré en furie et l'a tué. Je crois que c'est un meurtre qui aurait pu être évité si ce prêtre avait annoncé que

© Dunod – La photocopie non autorisée est un délit.

c'était du lieu de son sacerdoce qu'il allait l'écouter. D'une certaine façon ce prêtre a trahi la confiance de celui qui justement lui confiait sa parole. De la prêtrise il est passé à la traîtrise. C'est-à-dire qu'il a voulu se servir de la parole de l'autre. C'est justement ce que l'écoute doit viser à mettre en échec ; toute tentative d'asservissement, d'instrumentalisation, de réification. L'écoute si elle n'est pas purifiée de ces scories moïques peut alors faire des ravages. Si ce prêtre lui avait annoncé la couleur, s'il avait désigné la place qu'il souhaitait occuper, le jeune aurait eu alors le choix de refuser. Il faut que celui qui s'offre à l'écoute soit au clair sur son désir, qu'il n'encombre pas l'espace de la rencontre de ses propres fantasmes, de sa volonté de puissance, de son aide, de sa pitié, de sa charité, de son humanisme... L'écoute demande de la part de celui qui s'y offre un travail permanent de dépossession. Dans l'écoute il s'agit de maintenir une place vide, la place d'où jaillit le questionnement d'un sujet sur son être. Mettre au service d'un autre ce vide en soi, ce silence, pour qu'il rencontre ses propres questions, c'est tout l'art de l'écoutant. Un art qui demande une ascèse jamais achevée. Je rappellerai ici le second sens du mot « écoute ». C'est un terme de marine qui désigne un cordage attaché aux coins inférieurs d'une voile pour la fixer et régler son orientation. L'écoute c'est bien ce point d'attache qui dans la rencontre permet d'orienter la place des interlocuteurs. En cas de coup de vent, mieux vaut s'y tenir solidement arrimé !

Deux exemples

Pour illustrer ce que je viens de poser un peu brutalement, je vais prendre deux exemples tirés de ma pratique. Pour le premier de ma pratique d'éducateur et de ma pratique d'analyste pour le second.

Lorsque j'étais éducateur il y a quelques années, il se trouve que j'ai travaillé dans un centre d'accueil pour toxicomanes. La principale activité de ce centre consistait à proposer aux personnes demandeuses, les toxicomanes et leur entourage, de venir parler de ce qui leur arrivait. Donc la place des intervenants réclamait une pratique de l'écoute. Au début de mon exercice je me posais beaucoup de questions sur cette place d'écoutant. Et je dois dire que c'est un peu les clients qui m'ont guidé dans ce travail. Je me souviens d'un jeune vietnamien venu me trouver, je ne sais pas trop pourquoi. Il vivait dans une voiture cassée, avait des vêtements en loques, se shootait à l'héroïne, et avait beaucoup de mal à s'exprimer en français. J'ai été touché par ce jeune homme, et j'ai voulu faire quelque chose pour lui. Je lui ai proposé de rencontrer une association de Vietnamiens pour l'aider à se repérer, et je lui ai donné l'adresse d'un foyer d'hébergement. Je lui ai noté tout cela sur un carton à en-tête du centre. Le soir lorsque j'ai quitté le travail, j'ai trouvé dans l'escalier ce carton déchiré en petits morceaux et je ne l'ai jamais revu. Du coup ça m'a fait sérieusement réfléchir. Où était l'erreur Elle est visible ; elle et double. D'abord je n'avais pas pris le temps d'écouter la demande de ce jeune. Après tout plus que des histoires d'hébergement ou de communication, il cherchait peut-être simplement quelqu'un à qui parler. J'avais obstrué le lieu vide de l'écoute avec des objets, en oubliant que toute demande est demande de quelque chose certes, mais adressée à quelqu'un. Je n'avais d'ailleurs même pas laissé monter le « quelque chose », qui comme la bobine ou l'image du miroir chez le petit-fils de Freud, serait venu présentifier la perte de l'objet. Quant à l'autre axe de la demande à savoir qu'elle s'adresse à quelqu'un, lieu du transfert, je ne l'entendais pas non plus. D'autre part je m'étais mis hors cadre, à partir de mes bons sentiments, de ma pitié, de ce qui était touché en moi par la rencontre de ce jeune, j'avais débordé mon rôle et ma place. Cette rencontre ratée m'a beaucoup fait réfléchir. Je pense aujourd'hui que dans l'écoute, un éducateur doit prendre le temps d'entendre les mots qui disent le manque chez un sujet et lui permettre de les faire circuler dans l'espace social. Ainsi en est-il d'une demande quel qu'en soit l'objet : un hébergement, un stage, un lieu de soin ou de formation… L'objet énoncé de la demande est à prendre au pied de la lettre, non pour s'y précipiter, mais pour permettre au sujet de tourner autour, de l'incarner dans une parole. Finalement il n'est pas difficile de fournir, à quelqu'un qui demande un travail, l'adresse de l'Agence pour l'Emploi ; ce qui est plus difficile c'est d'accompagner un sujet pour qu'il trouve en soi-même les raisons de s'y rendre : les raisons qui fondent son action, qui lui donnent du sens. C'est à mon avis toute la finalité de l'action sociale et la seule forme acceptable d'aide sociale. Accompagner quelqu'un dans la mise en jeu dans l'espace social de ce qui lui manque et donc de ce qui mobilise son désir.

L'autre exemple je l'extrais de ma pratique d'analyste. Un jeune homme est venu me voir récemment pour me faire une demande d'analyse. Évidemment je ne me suis pas précipité sur l'objet de sa demande, je l'ai mise au travail. Avant d'entreprendre une analyse se posent un certain nombre de préliminaires qui ont pour but de poser le cadre et de

© Dunod – La photocopie non autorisée est un délit.

laisser se constituer le symptôme de ce qui cloche pour le sujet. Je lui ai demandé ce qui le poussait à faire cette demande. Cet homme, négociant en vins, m'a dit alors qu'il n'arrivait pas à s'engager, ni dans son travail, ni avec les femmes : il changeait d'employeur tous les six mois et, lorsqu'il s'agissait de dépasser l'étape du flirt ou de la drague, il se défilait. Cette incapacité à s'engager qui échappait à sa volonté, l'embêtait et l'agaçait. J'énonçais alors les bases de la cure analytique, en précisant que ça coûtait, en temps, en argent, en investissement, en paroles… Je lui ai alors demandé ce qu'il était prêt à miser dans l'affaire, ça m'est sorti comme ça. Il a repris le mot de « miser » en soulignant qu'il avait pour lui deux sens, l'argent et justement l'engagement, le risque. Et il a conclu, « c'est justement ce que je n'arrive pas à tenir. Dans l'engagement il y a trop à perdre ». Et là encore je n'ai pas revu cet homme. Il a choisi de ne pas revenir. Mais il me semble que contrairement au premier exemple, j'ai été un peu plus présent un peu plus à l'écoute de ce qu'énonçait ce jeune homme. Ce qu'il disait et qu'il a pu alors entendre de sa propre bouche, c'est qu'il ne voulait rien perdre, rien lâcher, rien mettre en gage de soi. Il s'est retrouvé du coup devant la nécessité de prendre un engagement, c'est-à-dire que l'écoute a fait venir au jour l'impossibilité de ne pas choisir. À ce moment il ne pouvait plus se défiler. Il a été mis au pied du mur de son désir. Il aurait pu choisir de s'engager dans le travail analytique ; il a choisi pour l'instant de ne pas y entrer. Mais le travail d'écoute a amené au grand jour le point de butée subjectif sur lequel il avait construit sa relation aux autres. Là, pour une fois – et il précisera que c'est la première fois que ça lui arrive – il a été mis en demeure d'assumer un choix comme sujet. Ce qui est douloureux dans le choix, c'est surtout d'accepter de perdre. D'ailleurs je ne serai pas surpris de le revoir un de ces jours faire une demande d'analyse, chez moi ou chez un confrère. Il ne peut plus faire aujourd'hui comme s'il n'avait pas entendu ce qu'il a dit ce jour-là et que ma parole est venue souligner comme d'un trait rouge. Voilà pourquoi je dis que l'écoute dans ce travail particulier qu'est la cure de paroles, est à la fois du côté de l'analyste et du côté de l'analysant. C'est un lieu entre-deux. Il arrive d'ailleurs fréquemment à un analyste de pointer au patient ce qu'il vient de dire, de souligner, de ponctuer. « Vous entendez ce que vous dites ? » En cela l'analyste a juste un petit temps d'avance sur le sujet. Il voit venir, ou plutôt il laisse venir dans son silence, la construction qu'opère la parole à l'endroit du sujet.

L'OUVERT, LA PRÉSENCE

Mais évidemment, le cadre, l'objectif et la place ne sont pas les mêmes dans le travail éducatif et le travail analytique. Même si je pense comme je l'ai souligné, que l'essence de l'écoute est toujours la même, à savoir offrir un creux où la parole d'un sujet puisse se loger. L'écoute vise avant tout à permettre à un sujet de s'approprier sa propre parole.

Dans le travail éducatif, c'est sur le versant de l'inscription sociale avec les outils de l'insertion sociale, de l'apprentissage de la vie en société, et au nom de cette même société, mandaté et rémunéré par elle, qu'un praticien situe son acte. Par contre dans la psychanalyse, c'est sur le versant du fantasme, donc des déterminations inconscientes, dans un pacte passé entre deux êtres humains, avec la visée d'accompagner le sujet jusqu'à ce lieu vide de la perte et de la castration, jusqu'à cette « traversée du désêtre », comme le dit justement Lacan, jusqu'à ce lieu non-lieu, qu'un praticien accompagne un sujet demandeur. Ses outils sont uniquement la parole. Le cadre, ce qu'on appelle le dispositif, est réduit au plus simple : l'argent, le temps avec des rendez-vous précis, l'espace où la plupart du temps l'analysant est allongé, tandis que l'analyste se tient derrière lui, hors regard. Ce dispositif réduit au minimum, mais sur lequel les analystes sont pointilleux, c'est ce qui permet de tenir le cadre solidement. C'est dans ce cadre qu'un sujet va affronter sa propre incomplétude.

Le travail éducatif ne peut porter l'écoute à ce degré. Sans en être dupes, les praticiens sociaux ont pour fonction de permettre à un sujet de s'éprouver comme manquant, mais d'investir ce manque dans la création, l'invention, l'expression, le travail, les études… Ce qu'en psychanalyse on nomme la sublimation ou dans le travail éducatif, l'autonomie. Si les éducateurs accompagnent un sujet à être un parmi d'autres, l'analyste le soutient dans la réalisation de ce qu'en matière d'être il est en manque.

Dans les deux cas, le travail éducatif et la pratique analytique, je crois que l'on peut dire qu'il s'agit de tenir une position clinique au sens où, comme l'affirme Jacques Lacan, « il n'y a de clinique que du sujet ». Autrement dit toute rencontre est toujours nouvelle, nous ne pouvons nous abriter derrière des recettes, ou cloner des situations qui se sont révélées efficaces. Toute rencontre remet en jeu nos capacités d'être parlant, autrement dit notre capacité à supporter le manque qui

© Dunod – La photocopie non autorisée est un délit.

nous constitue. L'écoute dans sa position, son cadre, ses visées est à requestionner en permanence. L'écoute telle que je la conçois ne peut se refermer sur une maîtrise ou un pouvoir, qui viserait à faire faire aux autres ce qu'on veut qu'ils fassent, ce qui est une sacrée illusion quand on y pense. L'écoute débouche sur ce que dans un autre texte Martin Heidegger nomme « l'ouvert ». L'ouvert c'est le lieu du possible le lieu de ce qui n'a pas eu lieu, le lieu de ce qui nous échappe, de l'inconnu de l'insu, de l'inouï, le lieu du devenir. Comment l'ouvert peut-il advenir ? À partir d'une présence dit Heidegger, une autre façon de dire l'écoute. Cette présence à laquelle un éducateur ou un analyste est convoqué n'est tenable qu'au prix d'un renoncement à exercer un quelconque pouvoir sur autrui. On sait bien que très souvent nous pensons faire les choses pour le bien de l'autre. Mais Emmanuel Kant nous rappelle que vouloir le bien de l'autre est la racine de la tyrannie. Alors renoncement, et je terminerai sur cette parole puissante d'Heidegger « le renoncement ne prend pas mais il donne. Il donne la force inépuisable du simple. Par l'appel en une lointaine origine, une terre natale nous est donnée. »

5

Les garde-fous de la relation éducative

« Si l'homme parfois ne fermait souverainement ses yeux, il finirait par ne plus voir ce qui vaut d'être regardé. »

René Char

PARLER ET ÉCRIRE LA PRATIQUE

On ne peut qu'être étonné, lorsque l'on entre en contact avec les éducateurs, par un fait troublant. Ils ont beaucoup de mal à parler et à écrire sur leur pratique. Non pas que les éducateurs ne sachent pas parler ou écrire, mais on est en face d'une réelle difficulté dans la prise de distance et dans la théorisation. Généralement, les éducateurs tentent de fuir cette impasse de deux façons. Certains s'enfoncent dans un activisme débordant, une suractivité. D'autres passent beaucoup de temps en parlotes, développant une langue de bois qui les étourdit plus qu'elle ne traduit les raisons de ce qu'ils font.

Il est vrai que les formations des éducateurs telles qu'elles sont conçues actuellement participent à cette confusion. La formation est constituée d'un éclatement de savoirs hétéroclites empruntés peu ou

© Dunod – La photocopie non autorisée est un délit.

prou à l'ensemble des sciences humaines. Les questions d'épistémologie et de cohérence des discours que nous abordions au début de cet ouvrage, ne sont pas sérieusement posées. Ceci incite plus au jonglage avec les concepts, à travers une sorte de salade russe des signifiants, qui ne cesse d'étonner les personnes étrangères à ce secteur. Je ne pense d'ailleurs pas dans cet ouvrage, malgré tous mes efforts de clarification, avoir toujours échappé à ce brouillage.

Les éducateurs, de par leur place singulière d'accompagnants de personnes en souffrance dans différents lieux et situations, sont plongés au carrefour de questions complexes et souvent contradictoires. Ils ont à tenir compte d'une part, des personnes et de la relation singulière qu'ils engagent avec chacune d'entre elles et d'autre part, du tissu social et collectif dans lequel s'inscrit cette relation. L'espace de médiation fait donc appel à des savoirs différents : la sociologie et l'ethnologie en ce qui concerne la compréhension du social ; la psychologie clinique et la psychanalyse en ce qui concerne le sujet. Pour tenir leur place, les éducateurs ne peuvent sacrifier ni l'un ni l'autre. Mais ils ne peuvent non plus mélanger ces discours, pour aboutir à un mixte, qui ne serait qu'une bouillie conceptuelle. Les éducateurs n'ont pas pu, pas su, jusqu'à aujourd'hui dégager un corps de concepts spécifiques permettant de rendre compte de leurs actes, d'en exposer les hypothèses opérationnelles, et d'en expliquer les aboutissants et la logique interne.

En effet, ce que fait un éducateur ne se voit pas. L'un accompagne un enfant à son match de foot ; l'autre passe une heure à faire des exercices de maths ; un troisième a des entretiens réguliers avec un toxicomane. Phénoménologiquement parlant, rien n'apparaît de façon évidente du sens de ces actes. Le seul mot qui vienne en souligner un tant soit peu la signification est celui d'« aide ». L'éducateur aide des personnes en difficulté. Évidemment, un mot aussi flou, aussi usé, ne saurait justifier de l'acte. D'autant plus que ce terme lui-même, lourdement chargé par l'histoire de l'aide sociale ou de la charité chrétienne, déclenche son expression de pathos : « quel courage vous avez... »

Bref, l'éducateur empêché (et surtout par lui-même) d'exposer (et de s'exposer) dans le langage, ce qui soutient ses actes, tombe sous les coups de l'incompréhension qu'il a provoquée. Signalons également un point qui revient souvent dans les différentes études sur les éducateurs (par exemple, Ion et Tricart, *Les Travailleurs sociaux* [1992] ou Jean-Marie Geng, *Mauvaises pensées d'un travailleur social* [1980]), même si ce constat est en partie battu en brèche par les nouveaux postulants à la fonction éducative : il semble que les éducateurs aient eu maille à partir avec l'appareil d'apprentissage scolaire. Non pas que les éducateurs soient des cancres, mais un peu comme leurs clients, ils n'ont pas trouvé dans les conditions d'enseignement dispensant une éducation dite « nationale », leurs moyens d'expression. D'où souvent une dévalorisation de leur capacité à formaliser leur pratique. Ceux qui savent sont ceux qui tiennent un discours scientifiquement correct : psychiatres, psychologues, rééducateurs, sociologues.

On a ainsi vu pendant des années les éducateurs aliénés à des discours dominants qu'ils tentaient de singer. Dans l'immédiate après-guerre, c'est surtout le discours médical, dans ses composantes psychiatriques, qui a prédominé. Ensuite, il y eut la vague des « psy. ». Et aujourd'hui, on voit à l'œuvre le même laminage idéologique à travers les discours économiques, gestionnaires (voire « managériaux ») et sociologiques. Les éducateurs, trop souvent, pour ne pas risquer une parole qui dérange forcément, puisqu'elle donne à entendre dans l'espace social la place des sujets qu'ils accompagnent dans le champ de l'exclusion, de la relégation, de l'infamie, se sont laissé lier, pieds et poings, à des discours qui dénaturent leur acte et ne permettent pas d'en répondre.

Comment mettre en œuvre les différentes composantes de l'acte éducatif ? Comment rendre compte de ce travail subtil, invisible, intangible ? Comment trouver les mots pour dire ce que chacun fait ? Comment constituer un corps de langage, un discours dans lequel les éducateurs puissent puiser pour donner à entendre et à voir ce qu'ils font dans le vif du quotidien ?

Éducateurs et écriture

Le tableau serait bien sombre si l'on s'en tenait à ces constats négatifs et à ces questions lancinantes, ritournelles sans réponse. Force est de constater que depuis quelques années, un mouvement dynamique est apparu chez les éducateurs de terrain, qui entraîne une prise de conscience de ces difficultés. Les centres de formation, le plus souvent animés par des professionnels dont la connaissance pratique est enfouie sous des dizaines d'années, ou encore, comme cela se dessine récemment dans certains IRTS, par des universitaires, n'ont pas réussi pour le moment à ouvrir des espaces où professionnels, formateurs, personnes

© Dunod – La photocopie non autorisée est un délit.

en formation et chercheurs, travaillant de concert, puissent faire prendre corps à ces avancées pourtant bien visibles sur le terrain. Malheureusement, ces tentatives de formalisation s'essoufflent à n'être pas dialectisées et soumises au feu de l'exigence rigoureuse de la recherche.

Des expériences, telles que la revue *Lien social*, à l'origine créée par un collectif d'éducateurs, ont mis en avant la nécessité pour les professionnels de l'éducation spéciale de donner forme dans des écrits à leur pratique. Mais cette revue, sans doute parce que les professionnels du terrain ne s'en sont pas saisis, semble tourner en rond, d'autant plus qu'elle s'est diluée dans un discours à la recherche d'une figure globale du travail social bien hypothétique. Les trois colloques organisés par cet hebdomadaire n'ont conduit, au-delà des rassemblements spectaculaires qui en disent long sur les attentes des professionnels de faire corps et sur leur désir de reconnaissance, qu'à un peu plus de confusion, et un peu plus de dévalorisation. On y a vu défiler sur les estrades les principaux penseurs à la mode, en grande partie des universitaires inscrits dans la recherche sociologique.

On est donc arrivé à cette aporie que pour rendre compte du travail social en général et du travail éducatif en particulier, on met en scène des spécialistes de sciences qui a priori n'ont pas directement à voir avec les actes des professionnels, et qui sont venus faire la leçon, devant un parterre ébahi, sur ce que les professionnels devraient faire. Nous avons assisté à trois reprises, devant plusieurs milliers de personnes, à la théâtralisation d'un discours savant dominant, tentant d'infléchir des pratiques. Les éducateurs ne parlent pas de ce qu'ils font, n'écrivent rien de ce qu'ils soutiennent, on cause pour eux !

Une autre expérience qui a lieu depuis quelques années à Saint-Étienne, nous paraît un peu plus prometteuse. On y voit se réunir trois à quatre cents travailleurs sociaux, principalement assistants de service social et éducateurs, qui tentent de rendre compte, dans des exposés, de leur pratique. N'est invité aucun spécialiste de quelque discipline que ce soit. Chacun s'y essaie patiemment à formaliser sa pratique.

Reconnaissance par l'écrit

Deux exemples antagonistes, donc, mais qui témoignent cependant que les éducateurs sont en recherche d'une reconnaissance qui ne peut passer que par le fait de donner à voir, à l'ensemble du corps social, ce qui constitue leur acte. C'est une première voie qui s'ouvre. La formalisation de la pratique ne peut opérer que dans la prise de parole de chacun, poursuivie par le travail d'écriture et de publication. Seule cette dimension de mise à jour sur la place publique peut assurer aux éducateurs une reconnaissance sociale tant réclamée. D'autre part, ce n'est que par ce biais que les éducateurs, dans la confrontation, sur un pied d'égalité, avec d'autres praticiens, d'autres penseurs inscrits dans d'autres champs de savoir, forgeront un langage commun. Mais prendre la parole et écrire ne suffit pas en soi. Il faut, dans un tel mouvement, prendre appui sur des concepts. Qu'est-ce qu'un concept ? C'est un mot qui appartient à un ensemble de mots, délimitant, nous l'avons vu, un champ de savoir, et qui permet de construire une réalité. La réalité est produite par cette opération conceptuelle. Faute de cette mise en forme des pratiques, faute de cette formation, au sens où l'on parle de la formation d'un glacier, la pratique en reste au niveau du fantasme et de l'imaginaire.

Chacun peut en penser ce qu'il veut. D'où une deuxième voie qui s'ouvre ici au travail éducatif, celle de l'apprentissage de la conceptualisation. Évidemment, nous l'avons montré à maintes reprises, cet apprentissage ne part pas de rien. Il prend appui sur des champs de savoirs préexistants, principalement les sciences sociales et les sciences de la subjectivité, toutes deux réunies dans l'ensemble disparate des sciences dites « humaines ». Une approche des concepts à partir du champ éducatif est visible, bien que récente. Mais elle concerne essentiellement la mise au travail des concepts de la psychanalyse dans le champ social, l'objectif étant de produire un discours qui rende compte de la pratique. Des ouvrages comme *Le Rôle de l'éducateur* [1995] de Daniel Roquefort, ou de Jeanne Granon-Lafont, *Les Pratiques sociales en dette de la psychanalyse* [1994] ; le travail de réflexion de Martine Fourré, *Les Lieux d'accueil* [1991] ; mon livre *Parole d'éduc.* [1995], sont autant d'événements qui témoignent de cette pensée en marche. Il semblerait que certaines explorations nous parviennent également à partir du champ de l'ethnologie et de la linguistique.

Prise en compte de la parole de chacun, élaboration d'un discours collectif en prenant appui sur des discours voisins... Voilà les deux points de fondation d'un discours éducatif en cours de constitution. Notons également un souci, chez les praticiens de l'éducation spécialisée, de ne pas s'enfermer dans un discours unique. En effet, l'acte éducatif

© Dunod – La photocopie non autorisée est un délit.

se révèle, lorsqu'on essaie d'en rendre compte, tellement complexe, que seul un jeu entre des discours multiples, mais bien repérés, permettrait de l'approcher. Certains vont même chercher dans la poésie, la littérature (pensons au magnifique *Texaco* [1994] de Patrick Chamoiseau), la vidéo, le théâtre, les outils de formalisation de leur pratique. Je connais une éducatrice qui tente de rendre compte de ses actes dans une écriture poétique très fine. Quant à Jean-François Gomez, bien connu dans le secteur pour ses ouvrages de réflexion sur le fait éducatif, il vient de publier un roman, *D'ailleurs. L'Institution dans tous ses états* [1996] qui lui permet d'aborder les questions d'une façon nouvelle : un enfant fugue d'une institution, qu'est-ce qui se passe dans la tête des éducateurs ? Pour ma part, j'ai écrit un certain nombre de nouvelles dont plusieurs sont parues dans la revue *Empan*, dans le même souci de donner à lire l'essence même du travail éducatif.

Une étude récente que j'ai faite à partir d'une vingtaine de manuscrits reçus chez un éditeur laisse apparaître le fait suivant : presque tous ces écrits sont constitués de fragments. En quoi l'art du fragment, que célébrèrent entre autres des auteurs tels que Roland Barthes et Michel Leiris, permet-il de cerner la pratique éducative ? Pourquoi ce type d'écriture fleurit-il aux alentours de ce métier singulier ?

Sans vouloir faire une grande digression, on peut se demander si les éducateurs qui côtoient et défendent au jour le jour des populations rejetées aux marges de l'espace social, marges jadis occupées par les lépreux, les pestiférés, les exclus et les internés de tous genres, ne sont pas confrontés à des lieux où il n'y a pas de pensée. Alors, pour survivre avec ceux qu'ils accompagnent, ils inventent ce style de pensée éclatée, morcelée, représentant le minimum de la pensée et de l'écriture. « Depuis la fin du XVIIIe siècle, la vie de la déraison ne se manifeste plus que dans la fulguration d'œuvres comme celles de Hölderlin, de Nerval, de Nietzsche, ou d'Artaud – indéfiniment irréductible à ces aliénations qui guérissent, résistant par leur force propre à ce gigantesque emprisonnement moral, qu'on a l'habitude d'appeler, par antiphrase sans doute, la libération des aliénés par Pinel et par Tuke. » Voilà ce qu'affirmait Michel Foucault à la fin de sa thèse sur l'histoire de la folie. Les éducateurs, pris eux-mêmes dans cet espace d'aliénation, donneraient à entendre ce qu'ils « bricolent » pour survivre avec d'autres, dans ces « éclats ». Hommes de ruse, hommes du fragment et de l'ellipse, comme ces poètes que cite Michel Foucault, les éducateurs s'engagent sur une voie d'écriture qui ouvre des fenêtres dans un espace d'étouffement. Il s'agit pour eux de mettre en mots leur pratique, tout en préservant leur espace d'engagement auprès des personnes qu'ils accompagnent et soutiennent au quotidien.

C'est sans doute la raison pour laquelle on ne saurait faire une science de l'éducation spécialisée. Cette profession est engagée, auprès des plus démunis, dans des actions de résistance, où l'art du scripteur participe du chiffre et de la contrefaçon, où ce qui est donné à lire dans des rapports dits « officiels » couvre savamment et distrait ce qui se fait. Cette écriture, située du côté de la marge, inscrite dans le champ de l'exclusion sociale, se fait dans son mode d'expression même, résistante. Elle résiste à la récupération, l'aliénation, par les savoirs et les pouvoirs dominants. Elle donne de l'air et du champ à ceux qui s'en chargent. Elle fait éclater les cadres linguistiques de la réification. L'écriture des éducateurs témoigne que malgré tout, malgré le mal et le malheur qui frappent ceux qu'ils assistent, il y a de la vie possible, mais qu'elle est à préserver. « La théorie est grise, mais l'arbre de la vie reverdit sans cesse », disait Sigmund Freud.

Les éducateurs auraient donc deux écritures. L'une se fait au grand jour des rapports, des synthèses, des projets, des lettres à diverses instances judiciaires, médicales, administratives. La seconde est une écriture de l'ombre, une écriture de la ruse, elle dit à demi-mot, elle mi-dit, ce qu'il en est de côtoyer à longueur de journées des incasables, irrécupérables...

DES LIEUX D'EXPRESSION

La formalisation de la pratique exige que chaque éducateur s'y engage. En effet, le cœur de la pratique, ce que j'ai nommé la « clinique », met en situation un éducateur dans son être de relation et fait résonner des dimensions affectives, émotionnelles et subjectives. Dans la relation, l'éducateur y est pris. D'où pour lui une nécessité répondant à un triple objectif. D'abord, prendre de la distance, puis construire des repères de ce qu'il fait, et enfin, les confronter avec ses collègues professionnels, éducateurs et autres techniciens. Ce travail de formalisation exige des espaces et des dispositifs adaptés. Inscrite dans les deux conventions collectives de 1951 et de 1966, qui cadrent le secteur éducatif, il faut avouer que la bonne intention qui visait à ouvrir des

© Dunod – La photocopie non autorisée est un délit.

espaces d'expression, sous forme de 4 h dégagées pour la réflexion, se traduit rarement dans les faits. Les réunions sont la plupart du temps envahies par les questions de fonctionnement et de gestion. Comme on l'entend dire parfois : « on gère l'agenda ».

Un certain nombre d'institutions ont cependant dégagé pour les éducateurs de tels espaces. Il faut distinguer ces espaces dévolus à la clinique, des réunions de fonctionnement, des réunions d'équipe élargie et des diverses confrontations institutionnelles. Pour accepter de s'exposer dans une parole sur son métier il faut un minimum de conditions. Il faut la garantie que la parole de chacun ne sera pas dévoyée et utilisée contre celui qui s'est avancé.

Dans les institutions où ce travail s'est mis en place, le plus souvent, il faut le dire, sous la pression des éducateurs eux-mêmes, on peut distinguer deux types d'espaces de formalisation de la pratique, que nous allons développer : la supervision en équipe éducative et la régulation d'équipe. Nous y ajouterons deux autres modalités pratiquées en externe : la supervision collective hors institution, qui peut prendre diverses formes, et le contrôle individuel. Nous nous pencherons également sur un type de formalisation qui est apparue il y a peu et qui voit se réunir hors institution des groupes d'éducateurs qui essaient d'analyser leur pratique entre eux. Nous aborderons ensuite la question délicate de l'écriture des éducateurs que nous venons à peine d'esquisser. Ce tour d'horizon, de ce qui se fait, ou de ce qui dans certains endroits en reste à l'état de projet, ou relève de l'idéal, nous permettra de déboucher sur la dimension incontournable qui est au fondement du travail éducatif, l'éthique, que nous différencierons au passage de la responsabilité éducative et de la déontologie.

Régulation, supervision, contrôle

Les différentes formes d'analyse des pratiques éducatives sont nées de deux psychanalystes anglais : Michael Balint, initiateur des fameux groupes de parole du même nom ; et Wilfried Bion, qui a orienté une bonne partie de sa recherche vers les petits groupes, principalement pour en faire un espace thérapeutique en direction des psychotiques ou des soldats en état de stress. Notons que ces deux auteurs sont nés à l'étranger, Balint en Hongrie et Bion en Inde, et que leur recherche d'intégration par la parole dans un groupe n'est pas sans lien avec ce qu'ils ont dû éprouver dans leur propre histoire pour prendre une place dans une socioculture qui à l'origine n'était pas la leur. Cette remarque, en passant, signale tout l'intérêt d'une telle pratique dans l'insertion et l'intégration des personnes en rupture de lien social, pour des questions de maladie mentale ou de transplantation culturelle.

Pour les éducateurs, la pratique des groupes de parole qui vise une formalisation de leurs actes et de ce qui les sous-tend, peut aussi déboucher sur une meilleure reconnaissance sociale de leur travail. Dans les limites cependant que nous avons entrevues ci-dessus. À se coltiner la misère du monde, il serait étonnant que les éducateurs s'en trouvent vraiment reconnus dans leur fonction, sauf à en passer par des modes de représentations dénégateurs, où l'on encense la générosité, l'abnégation, la grandeur d'âme des professionnels pour mieux les faire taire. C'est d'ailleurs un des rares métiers où l'on insiste, dans le discours courant, à partir d'un vocabulaire qui sent son poids religieux, sur la vocation des candidats, plus que sur la professionnalisation. Des groupes de parole et d'élaboration de l'expérience permettent alors aux éducateurs de résister à ces deux modes de laminages entre lesquels ils sont pris en tenaille : la rencontre quotidienne, déboussolante, avec des sujets en grande souffrance et le mouvement de relégation sociale par lequel on les maintient en marge auprès de ceux qu'ils accompagnent.

Le groupe Balint inauguré à Londres, notamment à la Tavistock Clinic, qui allait quelques années plus tard, sur l'impulsion de Laing et Cooper, devenir un haut lieu de l'antipsychiatrie, s'est d'abord adressé à des médecins. Sous la conduite d'un psychanalyste, les praticiens médicaux prenaient conscience, en parlant, des processus psychiques intervenant dans leur relation aux patients. Petit à petit, cette pratique d'expression en groupe s'est développée et étendue à d'autres corporations, notamment les travailleurs sociaux. Si le débat autour de ces pratiques a été houleux dans les années soixante, signalons que depuis, elles sont passées dans les mœurs, même si l'on peut regretter que la supervision d'équipe ne soit pas plus répandue.

La supervision en équipe d'éducateurs

La supervision, même si le mot est loin d'être heureux, est un dispositif de parole animé par un tiers, généralement extérieur à l'institution qui réunit un groupe d'éducateurs et a pour objet de permettre à

© Dunod – La photocopie non autorisée est un délit.

chacun d'exprimer ce qu'il met en jeu dans sa relation clinique aux enfants ou adultes pris en charge. La direction, dans ses instances hiérarchiques (chef de service ou directeur) est absente de cet espace. Il s'agit d'un espace et d'un temps où le fonctionnement institutionnel est suspendu. Mais il s'agit aussi d'un temps de travail, et il importe qu'il soit repéré comme tel, et donc inscrit dans l'emploi du temps et rémunéré normalement, et non sur des lignes budgétaires annexes (la formation continue par exemple, ou comme je l'ai vu faire, les missions et réceptions !).

Nous avons vu dans notre approche de la notion de transfert que la relation éducative engage un éducateur à tous les niveaux. Certaines situations ne peuvent manquer de faire écho à l'histoire de chacun. Et ce qui est éprouvé d'émotions, de sentiments, d'affects, n'est pas sans lien avec l'intensité de la relation engagée. Encore faut-il en extraire la « substantifique moelle » pour la mettre à disposition de l'éducateur lui-même et de l'équipe éducative. Le travail sur le transfert se résoud ainsi dans un transfert de travail, où dans les mots, l'éducateur, à partir de son vécu intime, construit une distance et un repérage par rapport à ses positions cliniques. Ni étude de cas ni psychodrame, et encore moins analyse sauvage, la supervision est le lieu d'exploration des questions posées dans sa pratique singulière à chaque éducateur. J'ai personnellement animé, en institution ou en formation, de tels groupes et je m'appuierai sur cette expérience pour formaliser ce qui suit.

Le dispositif est le suivant. La durée varie de 1 h 30 à 2 h. Au-delà, la parole se délaie ; en deçà, elle n'a pas le temps de prendre son envol. Une personne expose une situation, soit parce qu'elle en est préoccupée, soit qu'elle en soit embarrassée, soit qu'elle souhaite tout simplement en parler. Il est impératif que pendant ce temps le reste du groupe se tienne en position d'écoute active. Vient un deuxième temps, fait d'abord de questionnement, pour apporter certaines précisions. Puis les membres du groupe éducatif essaient de comprendre ce qui se passe dans la situation précise. L'échange ne vise pas à dégager une solution aux questions exposées, mais à permettre à chacun d'élaborer une compréhension logique et subjective. Les différentes explications ne sont pas exclusives.

Un troisième temps permet à l'exposant de reprendre les choses, de témoigner de son déplacement dans la parole, de restituer au groupe ce que l'échange a pu lui apporter et lui faire entrevoir. Le rôle de l'animateur, généralement tenu par un analyste, est triple. C'est un rôle d'organisateur de la parole, de façon à ce que chacun puisse s'exprimer. Personnellement, j'y adjoins souvent un rôle que je nomme « greffeur ». Devant certains modes d'expression où l'exposant cherche à tâtons son chemin, mais a tendance à tourner en rond faute de trouver les mots pour dire ce qu'il vit, je pense qu'il peut être utile, pour reprendre un mot de Jean Oury, de proposer une « greffe de signifiant ».

Par exemple, dans une situation un peu inextricable où un éducateur avait beaucoup de difficultés à démêler ce qu'il vivait dans une relation éducative avec un enfant, très gêné, et quasiment coupable de ce qu'il ressentait, je me suis permis d'énoncer qu'il s'agissait là de transfert. Quelques mots issus de la théorie freudienne, telle que je l'ai exposée au début de cet ouvrage, ont permis à cet éducateur de relancer son expression, de reprendre confiance et de mobiliser autour du concept des pans entiers de non-dit. Le troisième rôle du superviseur, lié à sa place singulière, est celui de dépositaire et de témoin du travail d'élaboration. Il incarne cet autre auquel est finalement destinée toute expression, il incarne le principe et la possibilité du langage.

On sait que cet autre, Jacques Lacan, dans son enseignement le nommait, « le trésor des signifiants » (il l'écrit alors Autre, avec une majuscule). Il soutient dans le groupe, en prêtant au jeu son écoute et sa personne, la possibilité même d'une parole. Il met en jeu par sa présence, le plus souvent silencieuse, le transfert dans cet espace de paroles et d'attitudes, qui permettent à chacun d'avancer dans ses propres questions. La supervision est ainsi le lieu de l'élaboration d'un savoir au cas par cas, en fonction de chaque situation évoquée. Ce savoir qui est produit par l'engagement de chacun, n'est pas directement modélisable ni transmissible. C'est pourquoi il ne peut être exigé dans un tel groupe de produire des écrits ou des comptes-rendus.

Le travail de la parole vise avant tout le désencombrement psychique de chacun. Il s'agit de faire le ménage en soi et donc de se rendre plus disponible à la relation éducative. Les retombées indirectes en termes de formalisation se font au fil du temps. Avec le temps, de tels groupes, lorsqu'ils sont soutenus au long cours par l'institution, permettent à une équipe de se construire à travers la reconnaissance et le cheminement singulier de chaque éducateur qui la compose. Petit à petit, l'expérience montre également que ce travail produit une langue commune au groupe éducatif qui lui permet, à travers les trouvailles spontanées de chacun, de s'affirmer, au moins au niveau institutionnel, comme lieu d'appartenance

© Dunod – La photocopie non autorisée est un délit.

et de référence. Lorsque ce genre de groupe arrive à fonctionner sur plusieurs années dans la même institution, on constate des prises de position beaucoup plus cohérentes de la part de l'équipe éducative.

Il faut avouer cependant, que trop souvent, le groupe de supervision est piraté par les instances hiérarchiques. En effet, le principe de base d'un tel travail échappe à l'institution. Les membres de la direction ne sauraient y participer, sous peine de modifier le dispositif. Et bien souvent, les directions font tout pour que ce travail s'arrête, généralement lorsqu'il commence à produire des fruits, c'est-à-dire quand les éducateurs se font plus actifs, plus incisifs et donc subversifs dans l'institution, quand ils commencent vraiment à faire leur travail dans toutes ses dimensions. Dans nombre d'institutions, on a congédié sans discussion le superviseur ; ou bien on pratique l'intrusion systématique, on dénigre ce qui se passe dans le groupe, on stigmatise de toute façon cette pratique d'ouverture, protégée par le secret. C'est pourquoi j'énonçais dès le début qu'un tel dispositif n'est soutenable que si l'ensemble de l'institution le prend en compte.

Évidemment, cette pratique renvoie chacun dans l'institution à s'exposer dans ce type de réflexion sur sa pratique. Cette remarque est valable pour l'ensemble du personnel. On peut très bien imaginer que chaque groupe professionnel, du personnel de service à la direction, puisse disposer de tels espaces, qui produisent à la fois un décentrage de la machinerie institutionnelle, mais aussi un investissement plus sérieux dans les enjeux véritables qui sont la prise en charge globale de personnes souvent en grande souffrance. Ce travail déconstruit l'imaginaire institutionnel qui fige chacun dans une place assignée, et le revivifie dans son rôle et ses capacités créatrices. La prise de parole produit ainsi chez celui qui s'y engage vraiment, une place sans cesse ouverte au renouvellement mouvant des situations quotidiennes.

La régulation d'équipe

La régulation, le plus souvent pratiquée en équipe restreinte, implique à la fois les éducateurs et le chef de service. Parfois, elle est étendue à l'équipe élargie et accueille l'ensemble des techniciens, médecins, psychologues, rééducateurs (orthophonistes, psychomotriciens, ergothérapeutes...), instituteurs spécialisés... Ce type de travail en équipe élargie est plutôt rare à ma connaissance. Ce que l'on rencontre un peu plus souvent, c'est la régulation de l'équipe éducative. L'objectif est très différent de la supervision qui offre une visée clinique.

La régulation d'équipe cherche à produire une meilleure articulation entre les membres d'une même équipe. On constate trop souvent que les éducateurs sont pris dans les différentes réunions par la gestion du quotidien et par le fonctionnement. La réunion de régulation permet à chacun de dire ce qu'il engage dans le fonctionnement du groupe. La régulation permet de faire tomber les masques et de déloger chacun des dysfonctionnements et des routines dans lesquels il se complaît. Généralement, un objet institutionnel est choisi, comme la redéfinition du projet de l'équipe, la préparation de diverses actions, l'embauche de personnes nouvelles... Mais au bout du compte, il s'agit toujours que chacun puisse exprimer ce qu'il vit personnellement dans le groupe professionnel.

Se dire ce que l'on pense les uns des autres, dans le respect, mais aussi sans concession, dans cet espace protégé, permet de développer une dynamique de groupe efficace face aux différentes éventualités de prise en charge. Les fonctions, y compris hiérarchiques – je rappelle que dans ce type de groupe de parole, il est impératif qu'une personne de la direction, engagée au quotidien auprès des éducateurs, soit présente –, sont questionnées et donc redéfinies. La parole circulant dans le groupe est une source de renouvellement permanent des rôles de chacun. Chacun est rassuré, revalorisé et repositionné dans la fonction qu'il occupe, et peut intégrer une place vivante dans l'ensemble institutionnel.

La régulation d'équipe est généralement aussi animée par un psychanalyste, parfois un psychosociologue. L'important est que l'animateur ait une grande disponibilité d'écoute et de relance des questions. Il veille aussi, quelles que soient les questions débattues, ou la place qu'il occupe, à ce que la parole de chacun puisse être entendue. C'est la prise en compte de la parole de chacun, quelle que soit ses fonctions, qui devient analyseur. Comme dans la supervision, ce travail ne produit pas un savoir tel quel. Il en produit les conditions d'émergence, en délogeant chacun de son positionnement figé.

Le contrôle individuel

Espaces de parole des éducateurs pour éclaircir leur engagement auprès des personnes prises en charge et dans le collectif professionnel, la supervision et la régulation, sont pour certains renforcées ou remplacées

© Dunod – La photocopie non autorisée est un délit.

par une demande de « contrôle individuel ». Plus traditionnellement pratiqué par les assistants de service social, le contrôle à l'extérieur chez un psychanalyste est de plus en plus monnaie courante chez les éducateurs.

La difficulté de l'engagement éducatif, la confrontation douloureuse à la souffrance, l'écho qui apparaît en miroir de sa propre histoire, sans nécessiter forcément une cure au long terme, qui de toute façon appartient entièrement à la décision du sujet, peuvent trouver, dans l'espace d'écoute analytique, leur lieu d'exploration. Souvent, les éducateurs sont si lourdement affectés par ce qu'ils vivent, si profondément touchés par leur rencontre avec la misère sociale et psychique, si impliqués dans la relation, qu'ils ne savent plus à qui en parler. Ils craignent, et souvent à juste titre lorsqu'aucun travail de supervision ou de régulation ne vient médiatiser les échanges entre collègues, d'être jugés, incompris, rabroués, rejetés, ou tout simplement pas écoutés. Il peut être important alors qu'ils trouvent à qui parler, afin d'éclaircir des situations d'autant plus embrouillées qu'ils ne peuvent les partager.

Évidemment, dans ce cas, se posent les conditions de paiement des séances de contrôle. En ce qui concerne la régulation d'équipe et la supervision, il est clair qu'elles sont prises en charge par l'institution, car c'est un temps de travail. Pour le contrôle individuel, il peut être légitime à un salarié d'en demander le remboursement à l'institution. Notons cependant que l'argumentation n'est pas toujours facile à soutenir, puisque les questions à travailler s'entrecroisent à l'articulation de la sphère personnelle et professionnelle. Il me semble cependant défendable que dans certaines situations, la prise en charge des séances de contrôle individuel se fasse sous couvert de l'institution.

Finalement, est-ce bien différent d'une formation de perfectionnement, ou d'acquisition de nouvelles compétences ? À l'éducateur engagé dans une telle pratique de déterminer si le contrôle lui permet de régler des questions professionnelles ou uniquement personnelles. L'espace du contrôle lui-même devrait lui permettre d'éclaircir honnêtement son mode d'engagement et de justifier ou non le remboursement des frais par l'institution.

Le contrôle porte le plus souvent sur ce qui préoccupe l'éducateur, sur ce qui « le travaille ». Et force est de constater que ce qui le met à mal, et souvent lui ôte sa force de travail, c'est la rencontre douloureuse avec les personnes qu'il accompagne quotidiennement. Soit qu'il y ait trop d'affect et de souffrance à supporter, soit que l'éducateur soit pris, ce qui se produit souvent avec les adolescents, dans un type de désir où il risque le passage à l'acte, sur le versant de l'amour ou celui de la haine. En effet, l'éducateur, s'il est au travail, ne peut rester indifférent, puisque c'est de son engagement même dans la relation que dépend la qualité de son propre travail. Le désir en tant que tel n'est pas manipulable. C'est proprement, d'après Freud, ce qui nous échappe. Il est donc indispensable, dans des moments où les situations l'affectent particulièrement, qu'un éducateur puisse disposer d'un lieu pour éclaircir sa position et faire la part des choses.

Le désir de l'éducateur

Évidemment, ce travail a pour objet le transfert que supporte l'éducateur. Les éducateurs sont l'objet de projections et de transferts multiples, dont il sont souvent affectés dans leur psychisme et dans leur corps. Mais c'est en même temps leur principal outil de travail et leur point d'appui dans la relation. La manœuvre qu'ils ont à opérer, et que nous avons décrite dans notre chapitre sur le transfert, consiste à prendre appui sur cette force désirante, qui s'exprime dans l'amour mais aussi parfois dans la haine, projetée sur leur personne, et à l'accompagner jusqu'à ce qu'elle trouve à investir d'autres objets. Cette manœuvre, qui n'est pas en soi maîtrisable, n'est pas une manipulation. Elle ne peut opérer que si l'éducateur a une certaine distance par rapport à ce qu'il vit, que s'il peut l'exprimer. Non pas qu'il s'agisse de contrôler ni de maîtriser tout ce qui lui arrive, ce qui le conduirait vite à l'inertie et l'impuissance, mais ce qui est en jeu est de mettre son vécu, sa personne, son histoire, au service d'un autre, sans s'y noyer. En venant occuper cette place que dans la cure analytique Jacques Lacan attribue à l'analyste, celle d'objet « a ».

Autrement dit, ce qui est profondément en jeu dans la relation éducative, c'est qu'un éducateur occupe la place de ce qu'un sujet pense lui manquer pour être comblé, pour vivre sans faille, sans souffrance. Bien entendu, c'est une illusion, et il vaut mieux que l'éducateur s'en rende compte. Nul n'a le pouvoir de répondre absolument aux manques d'un autre, puisque c'est le manque lui-même qui est constitutif de l'humanité en tant que source du désir. D'où l'importance qu'un éducateur ne soit pas dupe de la place qu'il occupe comme objet de complétude. Objet illusoire, puisque impossible. Cet objet, dont Freud nous précise qu'il est manifesté en premier lieu dans la relation à la mère, est à jamais perdu. Il n'a même jamais existé, même si les différentes mythologies dans

© Dunod – La photocopie non autorisée est un délit.

leurs versions antiques comme le paradis terrestre, ou modernes, tels qu'ils s'expriment dans divers feuilletons télévisés à succès, ne cessent de le mettre en scène. L'homme est à jamais chassé des verts paradis de l'enfance, et même s'il ne cesse de vouloir y accéder, dans sa quête infinie, il ne cesse de s'en éloigner. Le fait d'être soumis à la parole et au langage, fait que l'homme cherchant à atteindre l'objet, le rate constamment.

L'étymologie même du mot « parole » décrit ce processus. Du grec *para-ballein*, il signifie proprement « lancer à côté ». Cet objet qui est visé et à chaque fois manqué, qui relance donc sans cesse le désir, il arrive que pour un autre, un éducateur en occupe la place. Il est donc indispensable qu'il s'en détache, s'en différencie et, comme on dit, qu'il ne s'y croit pas trop. Sans ce travail incessant de remise en cause de la place qu'il occupe pour un autre, un éducateur glisse facilement dans une position de toute-puissance imaginaire. S'il pense être ou avoir pour l'autre ce qui lui manque, il s'installe dans un rôle de petit tyran, qui sait à la place de l'autre ce qu'il lui faut et manipule la relation pour arriver à ses fins. Le lecteur pensera peut-être que j'expose les choses de façon outrancière, et pourtant, c'est ce qui ne cesse de revenir, dans les diverses confrontations que j'ai avec les éducateurs, soit en formation, soit sur le terrain. C'est pour avoir aussi souvent éprouvé (et mis à l'épreuve) en moi-même cette position de toute-puissance que je me permets d'en dire quelque chose.

Souvent, les éducateurs basculent entre deux extrêmes : l'impuissance et la toute-puissance. Ces deux positions sont soutenues par une construction imaginaire commune, que l'on peut résumer en « tout ou rien ». Ce qu'il s'agit de repérer est la place que l'on occupe pour un autre, la place qu'il nous fait prendre et celle à laquelle on l'assigne dans la relation. Ce repérage qui permet d'occuper la position éducative avec suffisamment de souplesse, de distance, et parfois d'humour, ne s'acquiert que dans le travail de parole et d'écriture. Voilà pourquoi parler et écrire font partie des outils de base indispensables des éducateurs.

Les groupes de réflexion

Je voudrais parler ici d'un travail de groupe que j'ai inauguré à Toulouse il y a quelques années et qui a fonctionné pendant presque quatre ans. J'avais nommé ce groupe PEAN (Psychanalyse et éducation). Une quinzaine de travailleurs sociaux, éducateurs, assistants de service social ou psychologues, ont suivi ce groupe.

L'objectif était d'essayer de lire la clinique sociale à partir des concepts de la psychanalyse. Le dispositif était le suivant : nous nous réunissions une fois par mois hors institution, autour d'un exposé fait par l'un d'entre nous à partir de sa pratique ; suivait une discussion. En début d'année, chaque participant s'était engagé à exposer à une date fixée sa réflexion et à remettre par écrit son travail. Les écrits ont été collectés et diffusés localement pendant deux ans.

PASSAGE À L'ÉCRITURE

Nous l'avons dit, le travail en groupe de parole ou le contrôle individuel ne produisent pas directement la formalisation d'un savoir sur l'acte éducatif. Ils permettent à chaque éducateur qui s'y engage avec assez de détermination d'acquérir une connaissance de soi en situation professionnelle. Seul le passage par l'écriture ouvre à une dimension de formalisation repérable, transmissible et donc confrontable à d'autres professionnels.

Écrire, pour un éducateur, est la condition pour rendre visible, aux yeux d'un plus grand nombre, sa pratique. Chaque éducateur est ainsi engagé dans un processus de formation permanente. Formation au sens de mise en forme, de formalisation, ce que les Allemands appellent *gestaltung*. Donner forme à une pratique, dans le langage écrit, fait apparaître la forme même de cette pratique. Écrire sert à penser, à produire des idées. C'est d'ailleurs le seul mouvement praticable pour une réelle théorisation.

Dans le travail éducatif il ne s'agit pas, comme le voudraient certains, d'appliquer sur le terrain des théories importées, mais de produire le sens du travail engagé à partir d'un mode d'expression privilégié : l'écriture. C'est le lieu d'une praxis, au sens où l'a définie Jacques Lacan : tout mode de traitement du réel par le symbolique. C'est donc un mouvement permanent de mise en forme.

S'investir dans l'écriture

L'écriture est un point crucial dans l'histoire de l'éducation spécialisée. On entend souvent dire que les éducateurs n'écrivent pas. Évidemment, c'est faux. Les éducateurs sont obligés de par leur fonction

© Dunod – La photocopie non autorisée est un délit.

même de rendre des comptes, dans des observations cliniques, des cahiers de liaison d'équipe, des synthèses, des projets, des rapports d'activité... De fait, les éducateurs écrivent, mais ils ne reconnaissent pas (et on ne reconnaît pas) leur écriture comme espace de formalisation de leur pratique. L'écriture est tout simplement niée en tant que telle chez les éducateurs. Et ce qui sort de l'institution comme écrits est le plus souvent revisité et signé de la direction, ou des techniciens « patentés » (psy., chefs de service...).

Si l'on condescend à reconnaître que les éducateurs écrivent, on leur dénie le droit d'exporter leurs productions et de les confronter à l'extérieur de l'institution. Les écrits des éducateurs fonctionnent comme les écrits dans l'Église. Ils ne sortent que lorsque l'autorité y a apposé son imprimatur ou son droit de veto. Parfois, on dit que les éducateurs écrivent trop mal, et l'on soumet leurs productions à une réécriture. C'est le psychiatre, le psychologue ou le chef de service qui s'en chargent. Ainsi, une enquête menée dans le Nord de la France sur une institution fait apparaître que tous les écrits présentant des comptes-rendus de suivis éducatifs, furent réélaborés par un médecin psychiatre et signés de son nom.

Force est de constater que les éducateurs, empruntant le pas à leurs détracteurs, ont donné prise à cet état de fait. Ils ont facilité, en n'élevant aucune protestation, leur propre aliénation. Certains se sont même persuadés qu'ils n'étaient bons qu'à faire de la garderie d'enfants ou d'adultes en attendant que des techniciens plus compétents (psychiatres, psychologues, rééducateurs, instituteurs...) les prennent en charge pour de bon. S'il en était ainsi, à quoi rimeraient les trois années de formation intensive en alternance ? À quoi rimeraient les nombreux écrits, souvent complexes dans leur mode d'élaboration, que l'on exige des éducateurs en formation (dissertations de psychopédagogie, mémoires, enquêtes, rapports de stage...) ? À quoi rimerait de soumettre les éducateurs à ce difficile travail d'écriture, si dans la pratique, il n'en reste rien ?

L'écriture des pionniers de l'action éducative, les Joubrel et consorts, ont surtout produit des catalogues de bonnes intentions. Ils ont énoncé des principes, constitué des chartes ou des « bibles » censées faire référence. Ils ont apposé leur signature sur les tables de la loi, dans une position surtout moraliste et surmoïque. A suivie toute une période d'absence d'écriture. L'explication qui veut que dans l'après-guerre les éducateurs étaient trop occupés par la prise en charge de milliers de jeunes en errance ne tient qu'à demi. Dans le même temps, d'autres professions, comme les psychologues, ont produit des écrits substantiels, renforcé leur position et provoqué une reconnaissance du corps social. Les éducateurs se sont tus. Les écrits « sacrés » de leur aînés, farcis d'idéalisme, ne les ont guère encouragés à rendre compte de leur pratique complexe et bien loin de l'idéal que prône tout discours normatif sur l'éducation.

Écrire pour penser l'acte éducatif

Depuis quelques années, on assiste à un renouveau de l'écriture des éducateurs. J'ai déjà nommé l'ouverture réalisée dans ce domaine par la revue *Lien social*. Quelques éditeurs ouvrent leur maison à des éducateurs. Deux livres récents en témoignent. Jacques Lin a produit chez Théétète (maison d'édition nîmoise montée par des éducateurs) un ouvrage sur l'accompagnement de jeunes autistes aux côtés de Fernand Deligny, *La Vie de radeau* [1996]. Jean Cartry, déjà bien avancé dans sa carrière d'éducateur, et connu comme écrivain et penseur du travail éducatif, a publié chez Dunod une chronique de la vie quotidienne qu'il partage avec sa femme et ses enfants en famille d'accueil, *Petite chronique d'une famille d'accueil* [1996]. Pour ma part, j'ai créé chez l'éditeur Érès à Toulouse une collection qui accueille et fait la promotion de l'écriture des éducateurs. Quatre ouvrages sont déjà parus, dont un roman, qui permettent d'ouvrir un espace d'expression original.

Ce mouvement est nouveau. On ne peut pas dire qu'il n'y a rien eu d'écrit sur le travail éducatif. Au contraire, de nombreux et volumineux ouvrages existent. Mais leur caractéristique a toujours été d'être produits par d'autres auteurs que les acteurs de l'éducation spécialisée eux-mêmes. Ce qui est nouveau est la prise en compte de l'écriture par les éducateurs. On peut constater que l'on trouve des éducateurs faisant l'apprentissage de ce mode d'expression dans des ateliers d'écriture. D'autres s'essaient à soutenir une position d'écriture en participant, aux côtés d'autres professionnels, à diverses publications et manifestations. Ce mouvement d'écriture produira dans quelques années un discours organisé et structuré pour rendre compte de la spécificité du travail éducatif.

Il est à regretter cependant que les centres de formation n'accompagnent pas vraiment ce mouvement. La plupart des centres fonctionnent, quant à l'écriture, sur des représentations scolaires et normalisatrices,

© Dunod – La photocopie non autorisée est un délit.

ce qui ne fait que renforcer le sentiment d'échec de certains. Là où il faudrait développer la création et l'expression sous toutes ses formes, on s'enferme trop souvent dans une rigidité stérile. Il se trouve toujours des petits maîtres pour prétendre imposer ce qui doit être écrit et la manière de l'écrire. Un éducateur comme Fernand Deligny n'a cessé de se battre contre cette vision réductrice de l'écriture. Dans ses cartes, ses lignes d'erre, ou dans ses divers ouvrages, il a ouvert des espaces de résonance. Il a su convoquer une culture riche et sans cesse en éveil, pour cerner au plus près la subtilité des actes éducatifs. Il a montré la voie d'une authentique prise d'écriture.

L'écriture des éducateurs n'a pas à singer les écritures savantes issues de la littérature ou de la science. Son objet est de mettre en scène de façon vivante une pratique qui sans cela reste énigmatique et incompréhensible. Il suffit de demander dans la rue au premier venu ce que fait un éducateur pour rencontrer étonnement et déconcertation. Les éducateurs en sont aujourd'hui à chercher à construire un langage commun. Cet ouvrage y participe. Depuis plus de vingt ans que je pratique le travail éducatif, je vois bien qu'un certain nombre de mots insistent pour faire repère : autonomie, responsabilité, cadre, dispositif, médiations... J'ai essayé d'en rendre compte ici. Mais je ne crois pas que l'on puisse jamais écrire le manuel du parfait éducateur. En effet, le travail éducatif réclame de trouver les concepts pour déterminer son territoire d'intervention, mais comme le terrain privilégié de l'exercice du métier est la relation humaine, sans cesse mouvante et émouvante, il faut, pour en rendre compte, réinventer en permanence les modes d'expression. La mise en écriture de la clinique réclame un travail épistémologique dans lequel nul ne saurait en même temps s'enfermer, sous peine de sortir du champ éducatif pour basculer dans celui des sciences de l'éducation, ce qui n'a rien à voir.

Si l'écriture est le lieu de mise en scène d'une pratique vivante, le discours scientifique ne saurait en être le seul matériau de construction. Il faut, pour faire advenir au grand jour la complexité du métier d'éducateur, mobiliser l'ensemble des modes d'expression : littérature, poésie, histoire, roman, fiction, récit de pratique, témoignage, histoire de vie, films... Il s'agit, comme je le dis depuis plusieurs années, de faire flèche de tout bois. Les ressources à mettre en œuvre nous viennent autant de l'art que de la science. C'est une position que la formation des éducateurs est bien loin d'avoir entériné ou même approché. Les mémoires produits chaque années (plus de 2 000) par les éducateurs restent lettre morte. C'est un exercice de style ; le tribut à payer pour entrer dans la corporation, un rite initiatique pour lequel on fait sacrifice d'écriture... Aucune valorisation de ces écrits n'a lieu. Comme toute littérature grise, elle encombre les archives des centres de formation, sans que l'on en fasse fructifier la richesse[1]. Il en va de même de la plus grande partie de la production écrite universitaire ! Sur les questions d'écriture professionnelle on pourra consulter mon ouvrage *La pratique des écrits professionnels en éducation spécialisée* dans cette même collection chez Dunod. J'y aborde deux grands volets : la pratique d'écriture et l'écriture de la pratique. Au-delà du jeu de mot, il s'est agi dans cet ouvrage de dégager une véritable assise pour l'écriture des éducateurs, faisant appel à toutes les ressources de la langue écrite, afin de faire entendre ce qu'il en est de la spécificité de cette pratique. J'y montre que les éducateurs n'ont rien à gagner à se cantonner dans une langue de bois insipide, ou dans des écrits imposés, sans consistance. Il s'agit de faire preuve de ruse et de faire passer à partir d'une bonne connaissance du contexte, des destinataires et des contraintes de l'écrit, la subtilité de l'engagement éducatif auprès des plus démunis. La position dans l'écriture est alors clinique et politique.

Les synthèses

Fort de ce que nous venons d'avancer sur les processus de métabolisation collectifs et individuels du travail quotidien, la notion sacro-sainte de synthèse peut prendre un tout autre sens que cette cérémonie rituelle ennuyeuse à laquelle elle se réduit dans la plupart des établissements. On ne parle jamais que de soi et de ce que l'on vit. Si l'on part de ce postulat, la synthèse, par les voies de la parole et de l'écriture, peut devenir le lieu où s'effectue la mise en scène des transferts multiples qu'engagent une personne prise en charge avec les différents intervenants qu'elle côtoie chaque jour (éducateurs, médecins, rééducateurs, assistants de service social, mais aussi administratifs, et personnel de service…). D'entretenir des relations avec un ensemble de personnes, si chacun accepte de jouer le jeu d'en dire quelque chose, d'exposer ce qui est en jeu pour lui dans cette relation, permet, comme

1. Il faut cependant saluer la naissance, en 1999, d'une revue de l'IRTS de Montpellier, *Le Sociographe*, visant la mise en valeur des productions écrites des personnes en formation. Idem à l'IRTS de Paris avec *Le Fil du récit*.

© Dunod – La photocopie non autorisée est un délit.

dans un puzzle, de construire une représentation assez juste de la réalité. Non qu'il s'agisse de s'opposer pour construire l'image idéale, ce qui se passe trop souvent, mais à travers la diversité des regards et des points de vue, une certaine réalité vivante se dégage. Il s'agit de mettre en scène une sorte d'orchestration, où chacun joue l'harmonique (ou la desharmonique) qui résonne en lui du fait d'être engagé dans une relation assez intime avec une personne.

Une petite histoire indienne va nous permettre de préciser notre propos. Trois aveugles sont dans le désert. Ils tombent sur un éléphant. « C'est un arbre », dit le premier en saisissant une patte. « Pas du tout, fait le second, il s'agit d'un serpent. » Il tate la trompe. Quant au troisième, il affirme, ayant buté sur le ventre de l'animal, qu'il s'agit d'une montagne. Ce que nous enseigne ce petit apologue, c'est d'abord que la réalité est construite par chacun en fonction de son angle d'attaque, donc, si le lecteur nous a suivi, de son désir qui s'inscrit dans le langage. Et d'autre part que ce n'est que dans l'échange collectif que l'on a quelque chance de construire une réalité un peu plus proche du réel, un peu moins fantasmatique. Une position de sujet dans un collectif. Voilà ce que devrait tenter de mettre en jeu la synthèse. Faute de quoi ce type d'exercice institutionnel débouche fatalement sur un dépeçage mortifère de la réalité vivante de la personne prise en charge. Dans une pseudo-objectivité, on réduit le sujet à l'état d'objet. En se mettant de côté comme impliqué en relation, comme sujet désirant, donc en refusant que la réalité soit toujours affaire de subjectivité, on s'installe dans l'illusion d'une toute-puissance imaginaire. L'autre devient l'objet d'un savoir que je pourrais construire sur son dos de l'extérieur, sans que j'en sois touché. La réalité de la relation éducative est évidemment tout autre. Elle implique au même titre, celui du transfert, quoique à partir de places différentes, l'éducateur et l'éduqué (faudrait-il dire « l'éduquant » ?).

L'ÉTHIQUE DU TRAVAIL ÉDUCATIF

L'argumentation que nous venons de développer conduit tout droit à se poser la question de l'éthique du travail éducatif. J'ai soutenu tout au long de ces années passées comme éducateur sur le terrain, puis comme formateur, ce qui est un prolongement du travail éducatif, que l'éthique, inspirée par les travaux de Jacques Lacan est à définir comme « art du bien dire ».

Le terme d'éthique revient souvent dans le discours éducatif. On sent confusément, parce que ce terme est rarement défini, qu'il y a là un enjeu de taille, un mode de ressourcement du sens des pratiques. Ce qui introduit la confusion, c'est que dans nos sociétés modernes, l'éthique, pour décider de ce qui est bien ou mal, pour décider de ce que l'on peut faire ou non, a été confiée à de prétendus sages ou experts : comité d'éthique, de bioéthique, etc. Plusieurs notions sont à différencier.

• *La morale*

C'est le code des bonnes mœurs, explicites ou tacites, qui permettent à chacun de se repérer dans les us et coutumes de la communauté humaine à laquelle il appartient. Le code moral est relayé par les interdits des Codes pénal et civil. C'est là que le terrain professionnel est balisé.

• *La responsabilité*

Elle renvoie à deux éléments. L'un qui relève d'un repérage professionnel en fonction d'un code de déontologie. La responsabilité est articulée également à un cadre juridictionnel inscrit dans le Code pénal. L'autre renvoie à un niveau personnel et à la nécessité de répondre de ses actes. C'est là qu'il faut introduire le terme d'« éthique ».

• *La déontologie*

Elle désigne une charte qui régule les droits et devoirs liés à l'exercice d'une profession. On parle ainsi de déontologie médicale, et de l'Ordre des médecins qui garantit ce code. Le code de déontologie des médecins date de l'immédiate après-guerre, il est né de la prise de conscience de l'implication du monde médical dans les expériences de tortures biologiques menées par les nazis. Ce code a été approuvé par le Conseil d'État dès 1947 et est révisé périodiquement. Les différents éléments d'un code de déontologie concernent : les règles envers les usagers (respect des personnes) ; les textes de droit faisant référence dans la profession ; les obligations des membres envers la profession ; la loi institutionnelle ; et l'autorité de compétence. Il peut exister une juridiction indépendante chargée de faire appliquer le code. C'est le cas lorsqu'il existe un ordre de la profession, comme chez les médecins.

Dans le secteur social, il y a eu des avancées significatives chez les assistants de service social, qui dès la guerre finie ont entrepris un travail de clarification, notamment sur la question du secret professionnel. Le texte a été adopté par les pouvoirs publics et intégré dans la loi du 8 mars 1946. Ce mouvement aboutit pour le service social à un véritable code de déontologie adopté en 1949, réactualisé en 1981 et 1994.

© Dunod – La photocopie non autorisée est un délit.

Au-delà de la spécificité du métier, rappelé en préambule, ce texte propose des axes de référence à partir de différents textes, notamment les Droits de l'homme. Les points principaux de ce code sont les suivants :

– les principes généraux et devoirs, dignité des personnes, non-discrimination, confidentialité, secret professionnel, protection et non-communication des données nominatives, indépendance et liberté, compétence ;
– les devoirs envers les usagers, adhésion au projet ou à la mesure, non-imposition, engagement de suivi, limites d'intervention, conséquences et recours possibles ;
– les devoirs envers le partenariat ;
– les obligations envers les organismes employeurs ;
– les obligations envers la profession ;
– les sanctions pour manquement au code.

Notons cependant que ce code n'a pas force de loi. Il ne s'applique qu'aux adhérents de l'Anas (Association des assistants de service social) qui n'est pas une instance ordinale. Cependant, cette position déontologique est renforcée par le texte adopté par la Fédération internationale des services sociaux adopté en 1976, et qui rappelle que « le service social, né d'idéaux religieux et philosophiques, s'inspire de la philosophie démocratique. Il s'applique universellement à travailler au bien-être des êtres humains, à mettre en valeur les ressources qui dans chaque société sont susceptibles de répondre aux aspirations et aux besoins nationaux et internationaux de l'individu ou du groupe, à promouvoir la justice sociale ».

Travail éducatif et déontologie

Dans le travail éducatif, rien de semblable. Force est de constater cependant que depuis quelques années, un certain courant de réflexion, impulsé notamment par l'ANCE (Association nationale des communautés éducatives), sous la houlette de son président Jean-Pierre Rosenczweig, conduit à poser la question. D'ailleurs, ce dernier avait présenté au ministre de la Santé, dès 1992, un rapport intitulé : « La déontologie au carrefour des libertés, des usagers et des professionnels du travail social ». Une première tentative de formalisation a eu lieu à Carcassonne au printemps 1996, mais n'a débouché que sur des grands principes humanistes que nul ne saurait contester. Les travaux des congressistes sur les « références déontologiques pour l'action sociale », ont dégagé cinq grands types d'engagements, qui reprennent en gros les principes énoncés par les assistants de service social d'après-guerre, mais en les étendant notamment aux éducateurs :

- engagement de l'action sociale au service d'une solidarité, donc d'une mission de service public ;
- engagement à placer l'usager au cœur de l'action sociale, comme sujet et citoyen ;
- engagement de compétence, d'autonomie technique, d'obligation de discrétion ;
- engagement vis-à-vis des autres acteurs sociaux à coopérer en complémentarité et cohérence ;
- prise en compte des obligations vis-à-vis des employeurs.

En fait, cette question de déontologie ne manque pas de soulever des débats houleux. Deux courants se dessinent, à partir de ce catalogue de bonnes intentions qui vise plus largement l'ensemble des travailleurs sociaux. Les uns pensent que la profession d'éducateur ne peut pas continuer à être exercée dans le flou. Les autres craignent qu'un code de déontologie trop rigide vienne empêcher leur marge de manœuvre dans l'exercice du métier. Exercice, précisent-ils, qui ne va pas sans prise de risque. De toute façon, il resterait à régler la question d'une instance arbitrale et juridictionnelle chargée de faire appliquer ce code.

La responsabilité pénale des éducateurs est réglée, comme pour l'ensemble des travailleurs sociaux, par le Code pénal. Elle porte principalement sur la question du secret professionnel. Le principe en est fixé par l'article 226-13 du Code pénal : « La révélation d'une information à caractère secret par une personne qui en est le dépositaire, soit par état, soit par profession, soit en raison d'une fonction, ou d'une mission importante, est punie d'un an d'emprisonnement et de 100 000 francs d'amende. » La loi et la jurisprudence désignent les personnes soumises au secret professionnel : par état (ministre du culte), par profession (médecins, personnel paramédical, avocats).

Des textes particuliers précisent les conditions d'application aux assistants de service social (article 225 du Code de la famille) et à toute personne engagée dans un service d'aide sociale à l'enfance (article 81, CFAS), ou en PMI (article 1.118 du Code de la santé publique), aux

© Dunod – La photocopie non autorisée est un délit.

agents de probation (article D.594 du Code de procédure pénale), aux travailleurs sociaux dans le cadre des établissements pénitenciers (article D.462 du Code de procédure pénale), à toute personne intervenant dans le cadre du RMI (article 22 de la loi du 1er décembre 1988, complétée par la loi du 22 juillet 1992), aux agents du service national d'accueil téléphonique pour l'enfance maltraitée (article 71 du CFAS)...

Dans un certain nombre de ces services exercent des éducateurs et ils sont donc soumis à ce cadre de loi en vigueur. Depuis la refonte du Code pénal de 1994, le secret professionnel est étendu à la fonction et à la mission, notions vagues qui restent à préciser, ce dont la jurisprudence et les affaires qui ne manqueront pas d'être jugées se chargeront. Le secret professionnel impose de ne pas divulguer une information vue, lue ou entendue dans le cadre d'une fonction d'intervention sociale. « Dépositaire obligé » et « confident nécessaire », précise le texte, le professionnel, du fait d'avoir accès à des informations intimes sur les personnes, est tenu au secret. Le secret peut et doit être levé dans les cas de connaissance de mauvais traitements, sévices ou privations infligées à un mineur de moins de 15 ans ou à une personne qui n'est pas en mesure de se protéger en raison de son âge ou de son état physique ou psychique. Dans ce cas, les autorités judiciaires, médicales et administratives concernées doivent être informées.

Les éducateurs face à la justice

Force est cependant de constater qu'en matière de jugement des éducateurs en exercice (et des travailleurs sociaux en général), les conceptions des tribunaux varient sur l'espace de responsabilité de l'acteur social, par exemple pour celui qui préfère accompagner un processus d'aveu et de réparation plutôt que de dénoncer unilatéralement un jeune délinquant, ou une famille maltraitante, ou pour celui qui accueille et soigne un immigré en situation irrégulière. Quelques affaires récentes, comme celles jugées à Auch, au Mans, à Nantes ou à Angers, ont mis le doigt sur cette question difficile. Il reste, à partir des textes existants, à faire preuve d'invention, et non à se conformer à une normalisation, afin de prendre en compte la multiplicité des situations rencontrées. Et au bout du compte, c'est en son âme et conscience qu'un éducateur aura à fonder ses actes. Il peut arriver, compte tenu des références juridiques en vigueur, qu'il frôle parfois la limite avec la loi.

Un certain nombre d'autres points du nouveau Code pénal permettent de baliser la responsabilité éducative. Ils concernent une fois de plus la pierre d'achoppement des rapports entre la justice et le travail social : le secret professionnel et les règles destinées à protéger « l'action de la justice ». De la combinaison de ces textes, il apparaît clairement que les éducateurs astreints au secret professionnel ne pourront pas être pénalement poursuivis pour non-dénonciation (ou non-témoignage en faveur d'un innocent). Deux remarques : tous les éducateurs ne sont pas astreints de la même façon au secret. Et d'autre part, si, à partir de la jurisprudence des affaires récentes, ils « gagnent le droit » de ne pas dénoncer, gardent-ils la liberté de le faire ?

Au cœur de la responsabilité pénale des éducateurs se trouve ce qui fait l'essence même du travail social : la mission de prendre en charge des personnes socialement en difficulté, en souffrance, donc particulièrement vulnérables. Tant que la loi et les juges peuvent présumer que les éducateurs ont au plus haut point le souci de leur mission, donc le souci de l'intérêt général et de l'intérêt des usagers, ils leur accorderont du crédit. Mais dès lors que ce crédit tomberait, c'est au nom de ces même intérêts que la loi et les juges réprimeront. D'où un renvoi nécessaire à la responsabilité des éducateurs de faire savoir ce qu'ils font, de donner à voir dans l'espace public ce qui constitue l'éthique de leur savoir et de leur savoir-faire.

La reconnaissance aux yeux du corps social, tant appelée de leurs vœux par les éducateurs, est aussi entre leurs mains. Comment la confiance naîtrait-elle si rien n'est exposé de ce qui fonde le travail éducatif ? C'est dans cette zone de flou et de non-dit que les affaires récentes, malheureuses pour ceux qui y ont été confrontés, ont pris naissance. À ne rien dire de ce qu'ils font, à ne pas écrire et « publier », donc rendre public, ce qui fonde leurs actes, les éducateurs s'exposent au soupçon et à la perte de confiance de la société, et plus précisément de la loi et de la justice qui en garantissent les intérêts.

Questions d'éthique

L'éthique pose un certain nombre d'autres questions. En effet, le terrain éducatif est balisé, nous venons de le voir, par la morale sociale, certains éléments de déontologie, même s'ils ne sont pas réunis en un code, et les responsabilités pénales. Mais une fois posée cette toile de

© Dunod – La photocopie non autorisée est un délit.

fond à l'action éducative, rien n'est dit de la façon dont chaque éducateur fait des choix dans ce contexte. L'éthique pose la question du choix du côté du sujet. Nul ne peut choisir à la place d'un autre. L'éthique renvoie à ce deuxième volet de la responsabilité qui insiste sur la nécessité pour un éducateur de répondre de ses actes, de donner à entendre et à lire les raisons de ce qu'il engage dans la relation éducative. Cette approche met en avant le désir de l'éducateur et ce qu'il peut en énoncer. Source de renouvellement permanent dans l'action, l'éthique vient répondre à cette question provocatrice que François Tosquelles ne manquait pas d'adresser à chaque éducateur, en réunion : « Et toi, qu'est-ce que tu fous là ? »

Que chacun soit renvoyé à répondre de sa présence et de son engagement désigne le champ de l'éthique. « L'éthique, affirme Daniel Sibony dans son ouvrage *La Jouissance du dire* [1985], est recherche d'un lieu où la parole met en acte ses points de renouvellement alors que tout est supposé acquis, déjà là, à commencer par la langue où l'on baigne, héritage qu'il n'y aurait plus qu'à faire tourner... en rond. » Un peu plus loin, Daniel Sibony précise que « la morale est, faute d'éthique, ce que l'on s'impose lorsqu'on pense n'avoir pas les moyens d'une éthique, et que les interdits en place, les limites font l'affaire ».

Deux ouvrages posent, dans cette veine où nous avançons, la question de l'éthique. Dans son séminaire tenu en 1959-1960, consacré à l'éthique de la psychanalyse, Lacan insiste sur deux points. L'éthique est l'art du bien dire. Pas de dire le bien, mais de dire au plus près de ce qui nous habite comme sujet. L'éthique passe donc par un processus d'inscription du désir dans la parole ou dans l'écriture. Le second point posé par Lacan vient logiquement comme corrélat de cette première assertion. Une fois énoncée la vérité du sujet, se pose une autre question : « Ai-je agi conformément à mon désir ? » La seule faute morale, celle qui se traduit par la tristesse qui affecte le sujet, est de céder sur son désir. Mais le désir n'est pas envie, passade ou fantasme. Le désir relève d'un engagement subjectif dans la parole. Les paroles énoncées engagent le sujet à soutenir ses actes.

Dans un autre texte, Lacan précise que ne pas céder sur son désir consiste à faire son devoir. Dire ce que l'on fait et faire ce que l'on dit seraient un bon résumé d'une position éthique éducative. Évidemment, l'éthique peut parfois entrer en conflit avec la morale, les lois, voire la déontologie. Ainsi, les lois de Vichy impliquaient de dénoncer les juifs, une position éthique ne pouvait les accepter, ni même s'y soumettre.

« L'éthique consiste essentiellement, conclut Lacan, en un jugement sur notre action, à ceci près qu'elle n'a de portée que pour autant que l'action impliquée en elle comporte aussi ou est censée comporter un jugement même implicite. C'est la mesure de notre action. »

Dans un petit texte philosophique intitulé *L'Éthique. Essai sur la conscience du mal* [1993], le philosophe Alain Badiou fait une vive critique du ravalement de la notion d'éthique en une sorte de morale d'ambiance : droits de l'homme, bioéthique, respect de l'autre. Pour lui, l'éthique est aujourd'hui à la mode, mais ses valeurs, l'Autre, la Vie, l'Homme, sont trop générales pour que chacun s'y appuie et s'y réfère pour guider sa conduite. En fait, l'éthique renvoie à des situations singulières. Contre cette éthique des grands principes que nul ne conteste, Alain Badiou prône une « éthique des vérités concrètes », vérités incarnées dans la politique, la science, l'art ou l'amour. Il s'agit d'identifier autrement le mal pour pouvoir y parer. « On appellera éthique d'une vérité, poursuit Alain Badiou, de façon générale, le principe de continuation d'un processus de vérité – ou, de façon plus précise et complexe, ce qui donne consistance à la présence de quelqu'un dans la composition du sujet qu'induit le processus de cette vérité. »

Mais qu'est-ce que la vérité, objectera-t-on ? Il n'est pas de vérité absolue. La vérité renvoie au sujet. « On appelle vérité, le processus réel d'une fidélité à un événement... On appelle sujet le support d'une fidélité. » Qu'est-ce qu'être fidèle à un événement si ce n'est être en accord avec ce qu'il fait résonner (voire raisonner) en nous ? Il s'agit alors de penser l'événement, ce qui se passe, comme entièrement nouveau. Par conséquent, comme Lacan, Badiou renvoie chacun à soi-même et à ce qu'il soutient dans son rapport au monde et aux autres. « Il n'y a pas d'éthique en général, conclut-il. Il n'y a éventuellement qu'éthique de processus par lesquels on traite les possibles d'une situation. » Au lieu que soit en jeu une bonne conscience conservatrice face aux malheurs et à la misère du monde, il y va d'une mise en acte de la vérité qui constitue chaque sujet. Chacun, comme le dit l'adage, ne peut juger qu'en son âme et conscience. Le positionnement éthique ne remet pas en cause les éléments de responsabilité juridique, de déontologie, ou de morale, il les relativise, en réintroduisant, par la fenêtre, ce que notre société scientiste ne cesse de refouler par la porte : le sujet.

Si la dimension clinique que nous n'avons cessé de mettre en avant dans cet ouvrage, est cernée comme clinique du sujet, l'éducateur, dans son être même, y est engagé, j'allais dire, jusqu'au cou ! Il n'y a pas,

© Dunod – La photocopie non autorisée est un délit.

comme on l'entend parfois, les sujets (en souffrance, démunis, handicapés...) et les éducateurs. Chaque être humain, quelle que soit sa place sociale, est situé comme sujet, par son inscription dans l'ordre du langage et de la parole. C'est donc à ce titre, dans cet état peut-on dire, qu'un éducateur placé en situation professionnelle rencontre les autres.

La clinique du sujet est aussi clinique de la rencontre des sujets. Cette rencontre, à chaque fois nouvelle et inédite, prend forme dans les médiations que l'éducateur propose, garantit et protège comme espace de rencontre. C'est dans cette rencontre humaine, où chacun, éducateur et éduqué, est appelé à soutenir sa vérité, que réside le cœur du travail éducatif. La place que l'on occupe comme éducateur dans cette rencontre, et par conséquent la place à laquelle on met l'autre, est à questionner en permanence. Soit elle est issue d'une position de supériorité, de pouvoir exercé sur l'autre, soit elle s'inscrit dans la dimension d'une rencontre subjective. Dans ce questionnement que l'on ne peut refermer, qui se repose à chaque nouvelle rencontre éducative, l'éthique fait repère en inscrivant dans la parole et l'écriture ce qu'il en est du rapport à l'autre. Les modes de désignations des autres pris en charge sont à ce titre révélateurs du type de relation engagée. C'est ce que j'aimerai développer à la fin de ce chapitre.

Les innommables

« J'ai peur de ce que les mots vont faire de moi », écrivait Samuel Beckett dans un étonnant roman justement intitulé *L'Innommable* [1953].

Je me suis souvent étonné des termes utilisés dans le travail social pour désigner les personnes prises en charge parce qu'elles souffrent dans leur corps, dans leur psychisme ou dans leur relation aux autres. Il y a sous le foisonnement et l'imprécision du vocabulaire quelque chose d'innommable, comme si ces personnes occupaient dans le social un espace troué, un espace semblable à ces trous noirs que nous décrivent les astrophysiciens et où disparaît toute lumière.

Quelques dénominations

En médecine, on désigne celui qui fait une demande de soins sous les termes de « patient » ou de « malade ». Dans le commerce, on parle de « client » et les choses sont claires. Les termes du contrat social qui situe les places des interlocuteurs sont définis.

En revanche, dans les pratiques sociales, on constate un flottement et un éparpillement des dénominations qui laissent présager le flou dans lequel s'établissent les relations.

Sans vouloir être exhaustif, passons en revue les plus courantes de ces appellations. Dans ce travail, je m'appuierai sur deux ouvrages qui viennent de paraître chez Bayard, *Le Lexicode de l'Aide sociale à l'enfance* [1995], de Pierre Verdier, et *Le Dictionnaire de l'Action sociale* [1995], par un collectif d'auteurs. Bien entendu, la partie critique de cet exposé n'est imputable qu'à moi seul.

Client

En latin, le mot *cliens* a deux sens. D'abord, il désigne un plébéien qui se met sous la protection d'un patricien (position de soumission et d'infériorité). Ensuite, une personne qui reçoit contre monnaie sonnante et trébuchante un service ou une marchandise.

Dans le travail social, il semble que ce soit M. Richmond, un des pionniers du *case work*, qui l'introduisit aux États-Unis. Carl Rogers a repris ce terme par la suite pour lui donner ses lettres de noblesse dans le cadre de la relation d'aide. Au fil des ans, ce terme sera détrôné en France par celui d'« usager ». Mais force est de constater que depuis quelques années, il fait un retour triomphant, dans un contexte d'économie de marché où, comme toute autre activité, le travail social est soumis au rouleau compresseur du capital et de la rentabilité. On peut s'étonner de ce terme de « client », surtout utilisé chez les assistants de service social. Il désigne dans son acception la plus courante une relation marchande. Mais dans le travail social, si l'on prend en compte le payeur et le donneur d'ordre, ce n'est pas la personne en difficulté qui est en fait désignée, mais l'État ou les collectivités locales.

Usager

Le mot « usager » se prête, on le sait, à un terrible jeu de mot, ce qui compromet sérieusement son... usage (usagé !) Le Code civil de 1805 précisait déjà que « l'usager est le titulaire d'un droit réel d'usage sur une chose ou un bien appartenant à autrui, qu'il ne peut céder, ni louer à un autre », par exemple, le droit de pâture, ou celui de ramasser du bois.

© Dunod – La photocopie non autorisée est un délit.

Bref, l'usager bénéficie des miettes. Aujourd'hui, le terme désigne l'utilisateur d'un service public : usager des postes, de la route, de la SNCF...

Entré dans le vocabulaire du travail social il y a une quinzaine d'années, ce terme insiste sur le droit des personnes et le respect qui leur est dû, quelles que soient leurs difficultés à vivre, leur handicap ou leur pathologie.

Bénéficiaire

Ce terme concerne uniquement les personnes recevant des prestations sociales, telles que les Allocations familiales, le RMI ou l'ASE. Mais il est parfois étendu au fait que les populations en question sont aussi suivies dans le cadre des services sociaux.

Ces trois termes : client, usager et bénéficiaire, marquent surtout le territoire des assistants de service social.

Appellations et stigmatisation

Dans le secteur socio-éducatif, on assiste à un véritable déferlement sémantique, comme si à l'endroit des personnes prises en charge se déchaînait un impossible à dire. Je fais ici un essai de classement qui vaut ce que vaut tout classement.

- Selon l'âge : les enfants, les jeunes, les ados, les jeunes majeurs. Termes parfois utilisés au-delà de leur sens propre. Ainsi, j'ai entendu désigner des travailleurs handicapés dans un CAT, sous le terme d'« enfants ». Bonjour les enfants !
- Selon le statut : stagiaire (certains sont ainsi en stage depuis vingt ans !), résident ou résidant (entre les deux appellations la bataille fait rage), surtout pour les personnes qui sont accueillies dans des foyers spécialisés.
- Parfois l'accent, généralement péjoratif, est mis sur la pathologie ou la difficulté :
  - la maladie mentale, pimpin, zinzin, mongol (pour mongolien), carac (pour caractériel), fou, ou plus simplement, malade mental ;
  - le handicap physique, IMOC, tétra, légume, grabataire... et parfois même, l'appareil qui sert à pallier ce handicap, un fauteuil... ou la loi qui a permis son placement, un creton... ;

– le handicap social, cassos (pour cas social), toxico, SDF, érémiste, sans logis, précaire...

• Dans certaines institutions particulières comme les lieux d'accueil ou les lieux de vie, on parle également d'« accueillis ».

Un certain nombre d'autres termes visent une généralité : on parle alors de personnes en difficulté, voire en très grande difficulté, en souffrance, voire en très grande souffrance, d'exclus, des plus démunis. Toute une série de termes désignent les personnes à partir de ce que l'on dit leur manquer, c'est le monde des « sans » : sans abri, sans emploi, sans domicile, sans famille... Parfois, la généralité même se dilue, et l'on entend des termes comme « les gens », « les personnes »...

On peut se demander à quoi servent tous ces mots. Il semble qu'ils désignent dans l'ordre social la place de ceux qui portent les « stigmates » du désordre. Stigmatiser une partie du corps social sert avant tout au reste de la communauté à se rassurer quant à son appartenance à une certaine normalité. Et plus la norme vacille et plus il faut passer à la trappe des mots et des actes des parties plus larges de populations. C'est sans doute une des raisons profondes qui fait que dans un pays riche comme la France, alors que depuis longtemps on sait ce qu'il faudrait faire pour que les choses changent, pour que l'exclusion soit en grande partie résorbée, rien n'est fait. Rien n'est fait parce que cette distribution des cartes joue son rôle : celui de maintenir un semblant de consistance dans une société en pleine déconstruction.

Erving Goffman, dans deux ouvrages célèbres parus aux éditions de Minuit, *Asiles* en 1968 et *Stigmates* en 1976, propose une théorie de la stigmatisation sociale des handicapés, dont la dénomination n'est qu'une des manifestations. Il définit les stigmates comme des attributs qui jettent le discrédit sur certaines personnes et les font montrer du doigt. Il distingue trois types de stigmates :

– les anomalies du corps (divers handicaps physiques, sensoriels ou moteurs) ;

– « les tares de caractère » (délinquance, toxicomanie, homosexualité...) ;

– les stigmates tribaux ou attributs collectifs (race, religion, nationalité, couleur de peau...).

Le stigmatisé, dans la dénomination qui le représente aux yeux des autres, est de fait marqué au fer rouge de l'infamie ou de l'exclusion. Il

© Dunod – La photocopie non autorisée est un délit.

semblerait que le Commissariat au Plan ait tenté, au vu des aspects péjoratifs et dégradants liés à la stigmatisation, un virage à 180 degrés, puisque l'on trouve dans un rapport récent le terme paradoxal de « stigmatisation positive », qui met l'accent sur les ressources des érémistes ou des chômeurs de longue durée. Autant dire que c'est une reconversion linguistique qui n'abuse personne.

Devant cette inflation langagière, on peut se demander quel type de relation on entretient avec « ces gens-là », comme le chante Brel, dans le travail éducatif.

Les stigmatisés auxquels ont affaire les travailleurs du social que sont les éducateurs, exclus, rejetés, démunis, etc., sont désignés comme « populations à risque », pour eux-mêmes, mais avant tout pour le corps social. De plus, les vocables recouvrent une massification des individus et un étiquetage qui favorise d'avantage l'administration et la gestion des prises en charge, la manipulation de grands groupes, qu'une réelle prise en compte de la souffrance. On peut se demander si, face à cette partie du corps social, jetée au grand jour comme « porteuse » du mal et du malheur sous toutes ses formes, on ne reproduit pas une pratique fort ancienne, celle du « bouc émissaire ». René Girard a produit une formalisation tout à fait pertinente de ce phénomène dans un ouvrage paru chez Grasset, *Le Bouc émissaire* [1982]. Il faut se souvenir qu'en Israël, chaque année, dans un rituel assez complexe, un bouc était chargé des péchés de la communauté et chassé dans le désert. Il emportait sur son dos toute la misère du monde.

Les mots utilisés par les éducateurs révèlent cette place d'assignation à résidence. Les personnes prises en charge, en plus de leurs difficultés bien réelles, ont à supporter ce marquage social et prennent la suite dans une lignée transhistorique qui réunit pêle-mêle les exclus de tous les temps : hérétiques, pestiférés, sorcières, marginaux ou « classes dangereuses »... Souvenons-nous cependant, comme l'a montré Michel Serres dans une démonstration lumineuse, que ce sont aussi les citoyens frappés d'exclusion qui ont changé le monde (colloque de l'Unesco, du 9 décembre 1989). « La Rome antique, Venise, Mexico, l'Australie et les États-Unis, nous dit Serres, ont été créés par des exclus. »

Pour être tout à fait complet, il faudrait peut-être créer un nouveau terme, pour désigner la catégorie des gens normaux, puisque cette dénomination renvoie à une vraie « fracture sociale ». Je propose, comme le suggéra François Tosquelles, celui de « normopathe » ou « normosé », pour désigner le non-dit de l'injustice et de l'oppression qui sous-tend la lutte des places (la lutte des classes étant depuis longtemps enterrée !).

Dans la société à je ne sais plus combien de vitesses les éducateurs sont chargés de veiller à ce que les paquets classés ne se mélangent pas. Ils surveillent les limites, les marges, ils surveillent les lieux du bannissement (sens exact du mot « ban-lieue », je le rappelle).

Retour à la clinique, encore...

On peut se demander si les éducateurs vont encore longtemps assumer ce rôle de gardes-frontières chargés de refouler et canaliser aux marges du monde l'image du mal et de ceux qui la portent.

Un retour à la clinique dans les pratiques sociales, un mouvement de résistance à la réification, permettraient de sortir de cette massification de la souffrance humaine. En prenant en compte, au cas par cas, chaque personne, nous pourrions alors, dans la rencontre au quotidien avec des personnes en souffrance, remettre au goût du jour des appellations tombées en désuétude. La vieille notion philosophique de « sujet », que je n'ai cessé d'avancer dans cet ouvrage, du latin *subjectus*, jeté dessous, sou-mis, inscrit la personne humaine à l'enseigne de la parole et du langage, l'y aliène, mais aussi lui donne une place au sein de la communauté des « êtres parlants ».

C'est aussi le terme qu'a repris le discours psychanalytique pour désigner l'essence de l'homme. Le sujet, défini comme sujet de l'inconscient. Le sujet s'oppose en psychanalyse au moi, instance imaginaire. Le sujet n'est ni exclu ni normalisé, il est, c'est tout. Le sujet soumis à la division, au manque, à l'incomplétude, de par sa structure langagière, est le seul point d'appui dans la rencontre éducative. Le sujet apparaît, il fait demande d'aide, à la fois en ce qui concerne les biens matériels et sur ce point l'intervention éducative doit être efficace, mais aussi le sujet ne peut s'empêcher, dans le recours à l'autre, de faire une demande de complétude plus fondamentale, sur laquelle l'éducateur ne peut intervenir, sauf à s'y tromper et à tromper les autres, mais qu'il peut accompagner jusqu'au point où cette incomplétude s'avère assumable, ce que l'on appelle dans la langue des éducateurs l'« autonomie ».

Ce n'est pas tant qu'il y aurait dans toute demande d'aide je ne sais quelle demande cachée, comme cela s'énonce parfois naïvement. Toute

© Dunod – La photocopie non autorisée est un délit.

demande remet en jeu le manque fondamental qui constitue tout être humain. Toute demande est une demande de quelque chose faite à quelqu'un dans un contexte donné. Trop souvent, nous n'entendons que la demande de quelque chose, et nous pensons répondre en donnant l'objet demandé. Mais à ne pas entendre qu'une demande s'énonce en relation, nous ratons l'essentiel du travail éducatif. Dans cette rencontre singulière, nul objet ne peut venir combler le manque qui s'énonce au grand jour. C'est pour cela que les éducateurs savent bien au fond que toute demande est demande d'amour. Mais demande d'amour à un niveau structurel, qui renvoie là où le sujet a justement été castré de cet objet total d'amour. Au fond, tout être humain recherche inlassablement cet objet perdu, il en espère secrètement les retrouvailles, et il ne cesse de le manquer.

L'aide éducative porte avant tout sur le soutien dans cette épreuve de la castration. Non, je n'ai pas ce qui vous manque, doit pouvoir dire en fin de compte l'éducateur, et personne au monde ne le possède. Rassurer chacun dans sa fonction désirante, passe par cet effet de désillusion. Une autre façon de faire vivre ce mot à la mode dans le travail éducatif, c'est, je l'ai déjà dit : l'autonomie. Fondamentalement, les éducateurs n'ont pas l'objet magique, l'agalma pour reprendre le mot de Socrate, qui viendrait combler une fois pour toutes le sujet manquant. Il est de leur devoir non seulement de transmettre les objets, nourriture, toit, réseaux sociaux, indispensables à la vie du sujet, mais encore et surtout de l'accompagner à faire avec cette dimension manquante, qui seule restitue à chacun sa part d'humanité. Comment accompagner les autres dans cette découverte, dans cette difficile acceptation de l'incomplétude de l'être, et que l'on ne peut combler sur le mode de l'avoir, si l'on ne s'est soi-même, en tant qu'éducateur, coltiné à cette part manquante en soi ?

Voilà pourquoi tout au long de cet ouvrage j'ai insisté sur le travail sur soi comme condition incontournable du travail éducatif. Travailler comme éducateur ne laisse pas tranquille ni indifférent, puisqu'il faut en permanence trouver en soi une position d'ouverture aux autres. Et que cette rencontre avec des personnes en grande souffrance ne peut que nous affecter.

Mais passer par un tel remaniement, c'est reconnaître qu'éducateur ou client, usager, jeune.... sont logés à la même enseigne, celle d'appartenir à l'ordre des êtres parlants. Ce qui introduit une idée très claire de ce qui nous tient ensemble, c'est-à-dire la solidarité.

Force est de constater que les éducateurs s'enfoncent de plus en plus dans des pratiques de réification (qui font des êtres, des choses). Paradoxalement, plus on prend les groupes sociaux de haut (aujourd'hui on ne désigne même plus des humains, on les réduit à leur habitat : la politique de la ville, les quartiers, les zones rurales...), plus on exclut les sujets du corps social et d'eux-mêmes. Autrement dit, j'ai bien peur qu'en tant qu'éducateurs, nous fassions parfois exactement ce que nous prétendons dénoncer. Pour changer les choses, il faudrait un bouleversement conceptuel et social (c'est pareil, le social : c'est le langage et les représentations qu'il met en œuvre) qui n'aura sans doute jamais lieu. Où irait-on si l'on mettait en avant l'idée que nous partageons tous la même liberté, la même égalité, la même fraternité ? Et si l'on se mettait à parler des gens que nous côtoyons comme de « citoyens, libres et égaux en droit » ? Ce serait la révolution... Mais il paraît qu'elle a déjà eu lieu, il y a 200 ans...

© Dunod – La photocopie non autorisée est un délit.

6

Éducateur aujourd'hui : un métier impossible

> « Là où les humains ne supportent plus la parole, réapparaît le massacre. »
>
> Pierre Legendre. *La Fabrique de l'homme occidental.*

L'éducateur est un esclave. C'est un(e) esclave chargé(e), dans les grandes familles romaines de l'antiquité, d'accompagner les enfants de la *gens* (cette famille élargie pouvant aller jusqu'à 300 personnes, ascendants, descendants et collatéraux du *pater familias* étant réunis ainsi que les familles d'esclaves), jusqu'au *gymnasium*, le lieu de socialisation. Là les enfants y apprennent aussi bien le lancer du javelot que la rhétorique, les mathématiques, l'observation des corps célestes ou la philosophie. L'éducateur dès l'origine, nous rappelle Michel Serres dans son *Tiers-instruit* est ce passeur de l'entre-deux, ce médiateur social entre la famille et les lieux où les enfants s'initient à la citoyenneté. L'éducateur ne saurait prendre la place ni des éducateurs naturels que sont les parents et la famille, ni des éducateurs culturels que sont les enseignants et les pédagogues, qui initient le jeune romain aux savoirs indispensables pour être membre de la cité. L'éducateur dès cette époque lointaine accompagne le passage. C'est un passeur. Au sens propre un intermédiaire, un entre-deux. Passeur des deux rives, de l'enfant à l'homme. Notons que cette position implique une bonne connaissance des deux rives : le milieu familial et l'environnement social.

© Dunod – La photocopie non autorisée est un délit.

L'éducateur d'aujourd'hui est un descendant lointain de cet éponyme antique. L'esclavage en moins. Encore que l'éducateur ne travaille pas en libéral. Il est assujetti à une institution qui lui détermine un mandat en fonction d'une mission pour laquelle elle a conclu une convention avec les autorités de tutelle concernées (État ou Collectivités locales). De plus le travail éducatif aujourd'hui ne concerne plus uniquement les enfants mais toutes les tranches de la population souffrant d'une mise à l'écart, quand ce n'est pas d'une exclusion, du fait de divers handicaps, inadaptation sociale, mais aussi de l'injustice qui règne dans nos sociétés modernes.

TRANSMETTRE L'IMPOSSIBLE

Comment travaille l'éducateur dans cet espace intermédiaire, dans cet entre-deux où se joue l'accompagnement de personnes en souffrance ? L'éducateur est un transmetteur des limites qui, pour chaque être humain, lui permettent de se construire et de vivre parmi les autres. Les éducateurs transmettent l'impossible parce qu'à l'impossible chacun y est tenu. Freud écrit à juste titre, dans sa préface de 1925 à l'ouvrage d'August Aïchhorn traduit en français sous le titre de *Jeunesse à l'abandon*[1], qu'éduquer, comme gouverner et soigner (plus tard il dira psychanalyser) est impossible. Il ajoutera en reprenant cette expression au soir de sa vie en 1937, que dans ces trois métiers impossibles, on « peut être d'emblée sûr d'un succès insuffisant ». S'agit-il de pessimisme de la part du père de la psychanalyse ? Non, il s'agit de penser l'impossible comme un concept freudien : ce sur quoi vient buter l'idéal d'éducation. Disons d'emblée que l'idéal éducatif de Pygmalion qui vise à reproduire l'autre à sa propre image se casse le nez contre cet impossible. Impossible parce qu'il y a dans la pulsion qui gouverne l'être humain quelque chose qui demeure foncièrement inéducable. C'est cette part d'ombre de la pulsion que Freud révèle comme l'essence de la pulsion de mort et que Lacan reprendra comme étant du registre du réel. Les éducateurs dans la rencontre au quotidien avec des êtres en grande souffrance ont à faire avec cette part d'inéducable, cette part de jouissance qui se soustrait à la « d'hommestication » et aux contraintes de la civilisation. L'impossible naît de ce qu'un être humain

1. L'ouvrage d'August Aïchhorn est paru dans une nouvelle traduction, sous le titre *Jeunes en souffrance*, aux Éditions du Champ Social, en janvier 2000.

est castré par les impératifs du vivre-ensemble que lui impose la société. Il est castré, mais la jouissance inconsciente poursuit son œuvre, increvable. Elle pointe son nez dans les formations que l'inconscient met en scène, y compris dans les passages à l'acte. Pour prendre une métaphore, si la conscience est le cavalier et l'inconscient le cheval, il arrive assez souvent que le cheval mène le cavalier à sa guise.

C'est pourquoi Freud décrira le processus éducatif dans ses conférences d'*Introduction à la psychanalyse* comme « un sacrifice de la pulsion », un détournement par la culture des forces pulsionnelles pour les mettre au service de la communauté. Mais malgré cela, demeure dans l'inconscient cette part d'ombre qui lui échappe et le gouverne. La conscience est une île encerclée par l'océan de l'inconscient, précise Freud. La rencontre éducative s'inscrit sous le signe de cet impossible : comment vivre castré par les contraintes sociales et en même temps assumer des exigences pulsionnelles que l'on ne maîtrise pas. C'est là tout l'enjeu de l'éducation (spéciale ou pas) que d'introduire un autre humain à cette tension entre jouissance et plaisir, fantasme et réalité, pulsion et désir. L'impossible vient faire signe chez l'être humain d'un point de butée. La mort en représente un des emblèmes comme échec de la toute-puissance de l'enfant-roi. La loi qui unit et sépare les hommes en constitue une seconde borne. La vie n'est alors possible qu'au prix d'y intégrer ce qui relève de l'impossible. La vie n'est vivable, nous confie en substance Serge Leclaire dans son ouvrage *On tue un enfant*, qu'au prix du meurtre permanent de l'enfant merveilleux que chacun porte en soi. Évidemment cette assertion s'adresse aussi bien à l'éducateur qu'à la personne prise en charge. Telle est la portée et l'enjeu de l'acte éducatif ; tel est l'espace vif de la transmission : apprendre à un autre à faire avec ce qui le dépasse, dans l'espace social et dans l'espace psychique. Ce qui soutient cet acte de transmission, chez les parents, les enseignants ou les éducateurs, ce qui le légitime, c'est la fonction paternelle. Le problème est que cette fonction a sérieusement été mise à mal par notre société post-moderne. Nous allons en mesurer un peu plus loin les conséquences.

La tâche pour les éducateurs est d'autant plus difficile que le contexte social, tel que nous le voyons se déployer sous nos yeux à l'aube du troisième millénaire, nous donne à vivre des sociétés gouvernées en sous-mains par une idéologie scientiste. L'impossible que vient marquer la mort et l'interdit que pointe la loi y sont battus en brèche.

© Dunod – La photocopie non autorisée est un délit.

Le discours de la science, qui a peu à peu gagné depuis le XVIIe siècle nos modes de penser le monde et les relations humaines est fondé sur cette illusion qu'a la science il n'y aurait rien d'impossible. Le Sida, le cancer la mort même, qui continuent à résister à l'avance de la médecine de pointe, ce n'est qu'une question de temps et de moyens pour les vaincre. Dans les décennies qui suivent on devrait venir à bout de ces fléaux. La sexualité au-delà des limites c'est chose faite avec le Viagra. Le recul des limites de la connaissance en ce qui concerne le Sida ou le cancer après tout ne peut être qu'une bonne chose, mais il participe d'une illusion devant la mort. Ce n'est pas pour rien que Martin Heidegger voyait en l'être humain un « être-pour-la-mort », ce qui marque une limite absolue chez chacun aux prétentions d'immortalité et de bonheur total. La science tendrait à ériger comme immortel le corps de l'homme. L'idéologie qui domine notre modernité, c'est bien celle du bonheur à tout prix. Et la science, relayée par les prouesses technologiques et le libre commerce des biens de consommation, met sur le marché les objets mêmes qui viendraient à chaque instant, immédiatement réaliser ce fantasme. Enfin on ne manquerait plus de rien. Nous serions comblés. Malheureusement à cette course effrénée au bonheur qui signe l'essence de la société capitaliste, il y a un reste. Il suffit de considérer le nombre de laissés pour compte, de chômeurs, de ceux qu'on dit exclus ; et les cohortes sans cesse croissantes d'êtres humains en déshérence, démunis, sans foi ni loi, perdus. Le discours scientiste a des retombées catastrophiques dans notre monde quotidien actuel ; notamment chez les jeunes qui, bombardés par les slogans publicitaires et les incitations à consommer sans entrave, ne voient plus de quel lieu ni de quel droit on pourrait faire limite à leurs pulsions. Ils ne font que mettre en œuvre l'impératif sous-jacent à notre société dite de consommation : « Tout, tout de suite ». Bien entendu un certain nombre de parents, dont on dit un peu facilement qu'ils sont démissionnaires, ne font qu'entériner dans le mode d'éducation de leurs enfants ce sans limite d'une jouissance sociale érigée en idéal par un capitalisme marchand triomphant. Ce sont bien leurs enfants, issus de tous les milieux sociaux, des familles les plus riches aux plus démunies, que les éducateurs rencontrent de plein fouet. Dans les institutions où ils trouvent refuge. Quand il ne faut pas les y réfugier de force !

Sur cette question du bonheur avec un grand B, autrement dit de la jouissance et de ses ravages, Freud a publié en 1929 une grande méditation, intitulée *Malaise dans la civilisation*. Dans toute culture il y a un malaise, nous dit-il, et ce n'est pas fait pour s'arranger. Les lendemains qui chantent, il vaut mieux faire une croix dessus. Le fond de l'argumentation de Freud et simple : il y a chez l'être humain, du fait d'être appareillé au langage, une impossibilité structurale au bonheur. Ce qui n'empêche pas tout un chacun de courir après. Mais l'être humain se caractérise de se construire autour d'un objet perdu, à jamais perdu, parce qu'il n'a même jamais été possédé. Une des représentations en est la mère. Une mère mythique s'il en est : verts paradis de l'enfance, Éden adamique des origines. Que veut l'homme questionne Freud ? Il veut être heureux et le rester. Mais assez rapidement le petit d'homme se rend compte que trois obstacles font barrage à sa prétention au bonheur. Il y a le monde, les autres et son corps. D'où la mise en place d'une série de stratégies pour dépasser l'obstacle. Pour dépasser les limites corporelles, pour faire rendre raison au corps qui nous obéit si mal, certains se lancent dans des régimes, des manipulations, le yoga, les exercices sportifs, les drogues. Pour dominer le monde on peut faire confiance à la science et à la technologie. Internet ou le nucléaire ont sérieusement agrandi notre champ d'intervention. En ce qui concerne les autres c'est plus difficile, on ne peut pas s'en passer. Même au fin fond du désert on emmène avec soi un monde fou. La conclusion de Freud est celle-ci : devant l'impossible qui fait limite aux prétentions au bonheur de l'homme, il vaut mieux se faire une raison et se contenter des petits bonheurs que nous offre la vie de tous les jours. Autrement dit, comme le confie Freud à une de ses patientes : « il s'agit de transformer notre prétention névrotique en malheur banal ». C'est ainsi qu'il en vient à désigner, à l'horizon de la cure de parole, le travail et l'amour, comme plus sûrs moyens de vivre ce malheur banal.

La fonction paternelle

L'agent qui entraîne le petit d'homme à en rabattre sur sa jouissance à assumer son « malheur banal », c'est le père. Le père est le fondement de la loi qui, de l'interdit de l'inceste aux lois sociales, régule la jouissance des humains soumis à la vie collective. Le père est d'abord une fonction symbolique mais comme toute fonction il faut qu'elle soit incarnée pour opérer. Le père c'est cette fonction que chacun d'entre nous assume et transmet dans le rappel permanent des limites. Le père introduit le sujet à en passer par les autres hommes et, pour survivre, à se soumettre à la loi de la parole et au langage. Le père en opposant

© Dunod – La photocopie non autorisée est un délit.

l'interdit et la loi à la jouissance du sujet le fait advenir à l'ordre du désir. C'est cette opération que la psychanalyse repère sous le terme de castration. C'est la base de toute fonction éducative. Or cette fonction ne peut être assumée dans l'espace familial d'abord et social ensuite, que si la société la soutient dans ses idéaux. Nous allons voir que le discours de la science qui a peu à peu envahi notre monde a eu pour effet de briser le tranchant de la fonction paternelle[1].

Juste un exemple. Récemment en 1998 on en est venu à exhumer le cadavre de ce pauvre Yves Montand pour faire une investigation biogénétique en recherche de paternité. Cette enquête génétique était exigée, comme le lui permet la loi, par une jeune fille dont la mère lui disait qu'elle était née de cet homme-là. Retenons qu'en son temps Yves Montand confronté à cette affirmation avait dit qu'il n'était pas le père. La parole du sujet ici on s'en bat l'œil, la science vient trancher à sa place. Or j'affirme avec force qu'on aura beau déterrer tous les cadavres qu'on voudra on n'y trouvera jamais de père. Ce qu'on peut y découvrir éventuellement c'est un géniteur, c'est-à-dire l'agent biologique de la reproduction. Un père n'est pas matériel, c'est une fonction, même s'il en faut un ou une pour la porter, cette fonction. Je dis un ou une parce que chez certains peuples ce peut être une femme qui fasse le père. Les êtres humains ne se reproduisent pas comme les animaux. Ils sont produits par et dans la parole. Jusque-là dans nos sociétés occidentales, une femme disait à l'homme qu'elle aime « tu es le père de l'enfant que je porte ». Encore fallait-il que cet homme assume cette parole. Donc un père est produit par la parole d'une femme à qui il fait confiance en tant qu'homme. Il ne va pas demander une preuve génétique de sa paternité. La vérité c'est que cette femme le lui dit. Elle se montre ainsi elle aussi comme soumise à la fonction paternelle. Elle transmet ce que son propre père lui a transmis. Jusqu'à ces temps derniers le père était donc fondé sur cet acte de parole. Le droit romain l'avait d'ailleurs bien compris qui indique que « *mater certissima ; pater semper incertus est* ». En terme de preuve, la mère on en est toujours sûr ; pour le père on ne l'est pas : il faut s'en remettre à la parole d'une femme. On peut dire que cette parole singulière fait advenir une mère et un père. Voilà comment fonctionne depuis bien longtemps l'institution de la paternité. Jusqu'à ce que récemment, le droit de la

1. Voir Joseph Rouzel, « Qu'est-ce qu'un père ? », *L'Acte éducatif*, Érès, 1998, p. 181-196.

filiation soit modifié. Dans un article paru dans la revue *Esprit* en 1996, Irène Thery, en vient à conclure que « Croire que l'on peut refonder la sécurité de la filiation sur le fait biologique est l'une des illusions majeures de notre temps ». En effet, et je reprends ici les paroles fortes de l'anthropologue Pierre Legendre, « produire de la chair humaine ne saurait être confondu avec instituer de la filiation ».

Je prends ici à témoin la question de la filiation à titre d'analyseur. On pourrait agrandir le champ d'investigation pour montrer comment le discours de la science a infiltré nos moindres gestes et provoqué une mutation dans nos sociétés qui, si elle n'est pas contrecarrée les conduira à la barbarie d'abord et à la destruction ensuite. Qu'est-ce qui est touché à ce point ? C'est le père, pas le papa, ou le père fouettard, le macho de service ou le petit chef, c'est la fonction paternelle comme fonction civilisatrice à travers l'instauration des limites et de la loi. Le père en séparant mère et enfant, institue l'altérité et introduit le sujet dans le champ de la parole et du langage, il l'introduit à la dimension de l'impossible. Autrement dit le père est au principe de l'insertion sociale de tout sujet. Ce qui est gravement touché à travers cette mise à mal de la fonction paternelle c'est principalement les trois fonctions que transmet le père, et qui constituent le socle de tout être humain : l'énonciation, la limite et le jugement.

LE DÉCLIN DU PÈRE : SES CONSÉQUENCES

• *L'énonciation* à laquelle tout sujet est confronté dans le fait de soutenir sa parole propre est invalidée. Si la science dit le vrai, à quoi bon parler. On ne s'intéresse plus à la parole de chaque sujet, il peut mentir ou se tromper, mieux vaut faire confiance aux détecteurs de mensonge et à ceux qui savent le pourquoi du comment. Dans nos institutions regardez les ravages effectués par la convocation d'experts[1]. On ne demande rien ni aux personnels, ni aux usagers, l'expert dira le vrai sur ce qui se passe. Celui qui dit la vérité c'est celui qui sait, voire celui qui a le pouvoir. On n'écoute plus personne dans notre secteur social et médico-social, on fait de l'audit. La parole, seule modalité d'institution du lien social entre les humains, s'en trouve largement dévalorisée.

1. Voir dans mon ouvrage *L'acte éducatif*, Érès, 1998, le chapitre « Une clinique du sujet », et plus spécialement la partie intitulée : « De l'ex-père à l'expert, et retour », pp. 101-107

© Dunod – La photocopie non autorisée est un délit.

• *La limite* maintenant. Elle est introduite sous la forme de l'impossible par le père pour faire butée au fantasme de toute-puissance du petit d'homme. Le père a pour fonction d'introduire les fils de l'un et l'autre sexe, comme disent les textes du Moyen Âge, à la finitude de la dimension humaine, aux limites, à ce qu'en psychanalyse on nomme la castration. Or le discours de la science vient mettre à mal le principe même de cette transmission. Elle développe un savoir de toute-puissance, où tendrait à disparaître l'impossible. C'est ainsi que j'ai pu lire récemment dans *Le Monde* que l'abolition de la mort n'est pour la science qu'une question de temps et de moyens techniques. Bientôt nous serons immortels ! Donc la transmission de la loi qui fait limite à chaque sujet pour vivre parmi les autres en prend un coup. Du père nous sommes passé au règne de l'expert. Pas la peine de se casser la tête avec des problèmes épineux comme le clonage des gènes ou la colonisation de la lune. On pense pour nous. On va nommer un comité d'éthique, il nous dira que faire. De comité d'éthique en étiquettes on en arrive à produire une morale de Prisunic. Vous la trouverez entre les nouilles et la lessive qui lave plus blanc que blanc.

• Enfin c'est *la faculté de jugement* qui et gravement atteinte. Si la parole d'un sujet ne vaut rien, si les limites de l'impossible sont abolies, alors comment faire des choix ? Et on le voit bien chez certains jeunes à qui l'on demande ce qu'ils veulent faire plus tard. Non seulement ils ne savent pas, mais ils ne peuvent pas savoir. Car savoir ce qu'on veut faire c'est choisir, donc engager son désir. Pour cela il faut avoir buté sur la fonction paternelle pour repérer un peu ce qu'on désire. Qu'ils ne s'inquiètent pas : les tests d'orientation, les bilans de compétences et autres gadgets orthopédo-pédagogiques, choisiront pour eux. Comme me disait un jeune récemment :

— Je voulais devenir sculpteur et on m'a mis en math.

— Pourquoi tu leur as rien dit ?

— Mais je leur ai dit, ils s'en foutent. De toute façon c'est eux ils savent. Moi à l'école je suis nul.

Je me réfère ici aux travaux d'un psychanalyste belge, Jean-Pierre Lebrun. Il exerce à Namur. Dans un ouvrage intitulé *Un monde sans limite* il a essayé de tirer les conséquences de ce déclin du père. Je l'ai déjà dit, pour tenir, cette fonction doit obéir à deux exigences : être incarnée dans l'espace familial et être soutenue dans les valeurs de la socio-culture. Remettre en phase un jeune avec l'impossible qui le castre d'une toute-puissance fantasmatique et le fait advenir comme un parmi d'autres, voilà l'essentiel du travail éducatif. Autrement dit transmettre la castration, faire coupure, limite, séparation. Transmettre justement ce qui est mis à mal dans le lien social d'aujourd'hui : l'énonciation qui consiste à s'assumer comme sujet d'une parole singulière ; les limites pour vivre ensemble ? présentifiées par la mort et la loi ; la nécessité de choisir, et donc de juger, nécessité éthique s'il en est.

Le sujet humanisé mais aussi divisé par la parole et le langage c'est ce qui en l'homme vient faire obstacle à la pente naturelle du marché. Les civilisations, nous rappelle à juste titre Pierre Legendre, sont des fabriques de mots[1]. Les mots font limite à la jouissance en tant qu'ils séparent la chose et le symbole qui la représente. Les mots nous séparent des objets. Le langage nous sépare des choses comme il nous sépare aussi des autres. Du coup ce n'est que dans l'accès au langage et à la parole que nous prenons une place de sujet.

Cette fonction éducative, reprise de la fonction paternelle, opère dans les gestes du quotidien, l'accompagnement à un métier, une place vivable dans la société et l'initiation à un certain savoir-vivre. Si cet apprentissage à la vie collective bute sur l'impossible, c'est que l'éducateur ne peut faire faire à un autre de force ce qu'il ne veut pas faire. L'impossible est non seulement présent chez chaque sujet, mais également dans les relations inter-subjectives. Dans ce mouvement d'humanisation que vise le travail éducatif, l'éducateur est de fait confronté à ses propres limites. En tant qu'agent de la castration, il et bien « éducastreur », en tant qu'il y est soumis. Autrement dit, contrairement à ce que pensent certains, l'éducateur ne fait pas la loi, il en est un des représentants. Il est bien obligé d'interroger son désir d'aider les autres, ses intentions réparatrices, voire salvatrices, sa pente à vouloir faire le bien des autres, pour se rendre à l'évidence que dans tout sujet qu'il rencontre il y a un point de résistance à ses prétentions éducatives. Cette propension à vouloir aider les autres est bien la maladie infantile du travail social. Il est donc indispensable de la mettre à la question en formation et sur le terrain. Apprendre à faire avec ce point d'impossible fonde pour un éducateur une éthique de l'acte éducatif. L'éducateur tombe sur un os, l'autre à éduquer n'est jamais conforme, jamais à la

1. « Les civilisations sont la fabrique des mots et se fabriquent avec des mots. Elles enseignent à l'homme le vide et la séparation qui rendent possible la parole.» Pierre Legendre, *La Fabrique de l'homme occidental*, Mille et Une nuits, 1996, p. 15.

© Dunod – La photocopie non autorisée est un délit.

place qu'il voudrait lui assigner. Son bien n'est jamais ce que l'éducateur imagine pour lui. Tout projet éducatif doit intégrer cette donnée sous peine de se transformer en entreprise de redressement tyrannique. Quelque chose chez tout sujet se révèle indomptable. C'est du lieu de ce dérangement, de cette désillusion, qu'un éducateur peut aller vers celui qui est en souffrance, avec ce que j'appellerai une certaine humilité. Autrement dit c'est en se confrontant à l'impossible en lui-même qu'il peut en accompagner la découverte chez l'autre. Ce qui résiste ainsi chez tout sujet, c'est cette capacité à faire des choix, y compris inconscients. S'assumer comme responsable de ces choix quels qu'ils soient voilà ce que Freud décrivait au début du siècle comme une position « d'honnête homme ». Devenir responsable de ce qui nous arrive et en grande partie nous échappe, telle est l'énigme que met à jour tout processus éducatif. Cette part d'impossible nous pourrions aussi bien la nommer de son nom si galvaudé : liberté, cette « atroce liberté » précisait le poète surréaliste René Crevel. Liberté qui met en demeure tout être humain d'être responsable, c'est-à-dire d'avoir à répondre en parole, face à ses frères et sœurs en humanité, de ce qui lui arrive. Comme le précise Jacques Lacan dans un article de 1965 intitulé à juste titre « La science et la vérité ». « De notre position de sujet, nous sommes toujours responsable ». C'est justement cette responsabilité que la science tend à gommer en faisant sauter la dimension subjective de tout acte humain. À ce titre une certaine sociologie tendant à expliquer les comportements humains par la loi des statistiques et des grands nombres en est une dérive les plus marquantes dans notre domaine.

Les éducateurs sont à une place que la société exige de tenir : transmettre les limites. Mais par ailleurs, ces limites, elle s'empresse de les détruire. C'est pourquoi tous les agents de la fonction paternelle, comme les enseignants, les gouvernants et les éducateurs sont en grande difficulté. Ce n'est pas par hasard que Freud désignait ces métiers comme impossibles. Impossibles parce qu'ils sont le lieu d'avènement de la subjectivité, le lieu d'invention de la liberté et de la démocratie. Le lieu où le pouvoir doit se mettre au service de la communauté humaine. Ce qui représente une tâche jamais achevée.

Que faire ?

Les trois points d'appui d'un éducateur sont ceux-là mêmes qui sont touchés par le déclin de l'autorité : l'énonciation, la limite, le jugement. Nous allons parcourir successivement ces trois points.

Le premier angle d'attaque pour un éducateur d'aujourd'hui est celui-ci : comment rendre à chacun la parole qu'il a à assumer ? Je me suis fâché récemment à Lausanne avec une pédagogue canadienne. Les Canadiens sont complètement obnubilés par la mode du pragmatisme américain. Elle posait comme équivalents, lors d'une discussion en classe, deux opinions émises par deux élèves, sous prétexte qu'ils employaient les mêmes mots. Elle faisait fi de toute l'énonciation du sujet. En oubliant que l'un s'exprimait sur le ton de la colère ; et l'autre pour plaire au prof. Bref elle tentait de rayer de la carte le sujet comme effet de la parole. Dans la parole, celui qui parle ne le fait pas que pour transmettre un message, l'énoncé, mais aussi et surtout pour affirmer devant autrui sa propre existence, à travers l'énonciation. Donc première piste : restaurer l'énonciation.

Deuxième angle d'attaque : la transmission des limites. Et Dieu sait si c'est difficile aujourd'hui. En effet sur quoi fonder son action ? Prenons un exemple. Récemment j'ai rencontré un groupe d'éducateurs qui m'ont confié l'histoire suivante. Un jeune vole des cassettes dans un supermarché. Il se fait prendre par le vigile et est conduit chez le directeur. Celui-ci est bien ennuyé : l'institution d'où vient ce jeune est un gros client. Il lui passe juste un savon, sans porter plainte et le laisse repartir. L'éducateur fait de même et le directeur de l'établissement également : juste une petite admonestation. Le problème c'est que le soir même ce jeune fugue de l'institution. L'interprétation que je leur ai proposé est la suivante : ce jeune fuit parce qu'il ne trouve personne à qui parler. Il se fatigue à transgresser, sans doute parce que c'est, comme pour tout adolescent, la seule façon de repérer son désir à travers une confrontation à la loi, et rien ne répond. Rien ne répond de son acte et donc rien ne lui permet d'en répondre à son tour. Il est dépossédé du sens de son acte. C'est un jeune sans limite. Les adultes qu'il rencontre, directeur du magasin, éducateurs et directeur de l'institution se défilent et démissionnent de leur place d'adultes. Ils lui font faire l'économie de buter contre la loi qui interdit le vol et le punit. La question que je leur ai laissée en partant est celle-ci : qu'est-ce que devra faire la prochaine fois ce jeune pour se faire entendre : tuer, mettre le feu, se mettre en danger ? Ce n'est que dans la rencontre de l'autre qu'un être humain trouve à se construire, encore faut-il qu'il trouve à qui parler, quelqu'un en face de lui qui ait comme on dit, du répondant.

Troisième angle d'attaque : accompagner un sujet à faire des choix. Faire des choix relève d'une position subjective affirmée. C'est en

© Dunod – La photocopie non autorisée est un délit.

dehors de toute morale ou idéologie. Mais comment choisir quand tout se vaut ? Quand les idées perdent leur tranchant, que les valeurs s'émoussent, que les théories se consomment et se consument à vitesse grand V ? Le règne des sophistes n'est pas loin. Les sophistes sont ces éducateurs grecs de l'antiquité qui se faisaient fort d'enseigner la relativité des arguments discursifs. Un jour ils vous démontraient l'existence des dieux et le lendemain le contraire. Protagoras, une des figures du maître sophiste chez Platon, proclame que ce qui l'intéresse c'est de former les maîtres de demain, ceux qu'il appelle « les bons citoyens ». Gorgias un autre sophiste que met en scène Platon affirme que

> « la rhétorique [c'est-à-dire l'art de parler] n'a aucun besoin de savoir ce que sont les choses dont elle parle ; simplement elle a découvert un procédé qui sert à convaincre, et le résultat est que devant un public d'ignorants, elle a l'air d'en savoir plus que n'en savent les connaisseurs[1]. »

On croirait entendre une description de nos hommes politiques. Si tout est dans tout et réciproquement, si rien ne vaut rien, si la seule raison qui prévaut c'est celle du plus fort et du plus riche, alors comment choisir et surtout comment permettre à un jeune de choisir ? Le seul choix qui s'impose à lui c'est de jouir par tous les moyens, de jouir sans limite. C'est le sens de tous les slogans publicitaires : jouissez, c'est un ordre, telle est la parole des maîtres d'aujourd'hui. Jouissez et nous deviendrons encore plus riches et plus forts. Pourquoi alors respecter un chauffeur de bus, ou le bien d'autrui ? Pourquoi pas parce que ça vous prend, cracher à la gueule du premier et mettre le feu au second ?

Platon en opposition au maître sophiste, met en scène la haute figure de Socrate. Celui-ci déclare qu'il ne sait rien. Il veut dire qu'il ne peut rien savoir à la place des autres et il donne comme conseil « connais-toi toi-même » et en position éducative, se définit comme « accoucheur d'âme ». Penser, pour Socrate, n'a rien à voir, comme le prônent les sophistes, avec l'adoption du savoir de l'expert, que l'on accumule comme un capital monnayable dans les relations aux autres pour mieux les dominer, non, penser, pour Socrate c'est découvrir sans cesse ce que l'on est en le disant. On peut ici voir poindre deux figures antagonistes d'éducateur. Disons que les Protagoras et les Gorgias occupent aujour-

1. Platon, *Protagoras* et *Gorgias*, Garnier-Flammarion, 1969.

d'hui le haut du pavé et pavoisent sous le couvert des sciences cognitives et des procédés de l'endoctrinement éducatif[1].

Le contexte est difficile pour que les éducateurs amènent un sujet à faire des choix qui l'engagent. Tout va contre. On dirait que certains jeunes pensent que tout est joué. Certains croient, et on les laisse croire, qu'ils seront le rebut de l'humanité toute leur vie tandis que d'autres s'engraissent dans les paradis fiscaux. Comment dépasser ces lieux communs, alimentés à longueur de temps par le discours des médias, comme celui d'une certaine sociologie de bazar. Faire des choix s'est s'assumer en tant que sujet responsable. Il s'agit de retrouver le chemin de l'éthique. L'éthique n'est pas la morale, mais ce qui sert de socle au sujet pour affirmer et assumer son désir.

Restaurer la parole de chaque sujet, transmettre les limites et accompagner à faire des choix : ces trois objectifs dessinent la ligne d'horizon de tout éducateur. Or ils sont en voie de destruction dans la société capitaliste et marchande. Du coup, on mesure la difficulté de tenir une position éducative aujourd'hui. Ça va dans le sens contraire de l'évolution de ce qu'on appelle la post-modernité. C'est une position subversive. Subversive parce que cette position, que j'appelle une clinique du sujet, force l'éducateur à tenir lui-même une place de sujet, soumis à la limite et qui ne peut se dérober à faire des choix. Ce n'est pas ce qu'on demande aux éducateurs aujourd'hui. Ce qu'on leur demande c'est de faire que les personnes qui leur sont confiées se tiennent tranquilles. En les amusant avec quelques gadgets qu'on appelle mesures d'insertion. Or je l'ai dit l'insertion ne s'opère que dans une position de sujet, limité dans sa jouissance et assumant des choix qui sont les siens, dans une environnement social dont il connaît et accepte les règles. Donc il s'agit pour un éducateur de subvertir la commande sociale, et pour cela de devenir un homme rusé. Il s'agit au lieu même de l'aliénation de poser des actes créateurs. Des actes qui visent l'avènement du sujet chez chaque personne qu'il rencontre. Il s'agit de retrouver la *métis* des grecs, cette qualité qui conduit aux ruses de l'intelligence, dont parlent Marcel Détienne et Jean-Pierre Vernant[2]. L'éducation exige de la ruse parce qu'elle est située dans l'entre-deux,

---

1. Sur ces deux figures d'éducateurs, on pourra consulter le très beau travail de Jean-Bernard Paturet, *De magistro. Le discours du maître en question*, Érès, 1997.
2. Voir Marcel Détienne et Jean-Pierre Vernant, *Les ruses de l'intelligence. La métis des grecs*, Flammarion, 1974. Et également, Michel de Certeau, *L'invention du quotidien*, Gallimard, 1990.

© Dunod – La photocopie non autorisée est un délit.

dans l'intermédiaire. Entre le politique et les sujets. Quand le politique s'aliène au discours du marché, il s'agit de le subvertir pour faire apparaître au grand jour que le monde des humains ne se construit pas sans croyances, sans fondements, sans valeurs. Si la fonction paternelle est aujourd'hui en déclin, quels sont les semblants, quels sont les discours qui peuvent assurer un minimum de « ravinement de la jouissance » pour reprendre ce beau terme qu'emploie Lacan dans *Lituraterre* ?

Une clinique de l'éducation spéciale

« L'analyste ne s'autorise que de lui-même » affirmait Jacques Lacan, mais il ajoutait, ce que certains se sont empressés d'oublier « et de quelques autres ». Il en va de même pour un éducateur. Il est seul devant ses choix subjectifs, seul face à sa position éthique ; mais il ne peut tenir sa place qu'en prenant appui sur un trépied : l'institution, les médiations, le transfert. Je défends ici ce que j'appelle une clinique de l'éducation. Clinique au sens où le cœur du travail éducatif, c'est la rencontre avec un autre humain en souffrance.

Le transfert est le moteur de cette rencontre humaine. Mais l'éducateur n'entre pas dans la relation pour se satisfaire ou se faire plaisir. Il a une mission : aider la personne à s'approprier le plus possible son espace psychique, physique et social. Pour cela l'éducateur dispose de lieux de mise en scène de la relation, ce que j'appelle des médiations. Avec les uns il fait de la poterie, il en accompagne d'autres dans la recherche d'un emploi, d'une formation, d'un hébergement ; ou bien avec des personnes très atteintes, comme certains grabataires, il construit une ambiance quotidienne vivante et source d'échanges. C'est dans l'espace des médiations que l'éducateur va travailler la dimension transférentielle. En effet le transfert, je l'ai dit, c'est de l'amour, et parfois de la haine. Ce sont les deux faces de la même médaille. Cette charge d'amour emporte son poids d'illusion puisqu'on aime toujours chez l'autre ce dont on manque c'est-à-dire précisément ce dont on a été castré, l'objet perdu. Il ne faut pas que l'éducateur casse trop vite ce pouvoir que lui prête la personne avec qui il noue une relation. Ce pouvoir, bien illusoire au fond, que Lacan nomme « le sujet supposé savoir », il lui faut plutôt le mettre au travail. D'abord pour lui : toute institution doit se doter d'outils d'élaboration comme les réunions de synthèse, les séances de supervision et de régulation clinique, où l'éducateur, dans l'écriture et la parole, va donner forme à ce qui se joue pour lui dans la relation éducative. Le but est qu'il conserve dans la relation une certaine humilité, qu'il ne s'y croit pas trop, comme on dit, qu'il ne se prenne surtout pas pour celui qui aurait ce qui manque à l'autre. De plus il faut que la relation soit désencombrée de toute velléité de maîtrise, de tout fantasme, de tout affect de pitié ou de charité, de tout penchant à vouloir faire le bien de l'autre, pour que la fonction éducative puisse opérer. Il faut donc que l'éducateur fasse régulièrement le ménage en lui-même et dans sa relation aux autres. L'amour qu'il reçoit, il ne peut en profiter. Il doit répondre au travail de l'amour par l'amour du travail. Et dieu sait si ça nous travaille d'être aimé, et parfois haï !

D'autre part c'est dans les médiations éducatives qu'il va accompagner la personne. C'est dans cet espace partagé à plusieurs qu'elle va apprendre à réaliser sa propre castration, sa propre incomplétude. Alors qu'elle imaginait que l'éducateur allait la combler, il va lui falloir apprendre à vivre avec son « malheur banal ». Les médiations ont ceci de particulier qu'elles sont une source de repères et de cadres humanisants : le respect des personnes, le respect des règles collectives, le respect de lieux et des horaires, le respect des consignes, le respect du matériel, sont autant d'occasions d'intégrer les contraintes de la vie en société. Les médiations sont le lieu où un sujet peut mettre en scène ses difficultés à vivre avec les autres : je l'ai dit avec Freud, le monde le corps et les autres résistent en permanence à notre volonté de puissance. Les médiations permettent ainsi au sujet de se délester de la part débordante de jouissance qui l'habite. Mais les médiations sont aussi la source de la création d'objets ou de situations partagées. Espace de création et de socialisation, les médiations sont l'outil de base de l'éducateur.

Reste l'institution, le troisième pied. L'institution est à distinguer de l'établissement. L'établissement désigne tout ce qui et établi : les textes de loi, l'organisation et l'organigramme l'architecture des bâtiments, les plannings, les budgets... Quant à l'institution il faut y voir ce qu'un groupe humain qui vit au sein de cet établissement construit à partir de l'intervention de tous ses membres. J'insiste sur tous ses membres. Autrement dit l'institution est à fabriquer en permanence et elle est le fruit de chacun, quelle que soit sa place : directeur, éducateur, ou femme de ménage, et il faut aussi compter dans ce collectif les usagers. C'est une des grandes difficultés actuelles des institutions sociales et médico-sociales que cette confusion entre l'établissement et l'institu-

© Dunod – La photocopie non autorisée est un délit.

tion. Les lieux où se fabrique l'institution, ce sont tous ces lieux de parole et d'échange, formels ou informels, qui permettent à un groupe humain de rester vivant, et à ses membres de se supporter les uns les autres. On boucle ici sur la dimension fondatrice du lien social : la parole dans toute son amplitude.

INSTITUER LA VIE

« Pourquoi des poètes en ces temps de détresse ? » demande le poète allemand Hölderlin. On pourrait poursuivre : pourquoi des éducateurs en ces temps de détresse ? Pourquoi des psychologues des rééducateurs, des instituteurs, des formateurs, des psychanalystes... ? Oui, pourquoi ? Et si leur fonction première était de rappeler dans l'espace social, mais aussi pour chaque sujet, qu'à l'impossible chacun est tenu. L'impossible c'est ce qui tient chaque sujet dans son rapport aux autres, au monde, à lui-même. C'est aussi ce qui tient chaque groupe humain, chaque communauté, chaque équipe, chaque collectif, chaque société, chaque civilisation. Notre époque, en voulant faire disparaître les frontières de l'impossible, ne risque-t-elle pas du même coup de détruire ce qui fonde le lien social ?

Pour conclure ce chapitre, je livre à la méditation du lecteur un passage d'un texte de Pierre Legendre qui m'a beaucoup touché, et dont j'ai cité plusieurs fois des extraits : *La Fabrique de l'homme occidental.*

> Nous partons de cette fatalité que les chemins de la pensée débouchent inévitablement sur l'interrogation immémoriale : au nom de quoi peut-on vivre ? C'est-à-dire pourquoi vivre ? Oui, pourquoi ?
>
> Il n'est au pouvoir d'aucune société de congédier le « pourquoi ? », d'abolir cette marque de l'humain. Et pourtant... L'effondrement du questionnement, en cet Occident trop sûr de lui-même, est aussi impressionnant que ses victoires scientifiques et techniques. La peur de penser en dehors des consignes a fait de la liberté, si chèrement conquise, une prison, du discours sur l'homme et la société un langage de plomb.
>
> Que se passe-t-il ? Devenu la chose des sciences, l'animal parlant a quitté, croit-on, le monde ténébreux des généalogies, le mystère a été détruit. À ce jeu-là, le château de cartes s'est écroulé, les échafaudages traditionnels achèvent de s'effondrer sous nos yeux. État, Religion, Révolution, Progrès, ces artifices sont emportés par le déchaînement du Management scientifique promis à la terre entière. Qu'allons-nous faire de la désillusion ?

> Comme les autres civilisations, la Fabrique de l'homme occidental est aux prises avec la certitude de tous les temps : que tout converge, dans l'expérience de l'humanité, vers le point précaire, « la grande douleur confuse » dont parlait le romantique allemand Kerner, la douleur d'être né et de devoir mourir. Nous avons le devoir d'interroger à nouveau cette matière première des pouvoirs, ce point faible en chaque homme, son statut d'individu périssable ; mais aussi d'admettre que notre mort a un sens, car elle fait vivre la construction humaine dont nous sommes l'expression passagère, comme dit le poète Virgile, « les pierres vivantes ».
>
> Les habitants institutionnels sont construits sur un vide – un vide à partir duquel se déploie la parole et qui porte la pensée. À la croisée des chemins historiques, une tâche s'impose : restaurer le doute, analyser l'agencement des ignorances qui font cortège à la Science contemporaine, surmonter la croyance obscurantiste d'aujourd'hui. Instituer la vie : tel est le maître mot qui résume cette tâche. La Fabrique de l'homme n'est pas une usine à reproduire des souches génétiques. On ne verra jamais gouverner une société sans les chants et la musique, sans les chorégraphies et les rites, sans les grands monuments religieux ou poétiques de la Solitude humaine.

On trouve ce texte de Pierre Legendre dans les premières pages de son magnifique petit livre.

En effet, instituer la vie, tel est bien le maître mot. Telle doit être aussi la visée de toute institution. Dans cette institution de la vie, les éducateurs et les travailleurs sociaux sont aux avant-postes. Le combat fait rage. Il y a beaucoup de monde sur le carreau. Parfois nous ne savons plus quoi faire, ni même si ça vaut le coup de se battre. Il règne une telle obscurité dans notre monde que nous ne nous reconnaissons même plus entre nous. La seule chose à quoi se raccrocher c'est cette énigme qui fait l'humain, ce vide au cœur de l'homme, comme dit Legendre. Rallumer chez chacun, pour chacun, la petite lampe qui indique cette énigme, voilà la tâche passée, présente et à venir de ceux qui travaillent le social, comme le social les travaille. L'animal bipède et parlant qu'a engendré l'univers sans qu'on en sache jamais la raison, ne devra son salut qu'à retrouver en chaque sujet et dans ses relations aux autres, la brûlure de cette énigme. Tel est ce point où tout le savoir du monde ne peut épuiser la vérité de l'être.

L'être humain parce qu'il est être de parole, « parlêtre » comme dit Lacan, est soumis de structure à cet impossible à tout dire, tout faire, tout être, tout avoir, tout savoir. C'est ce manque fondateur qui le fait humain, et parfois trop humain. La parole crée le manque dans l'homme et c'est de ce lieu qui le fait manquant qu'il peut rencontrer

© Dunod – La photocopie non autorisée est un délit.

les autres. Ce lieu, celui de l'impossible à combler, l'impossible à satisfaire, est en même temps la source d'où jaillit le lien social. Que l'on soit éducateur et analyste, parent ou enfant c'est ce manque fondamental qui nous humanise et fait de nous des animaux sociaux. La conséquence en matière d'éducation coule de source : éduquer, ça doit laisser à désirer…

Conclusion

Dans cet ouvrage, j'ai parcouru un long chemin, parfois tortueux, parfois compliqué. Je ne pense pas que l'on puisse dire simplement ce qui n'est pas simple, sous peine de vulgarisation... vulgaire. Je sais pertinemment que ce que j'énonce ici n'est pas partagé par tous mes collègues éducateurs. J'ai tenu à exposer publiquement les idées qui ont soutenu la position d'éducateur que j'ai exercée pendant des années sur le terrain, idées et principes qui aujourd'hui m'ont poussé à m'engager dans une fonction de formateur, où la transmission du métier et du discours éducatif trouvent leur lieu d'exercice. Ce qui est une autre façon d'être, comme on dit, sur le terrain. Le seul terrain d'ailleurs des pratiques sociales : celui des relations humaines.

Si j'ai longuement insisté sur la nécessité de ne pas perdre de vue la dimension clinique qui est au cœur de la pratique, cette position n'entache en rien, bien au contraire, d'autres approches, notamment ce que l'on appelle l'« approche communautaire du travail éducatif ». Ces approches sont complémentaires et j'y souscris. Je pense l'avoir montré suffisamment clairement, contrairement à ceux qui tentent de s'opposer sur ce point, il n'y a pas d'un côté des sujets et de l'autre le social. Les éducateurs interviennent au point d'articulation, au point d'insertion de chaque sujet dans le tissu social.

Il est évident qu'un sujet humain vit dans divers espaces groupaux et se situe comme sujet à partir de différentes institutions : la famille en premier, l'école, le travail ou l'activité, le groupe d'amis, la bande, l'es-

© Dunod – La photocopie non autorisée est un délit.

pace de citoyenneté... C'est pourquoi, si j'ai surtout insisté sur la dimension de rencontre clinique entre l'éducateur et les personnes qu'il accompagne, il ne faut pas oublier cette dimension groupale qui permet à chaque sujet de trouver place dans des espaces sociaux. Autrement dit, le travail clinique ne va pas sans une prise en compte permanente de l'espace social et des possibilités d'inscription qui s'y offrent pour le sujet accompagné. Ce point nécessiterait, pour être développé dans toutes ses conséquences, un ouvrage à lui tout seul.

Par ailleurs, il faut être bien conscient que le travail éducatif s'exerce dans un moment difficile de notre société, un moment de crise qui touche, au-delà des contingences socio-économiques, l'ensemble de notre civilisation, et atteint les fondements mêmes de notre socioculture. Sommes-nous à la veille d'une mutation ? Allons-nous assister au retour de la barbarie ? La démocratie sera-t-elle assez solide pour faire face aux pressions régressives et aux forces de mort ?

« Le sort de l'espèce humaine me semble se poser ainsi : le progrès de la civilisation saura-t-il, et dans quelle mesure, dominer les perturbations apportées à la vie en commun par les pulsions humaines d'agression et d'autodestruction... Les hommes d'aujourd'hui ont poussé si loin la maîtrise de la nature qu'avec leur aide il leur est devenu facile de s'exterminer mutuellement jusqu'au dernier. » Ces affirmations terribles, mais prophétiques, Sigmund Freud les écrivait dès 1929 dans son grand ouvrage de réflexion sur le social, *Malaise dans la civilisation.*

Homo homini lupus, affirmait l'adage latin : l'homme est un loup pour l'homme. Rien de nouveau sous le soleil. Malgré les avancées de la science et de la technologie, les adoucissements apportés par les morales sociales et religieuses, les questionnements des sciences dites « humaines » sur la vie en société, les découvertes de la psychanalyse et de la psychologie clinique, la situation se dégrade.

Une enquête du *Monde* parue récemment laisse apparaître que sur vingt-cinq millions de personnes actives, près de la moitié, soit douze millions, sont sans emploi. Les jeunes de moins de 25 ans sont les plus touchés. Les sociétés occidentales ont poussé jusqu'au bout, jusqu'à son point de rupture, la logique capitaliste qui vise à concentrer pouvoir et richesse dans les mains de quelques-uns. En France, 40 % de la richesse est détenue par 5 % des citoyens. Si la volonté de pouvoir est inextinguible, si l'appétit de domination est indéracinable, l'invention de la démocratie à Athènes il y a 2 500 ans, avait permis de limiter les forces de destruction présentes chez tout être humain. L'avènement de l'action sociale, des services sociaux, d'abord sous l'impulsion de mouvements religieux ou laïques, relayés ensuite par la puissance publique, avaient rétabli un peu de justice sociale, garantissant aux plus pauvres, aux plus démunis, le droit à un minimum vital. Les Droits de l'homme et du citoyen, énoncés en 1789, balisaient le chemin et traçaient une ère nouvelle d'avancée vers une plus grande équité, une meilleure répartition des richesses, qui favorisaient le développement de chaque citoyen, quelle que soit son origine sociale.

Aujourd'hui, 200 ans plus tard, où en sommes-nous ? L'idéologie et les pratiques socio-économiques féroces du capitalisme postmoderne ont gagné du terrain. Deux mots déferlent sur l'ensemble de la planète, deux mots organisent les échanges entre humains : marchandise et spectacle. Tout s'achète et tout se vend. On peut arracher sans honte les yeux d'un jeune enfant de Bogota pour les transplanter sur un richissime européen ; on peut négocier des corps d'enfants comme de la chair fraîche ; on peut employer les services d'une femme pour fabriquer un enfant pour une autre femme en mal d'enfant, etc.

La représentation du monde qui s'organise, jusque-là faite de mots écrits ou parlés, se met en scène sous forme d'images. La télévision est devenue la machine à organiser le sens du monde. On assiste en direct, à l'heure de l'apéritif, à la mort d'un million de personnes au Zaïre ; on verse une larme, entre deux cacahuètes, sur les visions terrifiantes de la guerre en Bosnie ; les hommes politiques qui nous gouvernent ne sont plus donnés en pâture qu'à travers une petite phrase, un cliché, une caricature... Comme l'annonçaient les situationnistes Guy Debord et Raoul Vaneigheim, dès 1966, tout dans l'espace social qui est le nôtre, est devenu spectaculaire et marchand.

Comme nous le montre de façon éblouissante le dernier ouvrage de Viviane Forrester, *L'Horreur économique* [1996], ceux qui tiennent les richesses et les moyens de production n'ont même plus besoin, depuis quelque temps, d'employer de la main-d'œuvre. Les circuits boursiers mondialisés et les paradis fiscaux permettent la spéculation effrénée, et des gains jusqu'ici inatteignables. Les sociétés occidentales s'appauvrissent paradoxalement, alors qu'elles comptent parmi les plus riches de la planète. Et pourtant, force est de constater que, dans ce contexte désorganisé, ce que j'ai nommé ailleurs l'« idéologie du bonheur », poursuit sa marche triomphante.

Cette idéologie du sans-limite, qui prétend faire advenir sur terre des lendemains qui chantent et ferait naître l'harmonie universelle, a la

© Dunod – La photocopie non autorisée est un délit.

peau dure. C'est une négation pure et simple, ou plutôt une dénégation, car personne n'est dupe de la vraie nature de l'homme. Freud, toujours dans ce grand texte de 1929, avait raison de rappeler que « ... l'homme n'est point cet être débonnaire, au cœur assoiffé d'amour, dont on dit qu'il se défend quand on l'attaque, mais un être, au contraire, qui doit porter au compte de ses données instinctives une bonne somme d'agressivité. Pour lui, par conséquent, le prochain n'est pas seulement un auxiliaire et un objet sexuel possible, mais aussi un objet de tentation. L'homme est, en effet, tenté de satisfaire son besoin d'agression aux dépens de son prochain, d'exploiter son travail sans dédommagement, de l'utiliser sexuellement sans son consentement, de s'approprier ses biens, de lui infliger des souffrances, de le martyriser et de le tuer ». Malheureusement, quelques années plus tard, l'histoire qui vit déferler sur l'Europe la barbarie à visage humain (avant qu'elle ne dévoile sa face la plus féroce), sous les auspices du régime et de l'idéologie nazis, lui donna raison.

Ce mythe tenace du bonheur, qui continue à organiser les échanges sociaux, fait des ravages. Notamment parce qu'il fait peser sur les épaules des travailleurs sociaux, parmi lesquels le corps de métier qui nous préoccupe est le plus représenté (plus de 50 000 éducateurs spécialisés en France), la tâche impossible de réparer ce qui n'arrête pas de se déliter dans un espace social à bout de souffle. Les éducateurs seraient chargés, et lourdement chargés, d'endiguer le chômage, de mettre un point d'arrêt aux vagues de suicides chez les jeunes (on n'en parle pas d'ailleurs !), de toxicomanies, de conduites alimentaires déréglées (anorexie, boulimie), de faire vivre au quotidien des malades mentaux de plus en plus laissés pour compte, de rattraper scolairement les échecs de l'Éducation soi-disant nationale, etc.

Les éducateurs sont assignés à occuper une place impossible. Et malheureusement, ils acceptent trop souvent naïvement de se mettre à cette place : celle du sauveur, et donc celle du martyr. Beaucoup d'éducateurs tiennent de grands discours sur le social, analysent et dissèquent les questions, se blindent derrière des formations nouvelles où le droit et l'économie font florès, mais ils ne savent plus entrer en contact avec un enfant psychotique, ou trouver les mots pour communiquer avec un adolescent en rupture. Nous risquons, à poursuivre ainsi la formation des éducateurs, de déboucher sur une génération d'éducateurs aux gants blancs, qui ne voudront plus se salir dans des relations éducatives risquées. Alors, ils laisseront à d'autres le soin de faire « la sale besogne » : aide médico-psychologique, moniteurs-éducateurs ou... CES. S'il en était ainsi, nous aurions produit une vague d'éducateurs stériles, des éducateurs de salon.

La plupart du temps, les éducateurs se laissent piéger par cette idéologie réifiante. Ils croient qu'il vont rétablir enfin un bonheur social défaillant. Le rôle des éducateurs est d'accompagner chaque personne prise en charge dans un développement maximal. Chaque être humain est doté de potentialités, quels que soient ses handicaps de départ, que les éducateur ont pour charge d'aider à développer. Ce n'est que par cette voie de la clinique dans la prise en compte au cas par cas de chaque personne, qu'ils peuvent indirectement participer au changement social. En accompagnant des sujets en souffrance dans leur appropriation de l'espace psychique, physique et social, les éducateurs les soutiennent pour devenir citoyens à part entière (et non entièrement à part comme le stigmatise le terme d'« exclus » !). Ils favorisent leur prise de position dans un débat qui dépasse largement le corps des travailleurs sociaux.

Les éducateurs ne sauraient être les pompiers d'un système social qui n'arrête pas d'allumer des foyers d'incendie. Ils ne sauraient transformer leur action dans la mise en spectacle de gadgets médiatiquement payants : téléthons, restos du cœur, sidaction, etc. Les éducateurs ont à dire non là où chaque homme, chaque femme, chaque enfant, n'est plus pris en compte dans sa singularité de sujet.

Ils ont à dire non devant deux approches des questions sociales, qui toutes deux produisent la réification des personnes : la massification et le morcellement. La massification vise à fondre des groupes entiers de citoyens et de populations en souffrance sous des appellations globales. Ce marquage sémantique produit de fait une stigmatisation sociale très grave, origine de l'exclusion. D'autre part, le morcellement des questions les fait éclater en problèmes nouveaux qui ne cessent de surgir : le sida, les femmes battues, les enfants maltraités, les drogués, les enfants tueurs, les immigrés clandestins, les squatters...

Sans nier la gravité de ces questions, ce n'est pas dans un éclatement des réponses que le travail éducatif pourra être opérant. Combien de services sociaux et médicosociaux s'engagent dans une course effrénée aux subventions qu'il faut renouveler en permanence ? Dans cette course aux subsides, ils en passent par des montages de projets en phase avec « la mode ». Il vaut mieux aujourd'hui présenter un projet

© Dunod – La photocopie non autorisée est un délit.

d'accueil des érémistes, que d'enfants psychotiques. Il vaut mieux ouvrir un bus d'échanges de seringues, qu'un hôpital de jour pour des jeunes trisomiques. C'est ainsi, les grandes causes sont orchestrées par les médias. L'éclatement et la concurrence entre les problèmes qui se posent et les services sociaux chargés de les prendre en charge conduisent à des impasses.

Seule une prise en compte globale des personnes, au-delà de leur étiquetage social (les exclus, les érémistes...) ou nosographique (malades mentaux, trisomiques...), a des chances de conduire à des changements, non seulement chez ces personnes, mais dans leur mode de participation à la dynamique sociale. Dans ce type d'approche, à l'articulation du sujet et du social, les éducateurs ont accumulé un immense savoir-faire. Là où le bât blesse, nous l'avons dit, c'est qu'ils ne savent pas le faire savoir. Les éducateurs, à partir d'une pratique quotidienne auprès des personnes en souffrance, ont acquis un savoir sur l'être humain en société qu'il est grand temps de partager avec l'ensemble de la communauté. Ils ont à faire savoir ce qu'il doit en être du respect des personnes, et de leur prise en considération comme êtres de parole, comme « parlêtres », pour reprendre un terme de Jacques Lacan.

Les éducateurs ont aujourd'hui le devoir civique, mais aussi, nous l'avons souligné, éthique, de faire savoir ce qu'ils font. Je ne crois pas, contrairement à ce qu'affirment certains penseurs, qui comme par hasard n'exercent pas sur le terrain, et n'ont qu'une approche très extérieure du travail éducatif, qu'il s'agisse de « passer d'une pratique sociale de réparation à un combat de justice sociale et économique, incitatif et mobilisateur ». Cette affirmation du sociologue Jacques Donzelot, parue dans *Lien social* le 18 juin 1992, montre bien une fois de plus quel poids idéologique on veut faire peser sur les épaules des travailleurs sociaux. Lutter concrètement contre l'exclusion sociale passe d'abord par ce que nous avons défini ici comme approche clinique des personnes, et ensuite par l'exposé au grand jour de ce travail obscur. La dénonciation des conditions de vie, de précarité ou d'exploitation des personnes prises en charge, font partie de ces mises à jour. Mais là s'arrête le rôle des éducateurs. Ainsi faisant, ils pourront ramener l'accent en permanence, à partir de leur expérience pratique, sur le respect du sujet et de ses choix singuliers.

Il n'appartient pas aux éducateurs, comme veulent les y inciter certains, de « faire la révolution », mais de viser des changements concrets chez des sujets qui, à long terme bien évidemment, peuvent à leur façon participer aux changements sociaux. Ensuite, libre aux éducateurs, qui sont comme tout un chacun des citoyens, de s'engager dans des voies militantes et d'œuvrer à des changements sociaux et politiques. Mais cela est une autre affaire et appartient à la conscience politique et à l'engagement de chacun.

Il est grand temps de renvoyer à chacun ses responsabilités. Les éducateurs ne sont pas responsables de l'état de délabrement de notre société pourtant dite « civilisée ». Par contre, à ne rien dire de leur combat au quotidien, ils se rendraient complices. Les choix pour aller vers des changements sont politiques et engagent l'ensemble des citoyens. Chacun sent confusément que la situation sociale qui se dégrade de jour en jour ne peut plus durer. Nous sommes à l'aube d'une mutation de civilisation. Pendant la mue, dit l'adage, le serpent est aveugle. D'où notre difficulté à mesurer l'ampleur des bouleversements en cours.

Le discours de la science qui a peu à peu envahi les sociétés occidentales a des conséquences catastrophiques sur le lien social. À partir du moment où la vérité ne jaillit plus de la parole des sujets, mais des avis des experts dans tous les domaines, qu'en est-il du fondement de la parole qui scelle le vivre ensemble ? Dans l'espace social les conséquences sont patentes : désaffiliation de franges entières de populations, parmi lesquelles les plus jeunes, perte de repères, puisque les transmetteurs de la loi que sont les parents sont largement disqualifiés par les savoirs savants que répercutent à gros bouillons les médias. Les répercussions sur la construction psychique des sujets et leur mode d'insertion parmi les autres sont de trois ordres : perte de la valeur de la parole de chacun comme fondement du lien social ; illusion d'un monde sans limite ; incapacité des sujets à faire des choix et à les assumer.

C'est sur ces trois fronts que se battent les éducateurs, s'ils se laissent guider par ce que je nomme une éthique et une clinique du sujet. Soutenir chaque sujet dans ces trois axes fondateurs, la parole, la transmission des limites et la capacité de choisir sa vie, devient alors un combat qui vise à subvertir le discours scientiste dominant. À chaque fois que l'on accompagne une personne dans l'affirmation de sa position de sujet, dans la réappropriation de son espace de vie, on fait le pari que ce qu'elle en fera dans sa vie influera un peu sur les rapports sociaux. Mais évidemment, cela ne nous appartient pas. Si militer c'est avant tout se battre pour une cause, je soutiendrai que le travail éduca-

© Dunod – La photocopie non autorisée est un délit.

tif est un des lieux de ce combat qui soutient la cause du sujet, autrement dit « la cause freudienne » dans son essence.

L'autre plan d'intervention à investir par les éducateurs, du lieu et au nom de leur exercice, est de faire savoir ce qu'ils font et de dénoncer ce qui dans l'espace social produit trop souvent la misère et l'injustice. Rabattre la question sous forme d'une prétendue commande sociale à laquelle ils seraient pieds et poings liés, c'est leur dénier une position de subversion qui fait des éducateurs, s'ils ne veulent pas être transformés en garde-chiourmes, des êtres rusés.

La revendication d'un changement politique ne suffit pas à fonder une position militante dans le travail éducatif il faut l'associer à une clinique du sujet pour qu'elle soit autre chose qu'une noble idée, pour qu'elle devienne une pratique sociale. Pris sous cet angle d'une micro politique, les éducateurs mènent bien une lutte pour qu'il advienne de l'humain et que s'inventent des façons de vivre ensemble un peu plus viables. Dieu sait si dans ces temps troublés la tâche est difficile puisqu'elle exige de ramer à contre-courant.

Quand verrons-nous le soleil de la justice poindre à l'horizon ?

Bibliographie

AÏCHHORN A. (1973), *Jeunesse à l'abandon*, Toulouse, Privat.

ALBERTI Ch. et SAURET M.J. (1996), *La Psychanalyse* Milan.

ARENTD H. (1994), *Condition de l'homme moderne*, Calmann-Lévy (Agora).

ARDOINO J. (1984), « Pédagogie du projet éducatif ou projet éducatif », *Pour 94*.

ATTIGUI P. (1993), *De l'illusion théâtrale à l'espace thérapeutique*, Paris, Denoël.

AUTES M. (1999), *Les Paradoxes du travail social*, Dunod.

BADIOU A. (1993), *L'Éthique. Essai sur la conscience du mal*, Paris, Hatier.

BARREYRE J.-Y. et BOUQUET B., CHANTREAU A. et LASSUS P. (1995), *Dictionnaire critique d'action sociale*, Paris, Bayard.

BECKETT S. (1953), *L'Innommable*, Paris, Minuit.

BEDDOCK F. (1990), *Comment t'appelles-tu ? Psychanalyse et nomination*, Nice, Z'Éditions.

BERNARD-DESORIA O. (1992), *Autisme et psychoses d'enfants ou travaux et résultats de l'unité « Du point de capiton »*, Tours, Soleil Carré.

BERNHARD J.-J. (1994), *Jouer le jeu. Pour une nouvelle dimension éducative et sociale*, Paris, Nathan.

BION W. (1991), *Recherches sur les petits groupes*, Paris, PUF.

BORDALO I. (1993), *Pour une pédagogie du projet*, Paris, Hachette.

BOUTINET J.-P. (1990), *Anthropologie du projet*, Paris, PUF.

BROUSTRA J. (1987), *Expression et psychose : ateliers thérapeutiques d'expression*, Paris, ESF éditeur.

CAPUL M. (1993), *Les Groupes rééducatifs*, Toulouse, Privat.

CAPUL M. et LEMAY Michel (1996), *De l'éducation spécialisée*, Toulouse, Érès.

© Dunod – La photocopie non autorisée est un délit.

CARTRY J. (1996), *Petite chronique d'une famille d'accueil*, Paris, Dunod.

CARTRY J. (1998), *Les Parents symboliques*, Paris, Dunod (réédition).

CASTELLAN Y. (1988), *L'Enfant entre mythe et projet. Destin de l'anticipation familiale*, Paris, Le Centurion.

CASTORIADIS C. (1975), *L'Institution imaginaire de la société*, Paris, Le Seuil.

CERTEAU M. de (1990), *L'Invention du quotidien*, Paris, Gallimard.

CHAMOISEAU P. (1994), *Texaco*, Paris, Gallimard.

CHARTIER J.-P. (1991), *Les Adolescents difficiles. Psychanalyse et éducation spécialisée*, Toulouse, Privat.

CHESNIAUX J. (1996), *Habiter le temps*, Paris, Bayard.

CLAPARÈDE (1964), *L'Éducation fonctionnelle*, Paris, Delachaux.

COLLECTIF (1995), *Dictionnaire de l'action sociale*, Paris, Bayard/Le Centurion.

CORDIÉ A. (1993), *Les Cancres n'existent pas. Psychanalyse d'enfants en échec scolaire*, Paris, Le Seuil.

CORDIÉ A. (1998), *Malaise chez l'enseignant. L'éducation confrontée à la psychanalyse*, Seuil.

DELIGNY F. (1979), *Les Détours de l'agir ou le moindre geste*, Paris, Hachette.

DELIGNY F. (1998), *Graine de crapule* suivi de *Les vagabonds efficaces*, Dunod.

DELIGNY F. (1999), *A comme asile*, suivi de *Nous et l'innocent*, Dunod.

DÉTIENNE M. et HAMONIC G. (sous. la dir.), (1995), *La Déesse parole. Quatre figures de la langue des dieux*, Paris, Flammarion.

DEVEUREUX G. (1980), *De l'angoisse à la méthode dans les sciences du comportement*, Paris, Aubier.

DOLTO F. (1994), *Les Chemins de l'éducation*, Paris, Gallimard.

DUBET F. (1987), *La Galère : jeunes en survie*, Paris, Fayard.

DUREY B. (1995), *Autismes et humanité*, Saint-Maximin, Théétète.

EISENBERG J. et ABECASSIS A. (1978), *À Bible ouverte*, Paris, Albin Michel.

ELIAS N. (1973), *La Civilisation des mœurs*, Paris, Calmann-Lévy.

Empan, n° 24, Le Quotidien, déc. 1996 (dir. J. Rouzel et J. Loubet)

ENRIQUEZ E. (1983), *De la horde à l'État, essai de psychanalyse du lien social*, Paris, Gallimard.

FAVARD A.-M. (1991), *L'Évaluation clinique en pratique sociale*, Toulouse, Érès.

FORRESTER V. (1996), *L'Horreur économique*, Paris, Fayard.

FOURRÉ M. (1991), *Les Lieux d'accueil. Espace social et éthique psychanalytique*, Nice, Z'Éditions.

FRANÇOIS Y. et DOLTO F. (1990), *De l'éthique à la pratique de la psychanalyse d'enfants*, Paris, Le Centurion.

FREUD S. (1895), *Études sur l'hystérie*, tr. fr. Paris, PUF, 1994.

FREUD S. (1899), *L'Interprétation des rêves*, tr. fr. Paris, PUF, 1992.

FREUD S. (1916), *Introduction à la psychanalyse*, tr. fr. Paris, Payot, 1989.

FREUD S. (1927), *Essais de psychanalyse*, tr. fr. Paris, Payot, 1989.

FREUD S. (1930), *Malaise dans la civilisation*, tr. fr. Paris, PUF, 1973.

FREUD S. (1970), *La Technique psychanalytique*, Paris, Le Seuil.

FREUD S. (1983), *Introduction à la psychanalyse*, PB Payot.

FREUD S. (1973), *Psychopathologie de la vie quotidienne*, PB Payot,

FUSTIER P. (1993), *Les Corridors du quotidien. La Relation d'accompagnement dans les établissements spécialisés pour enfants*, Lyon, Presses universitaires de Lyon.

FUSTIER P. (1999), *Le Travail d'équipe en institution*, Dunod.

GAUFEY G. LE (1994), *L'Éviction de l'origine*, EPEL.

GENG J.-M. (1980), *Mauvaises pensées d'un travailleur social*, Paris, Le Seuil.

GIRARD R. (1982), *Le Bouc émissaire*, Paris, Grasset.

GODET M. (1991), *L'Avenir autrement*, Paris, Armand Colin.

GOFFMAN E. (1973), *La Mise en scène de la vie quotidienne*, Paris, Minuit.

GOFFMAN E. (1976), *Stigmates*, Paris, Minuit.

GOMEZ J.-F. (1992), *Rééduquer. Parcours d'épreuves et trajet de vie*, Toulouse, Érès.

GOMEZ J.-F. (1996), *D'ailleurs. L'Institution dans tous ses états*, Érès, Toulouse.

GOMEZ J.-F. (1999), *Le Temps des rites. Handicaps et handicapés*, Desclée de Brouwer.

GRANON-LAFONT J. (1994), *Les Pratiques sociales... en dette de la psychanalyse*, Paris, Point Hors Ligne.

GRIMAUD L. (1997), *Éducation thérapeutique. Pratiques institutionnelles* Toulouse, Érès.

HEGEL (1807), *La Phénoménologie de l'esprit*, tr. fr. Paris, Gallimard, 1993.

HEIDEGGER M. (1976), *Acheminement vers la parole*, Paris, Gallimard, 1976.

HERFRAY Ch. (1993), *La Psychanalyse hors les murs*, Desclée de Brouwer.

HOCHMAN J. (1984), *Pour soigner l'enfant psychotique. Des contes à rêver debout*, Toulouse, Privat.

HOUSSAYE J. (1998), *Deligny, éducateur de l'extrême*, Érès.

IMBERT F. (1993), *La Question de l'éthique dans le champ éducatif. Pour une praxis pédagogique*, Vigneux, Matrice.

© Dunod – La photocopie non autorisée est un délit.

IMBERT F. (1996), *L'Inconscient dans la classe*, Paris, ESF éditeur.

Informations Sociales, n° 70, Dossier « Rites et mise en scène de la vie sociale ».

ION et TRICART (1992), *Les Travailleurs sociaux*, Paris, La Découverte.

ION J. (1990), *Le Travail social à l'épreuve du territoire*, Paris, Dunod.

JANKÉLÉVITCH V. (1983), *Le Sérieux et l'intention*, Paris, Flammarion.

JAVEAU Cl. (1991), *La Société au jour le jour. Écrits sur la vie quotidienne*, De Boeck.

JAVEAU Cl. (1998), *Prendre le futile au sérieux*, Cerf.

JUAN S. (1995), *Les Formes élémentaires de la vie quotidienne*, PUF.

JUAN S. (1997), *Les Sentiers du quotidien. Rigidité, fluidité et espaces sociaux et trajets routiniers en ville*, L'Harmattan.

KAES R. (1987), *L'Institution et les institutions. Études psychanalytiques*, Paris, Dunod.

LACAN J. (1986), *Séminaire VII, L'éthique de la psychanalyse*, Paris, Le Seuil.

LACAN J. (1991), *Le Séminaire. Livre VIII : le transfert*, Paris, Le Seuil.

LAINÉ T., « L'agir », in *Vers l'éducation nouvelle*, n° 276, oct. 1973 ; n° 277, nov. 1973, CEMEA.

LAPEYRE M. (1996), *Clinique freudienne*, Paris, Anthropos.

LAPLACHE et PONTALIS (1992), *Vocabulaire de la psychanalyse*, Paris, PUF.

LEBRUN J.-P. (1997), *Un Monde sans limite. Essai pour une clinique psychanalytique du social*, Érès.

LECLAIRE S. (1975), *On tue un enfant*, Paris, Le Seuil.

LEFEBVRE H. (1958 et 1962), *Critique de la vie quotidienne*, 2 t.

LEGENDRE P. (1986), *L'Inestimable objet de la transmission. Étude du principe généalogique en Occident* Fayard.

LEGENDRE P. (1996), *La Fabrique de l'homme occidental*, Mille et Une nuits.

LEGRAND L. (1986), *La Pédagogie du projet*, MAFPEN.

LEMAY M. (1993), *J'ai mal à ma mère : approche thérapeutique du carencé relationnel*, Paris, Fleurus (éd. rev. et aug.).

LEMOINE LUCCIONI E. (1992), *L'Histoire à l'envers. Pour une politique de la psychanalyse*, Paris, Des Femmes.

LÉVI-STRAUSS C. (1958), *Anthropologie structurale*, Paris, Plon, rééd. 1996.

LÉVINAS E. (1982), *Éthique et infini*, Paris, Fayard.

LIN J. (1996), *La Vie de radeau en compagnie de gamins autistes*, Saint-Maximin, Théétète.

LIPOVETSKI G. (1983), *L'Ère du vide. Essai sur l'individualisme contemporain*, Paris, Gallimard.

MAFFESOLI M. (1979), *La Conquête du présent. Pour une*

sociologie de la vie quotidienne Desclée de Brouwer (rééd. 1998).

MANNONI M. (1973), *Éducation impossible*, Paris, Le Seuil.

MANNONI O. (1969), *Clefs pour l'imaginaire ou l'autre scène*, Paris, Le Seuil.

MARTY E. M.O. (1996), *Les Enfants de l'oubli*, Paris, Dunod.

MAUSS M. (1980), « Essai sur le don », *Sociologie et anthropologique*, Paris, PUF.

MEIRIEU P. (1991), *Le Choix d'éduquer*, Paris, ESF éditeur.

MERLEAU-PONTY M. (1945), *Phénoménologie de la perception*, Paris, Gallimard, rééd. 1976.

MILLOT C. (1979), *Freud anti-pédagogue*, Paris, Le Seuil/Ornicar.

MISSENARD A. *et al.* (1982), *L'Expérience Balint : histoire et actualité*, Paris, Dunod.

MONTACLAIR B. (1998), *Moments thérapeutiques ou de la difficulté d'aider et d'être aidé*, Érès.

NASSIF J. (1992), *Le Bon mariage. L'Appareil de la psychanalyse*, Paris, Aubier.

NATANSON M. (1994), *Des Lieux pour se plaindre*, Vigneux, Matrices.

OBIN J.-P. et CROS F. (1991), *Le Projet d'établissement*, Paris, Hachette.

OURY J., *Il, donc. Conversation avec Pierre Babin et Jean-Pierre Lebrun*, Paris, 10/18, n° 1 222.

OURY J. (1989), *Création et schizophrénie*, (séminaire 1986-1988), Paris, Galilée.

OURY J. et VASQUEZ A. (1971), *De la classe coopérative à la pédagogie institutionnelle*, Paris, Maspéro.

PATURET J.-B. (1997), *De magistro. Le discours du maître en question*, Érès.

PEMARTIN D. et LEGRES J. (1988), *Le Projet chez les jeunes. La psychopédagogie des projets personnels*, Paris, EAP.

PEREC G. (1989), *L'infra-ordinaire*, Paris, Le Seuil.

POCHET C., OURY F. et OURY J. (1986), *« L'année dernière, j'étais mort... » : signé Miloud*, Vigneux, Matrice.

POMMIER G. (1993), *Naissance et renaissance de l'écriture*, Paris, PUF.

POMMIER G. (1995), *L'Amour à l'envers. Essai sur le transfert en psychanalyse*, Paris, PUF.

RICŒUR P. (1995), *De l'interprétation*, Paris, Le Seuil.

RODRIGUEZ-TOME H. et BARIAUD F. (1987), *Les Perspectives temporelles à l'adolescence*, Paris, PUF.

ROPS (Laboratoire de recherche opératoire en psychologie et sciences sociales) (1992), *Le Projet*, Paris, L'Harmattan.

ROQUEFORT D. (1995), *Le Rôle de l'éducateur. Éducation et psychanalyse*, Paris, L'Harmattan.

© Dunod – La photocopie non autorisée est un délit.

ROULOT D. (1999), *Paysages de l'impossible. Clinique des psychoses*, Les éditions du Champ Social.

ROUZEL J. (sous la dir. de), « Les Médiations », *Empan*, n° 4, fév. 1991, Toulouse, ARSEAA.

ROUZEL J. (1995), *Parole d'éduc. Éducateur spécialisé au quotidien*, Toulouse, Érès.

ROUZEL J. (1997), *Le Travail d'éducateur spécialisé, Éthique et pratique*, Paris, Dunod (1re édition).

ROUZEL J. (1998), *L'Acte éducatif. Clinique de l'éducation spécialisée*, Toulouse, Érès.

ROUZEL J. (1998), *Le Quotidien dans les pratiques sociales*, Saint Maximin, Théétète.

SAFOUAN M. (1988), *Le Transfert et le désir de l'analyste*, Paris, Le Seuil.

SAMI-ALI (1986), *De la projection*, Paris, Bordas.

SAMI-ALI (1998), *Le Corps, l'Espace et le Temps*, Dunod, 1998.

SANSOT P. (1998), *Du bon usage de la lenteur*, Payot.

SARTRE J.-P. (1946), *L'Existentialisme est un humanisme*, Paris, Gallimard, rééd. 1996.

SAURET M.-J. (1993), *La Psychologie clinique. Histoire et discours de l'intérêt de la psychanalyse*, Presses universitaires du Mirail, Toulouse.

SAUSSURE F. de (1916), *Cours de linguistique générale*, Paris, Payot, rééd. 1995.

SCHELLING F. (1809), *Recherches philosophiques sur l'essence de la liberté humaine et les objets qui s'y rattachent*, tr. fr. Paris, Payot, 1977.

Sciences humaines Dossier, « La vie quotidienne », n° 88, nov. 1998.

SEARLES H. (1981), *Le Contre-transfert*, Paris, Gallimard.

SERRES M. (1969), *Hermès I. La Communication*, Paris, Le Seuil, rééd. 1984.

SIBONY D. (1985), *La Jouissance du dire*, Paris, Grasset.

SIBONY D. (1989), *Entre dire et faire. Penser la technique*, Paris, Grasset.

SIBONY D. (1995), *Événements I et II, Psychopathologie du quotidien*, Points-Essais, Seuil.

Le Sociographe n° 1 (1999), « Espaces de médiation », IRTS Montpellier.

STERN A. (1973), *L'Expression*, Neuchâtel, Delachaux et Niestlé.

SUARES C. (1968), *Le Sepher Yetsira*, Genève, Mont-Blanc.

SUTTER J. (1983), *L'Anticipation*, Paris, PUF.

TERRAL D. (1996), *Traces d'erre et sentiers d'écriture. Entre folie et vie quotidienne*, Toulouse, Érès.

TISSERON-PAPETTI Y. (1986), *Du deuil à la réparation*, Paris, Des Femmes.

TOSQUELLES F. (1970), *Structure et rééducation thérapeutique*, Paris, PUF.

TOSQUELLES F. (1991), *La Rééducation des débiles mentaux : intro-*

duction à l'aide maternelle et à l'éducation thérapeutique, Toulouse, Dunod (nouv. éd.).

VASSILEFF J. (1988), *La Pédagogie du projet en formation*, Lyon, Chroniques sociales.

VERCAUTEREN R. et M.-C., CHAPELEAU J. (1996), *Construire le projet de vie en maison de retraite*, Toulouse, Érès.

VERDIER P. (1995), *Le Lexicode de l'aide sociale*, Paris, Bayard.

WINNICOTT D. W. (1969), *De la pédiatrie à la psychanalyse*, Paris, Payot.

WINNICOTT D. W. (1975), *Jeu et réalité*, Paris, Gallimard.

Outre les ouvrages classiquement mentionnés en bibliographie, on peut citer également une brève filmographie.

Cinéma Paradisio, Giuseppe Tornatore, 1988.

Tous les matins du monde, Alain Corneau, 1991.

Les Enfants du désordre, Yannick Bellon, 1988.

Miracle en Alabama, Arthur Penn, 1962.

La Belle Équipe, Julien Duvivier, 1936.

Zorba le grec, Michael Cacoyanis, 1964.

Joseph Rouzel a créé et anime deux sites internet

– L'un consacré à la formation au travail éducatif :

http://www.chez.com/rouzel/

– L'autre à la rencontre entre psychanalyse et travail social :

http:/www.psysoc.ifrance.com

Adresse e-mail : jrouzel@club-internet.fr

© Dunod – La photocopie non autorisée est un délit.

Index

© Dunod – La photocopie non autorisée est un délit.

F-G

I-J

L

M

O-P

Q-R

S

T

© Dunod – La photocopie non autorisée est un délit.

045191-(I)-(3)-OSB 100°-FAB

STEDI, 1, boulevard Ney, 75018 Paris - Tél. 01.40.38.65.40
Dépôt légal, Imprimeur, n° 6493
Dépôt légal : juin 2000
Imprimé en France
Dépôt légal 1re édition : 2e trimestre 1997